中国宏观经济九讲

李奇霖　殷　越　卢婉琪 ◎ 著

Nine Lectures on China's Macroeconomy

上海财经大学出版社
SHANGHAI UNIVERSITY OF FINANCE & ECONOMICS PRESS

上海学术·经济学出版中心

图书在版编目(CIP)数据

中国宏观经济九讲 / 李奇霖,殷越,卢婉琪著. —上海:上海财经
大学出版社,2024.1
ISBN 978 - 7 - 5642 - 4270 - 1/F • 4270

Ⅰ. ①中… Ⅱ. ①李…②殷…③卢… Ⅲ. ①中国经济-宏观经济-研究
Ⅳ. ①F123.16

中国国家版本馆 CIP 数据核字(2023)第 194797 号

责任编辑:李成军
封面设计:贺加贝

中国宏观经济九讲

著　　者:李奇霖　殷　越　卢婉琪　著
出版发行:上海财经大学出版社有限公司
地　　址:上海市中山北一路 369 号(邮编 200083)
网　　址:http://www.sufep.com
经　　销:全国新华书店
印刷装订:上海叶大印务发展有限公司
开　　本:710mm×1000mm　1/16
印　　张:23(插页:2)
字　　数:361 千字
版　　次:2024 年 1 月第 1 版
印　　次:2024 年 1 月第 1 次印刷
印　　数:0 001—4 000
定　　价:98.00 元

前　言

改革开放以来,中国的经济增长取得了举世瞩目的成就,综合国力显著提升。中国经济能够取得如此亮眼的发展成绩,一定有其独特的逻辑。这个问题引发了我们的兴趣和思考。

解释好中国经济快速增长的故事,我们需要厘清出现这种结果的原因,理解支撑中国经济持续发展的核心因素。这就需要一个符合中国国情的分析宏观经济增长的大框架。

为了能够更好地理解中国经济的运行规律,也为了梳理、完善我们自身的知识框架,形成切合中国国情的宏观经济研究框架体系,丰富传统的经济学理论,我们团队开始整理撰写"理解中国宏观经济系列"文章,并将其整理成书。

中国经济能够持续增长,成绩让全世界瞩目,核心动能主要有两个,即我们常说的"改革"和"开放"。

中国经济发展的制度特殊性就在于,在市场化改革的基础上,引入了为增长而竞争的激励机制。在这样的激励机制下,地方的积极性被充分调动起来,开始主动地不遗余力地发展当地经济,努力做大经济增量,并主动诱导出更多的市场化改革来作为推动经济增长的抓手,形成 GDP 的转化机制。

其中一个重要的抓手就是土地。在以 GDP 增速作为考核的体制下,分税制带给地方财政的压力使得公共部门主动寻找自己可以自由支配的收入,以满足当地经济发展的需要,于是,对于土地使用权的改革兴起。在农村,土地的使用权给到了家庭,家庭可以承包经营农村集体土地,也可以用来居住。在城市,土地使用权出让制度开始确立并推广,而且土地出让的收入可以完全为地方所有,为城市基础建设筹集资金。同时,住房商品化改革又拉高了土地对未来现金流贴现的预期,带动了房地产市场的快速增长,进而带动了建筑建材、钢铁水泥、玻璃、有色、煤炭、房地产经纪、物业、家具、家电等各个产业链,房地产成为国民经济的支柱性产业。然而,随着市场化意识的觉醒以及城市反哺农村的要求,国有土地出让给地方贡献的盈余开始减少,新的改革应运而生。土地不仅在使用权出让阶段给地方政府积累了盈余,还作为抵押品帮助政府融资。地方政府通过把土地抵押给银行,向银行融资,通过信贷撬动基础设施建设所需要的资金,进而快速拉升当地 GDP,经济增长开始依赖于信贷和债务扩张。

另一个重要的抓手则是改革开放时期的全球化契机。20 世纪 90 年代初期,处于市场经济转型与对外开放时期的中国,凭借着绝对的人口红利及丰富的自然资源,将海外转移的制造业承接了过来。新中国成立之后,我国迎来了三次"婴儿潮",在中国承接海外制造业转移的这一阶段,人口结构呈现年轻化,为国内制造业发展注入了大量生力军。同时,这些劳动力大多受过基础教育,形成了有效的人口红利,为承接海外制造业提供了高质量、低成本的劳动力支撑。另外,国家自身还要有一定的工业基础,劳动者对于工业有一定的了解,这些都促成了中国顺利承接制造业转移。政策对于招商引资的优惠力度也大大提升,外资企业获得了减税返税、低价租用工业用地、财政补贴、行政程序简化等一系列优惠。正是这样亲商的优惠政策叠加人口红利,共同促进了外商直接投资的快速增长。尤其在加入 WTO 之后,中国对于全球资本的集聚效应愈加明显,对外开放的步伐也有所加快,对经济的推动作用也逐步体现。

这种基于单纯追求 GDP 增长的经济发展模式无疑会带来一系列问题,首当其冲的就是宏观杠杆率的高企,主要体现在政府、企业、居民杠杆这三个方面。在以当地经济增长为主要考核指标的背景下,地方有通过增加基建投资等带动经济增长的动力,开始借道城投,通过将土地划转给城投公司,再由城投公司抵押,从而撬动信贷发展基建,最终实现经济增长。在这个模式之下,土地价格和基建投资之间存在正反馈关系,基础设施完善之后会提升当地地价的上涨空间,地价的提升使得政府能够获得更多的资金来发展基建,土地价格和基建投资之间形成正向反馈,从而推动了当地政府杠杆率的走高。计算杠杆率的时候,城投的债务也会被纳入国有企业,这在一定程度上推高了国企杠杆率。除此之外,单纯追求经济增速而忽视了经济发展质量,导致盲目扩产能和低端产能过剩,致使企业负债规模的上升以及生产效率的下滑,且推动了非金融企业杠杆率的攀升。基建的完善推动了地价的上涨,再加上城市化的推进、中国人对于买房安定生活的执念等,共同推升了居民的购房需求,于是房价也变得越来越高。而购房支出是居民的主要支出项目,房价的上涨也就推高了居民部门的杠杆率。

同时,土地财政推动房价走高带来的挤出效应也越来越明显。高房价使得居民的购房压力加大,钱都用在了住房上面,最终导致日常消费被挤出,削弱了消费需求。在需求减弱的同时,由于高房价等因素的影响,企业的生产成本也会上升,制造业的利润空间受到压缩。另外,高房价还会导致资源错配,引导更多的资源向利润更高的房地产及相关产业链聚集,进一步挤占制造业的发展空间。商业用地价格的上涨,也使得城里这些依托人群聚集的高端服务业背负了更高的成本,压缩了生存空间,抑制了经济的转型升级。

另外,产业链低端过剩、高端紧缺的矛盾也比较突出。我国在开始参与国际分工时是以低端生产环节为主,依靠劳动力、土地等生产要素价格低的比较优势实现出口的快速扩张,这就会导致产能过剩、低端重复的问题。究其根源,症结还是在于以 GDP 为纲的考核制度之下,我国的产业结构过于分散。

还有备受关注的环保问题。在以 GDP 为纲的考核机制下,对于环保所需要的长期投入与追求短期 GDP 快速提升的发展目标是脱钩的,经济增长多是以牺牲环境和浪费资源为代价的,由此带来了生态环境的恶化。

在经济发展的起步阶段,我国这种低端化的产业格局还可以延续。不过随着国际形势的变化以及我国经济、社会的发展,这种产能过剩、低端重复的产业结构已经不能够适应现实需要了。

在过去的产业转移过程中,中国逐步形成了出口导向型的经济增长模式。在这样一个外贸依存度较高的经济增长模式之下,我国国内经济的运行对于国际市场形势的变化是非常敏感的。而随着这些生产端的转移,原本工人较高的福利待遇消失了,贫富差距逐步扩大。为了缩小贫富差距,维持社会稳定,发达国家在生产端进行再平衡,这将是一个长期趋势。中国如果想要持续获取经济增长的新动能,过分依赖国际市场就肯定是不可取的。同时,"逆全球化"现象正在逐步显现,贸易保护主义逐步增强,贸易限制之下,高端零部件自己造不出来,想买又买不到。在这样的情况下,如果不强化国产替代,提升核心领域的自主可控能力,就会陷入十分尴尬的境地。

而且我国人口老龄化现象日益严重,劳动力人口红利的优势正在逐渐消退;与此同时,劳动力的成本也在提高,低廉劳动力成本在国际分工中的竞争优势逐步削弱,低端的廉价出口模式难以为继。

随着中国经济的发展,人民的需求开始从解决温饱向发展质量、社会公正、收入平等、环境保护等各个方面延伸,我国经济已由高速增长阶段转向高质量发展阶段,单一的以 GDP 为导向的发展模式显然已经无法满足公众的全部需求。当经济处在高速增长时期,这种问题或许还可以暂时忽视,然而当进入高质量发展阶段,这些问题与发展之间的矛盾愈发尖锐。如何妥善地处理这些问题,适应社会主义新时代的发展,实现产业结构升级和经济发展动能转换,满足人民日益增长的美好生活需要,以中国式现代化全面推进中华民族伟大复兴,都是我们需要解答的。

于是,改革开放向纵深推进。

唯 GDP 的考核机制开始转变。对于经济发展的考核开始避免只把考核的关注焦点放在经济增长速度上面,避免采取人为的市场分割和地方保护主义。推进供给侧改革,将分散的低端产能兼并重组,提升市场集中度,带动经济高质量发展。

去杠杆开始被重视。开始着手建立国企关于债务扩张的硬约束,要求分类确定国有企业资产负债约束指标标准,合理设定资产负债率水平和资产负债结构,约束国企因预算软约束而进行无效投资和扩张的倾向。防范化解地方政府隐性债务风险,采取"终身问责,倒查责任",转变地方经济受债务驱动发展的模式。着手建立房地产长效机制,平抑房地产市场的波动,满足居民的住房需求,让房子回归居住本质。深化资本市场改革,通过 IPO、定增、发行可转债、重大资产重组等资本运作,推进市场化债转股,支持降低杠杆率。发挥资本市场在融资体系中的重要作用,支持高风险的初创中小微企业融资创业,实现创新发展。大力发展机构投资者,优化投资者队伍,强化上市公司内部的约束机制。

环境保护和技术创新也开始被重视。"碳达峰""碳中和"被提出，全国碳排放权交易于 2021 年 7 月开市，ESG 投资理念成为热门话题。在传统的财务、业绩等基本面指标之外，增加了对于环境、社会责任、公司治理的多维度考量判断维度，用来判断企业的可持续发展能力，防范潜在的风险。大力发展新能源、新材料，用清洁能源逐步替代化石能源，推动我国产业结构向绿色转型，强调技术创新，保障我国能源安全和产业链安全，减轻外部依赖，化解外生冲击。

推动共同富裕也开始被重视。只有中国企业的利润率提升了，劳动者才能够获得更高的收入，劳动的获得感才能够提高。这就要求高质量发展，通过产业升级提高产品的竞争力，提高品牌的溢价能力，把企业利润的蛋糕做大，让劳动者劳有所得，从而推进共同富裕的实现。

本书尽量在行文风格上做到文笔流畅，通俗易懂，以供有意向了解宏观经济运行规律的读者与相关从业人员参考。我们也试图就新时期中国经济发展的方向提出了一些自己的思考和拙见，希望读者能够通过阅读本书，得到一些对于未来经济如何实现高质量发展的启示。

在这里，我们要感谢孙永乐对于本书第 4 讲第 2 节的贡献。

最后，对于本书中出现的错误或不当之处，欢迎读者批评指正，也欢迎读者与作者进行相关领域的探讨。

目录

第1讲

制 度

在市场化改革的基础上引入为增长而竞争的激励机制，奠定了中国经济飞速增长的基石。

1.1　经济增长的现实

在 1978 年改革开放以前,中国对外经贸的往来规模并不大。1978 年的国内生产总值(不变价)和进出口贸易额仅分别为 3 593 亿元、206 亿美元,1978 年之前的 20 年,中国经济平均增长率仅为 5.8%。

1978 年改革开放之后,中国逐步确立了以经济建设为中心的基本路线。四十余年来,我国的经济建设取得了举世瞩目的成就。2021 年中国的国内生产总值(不变价)和进出口贸易额分别为 109.6 万亿元和 6.1 万亿美元(见图 1.1),较 1978 年分别增长了 303 倍和 291 倍。1978—2021 年,中国经济的平均增速提升至 9.3%,复合增长率更是达到了 14.2%。

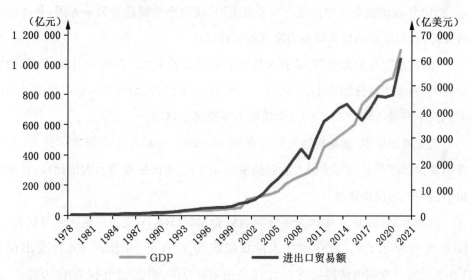

资料来源:万得(Wind)。

图 1.1　中国 GDP 和进出口贸易规模快速增长

中国经济总量占世界的比重也由 1978 年的 1.73% 增加至 2020 年年末的 18.5%,仅次于美国的 24%,坐拥世界第二位。按照汇率法计算,1978—2020 年中国对世界经济增长的平均贡献率达到 16.3%。

外汇储备方面,由 1978 年的 1.67 亿美元增加至 2021 年年末的 3.25 万亿美元,增长了1.94万倍,自2006年来稳居世界第一位。庞大的外汇储备规模,不仅扭转了改革开放之初我国缺乏引进国外设备与技术所需外汇资金的局面,而且能够为国家经济稳定和金融安全保驾护航。

基建方面,高铁里程在2021年达到了4万千米,高速公路里程接近16.9万千米,均位居世界首位。移动互联网用户接入流量2 261亿GB,位居世界前列。

中观来看,中国现代工业体系已经形成,在全球价值链中的地位不断攀升。改革开放之初,我国工业基础还很薄弱。然而,到2019年,中国已经形成包含41个工业大类的现代工业体系,成为全世界唯一拥有联合国产业分类中所列全部工业门类的国家。

2022年,中国全部工业增加值达到了40.16万亿元,1978—2022年间全部工业增加值平均年增长率高达10.3%,工业经济实现跨越式发展。世界银行数据显示,2010年我国制造业增加值首次超过美国,成为全球制造业第一大国,并持续拔得头筹,我国工业的世界影响力实现历史性突破。

"高技术""高附加值"产品成为我国工业制品的主力。2021年中国手机、微型计算机、彩电产量分别为17.6亿部、4.7亿台、1.8亿台,均占全球总产量的2/3以上。汽车产量达到2 652.8万辆,连续多年稳居全球第一。

工业增加值中,战略性新兴产业在2016—2019年的年平均增速达到10.4%。伴随着"两高"产品成为中国工业制品主力,中国企业国际竞争力大幅提高,在全球价值链中的地位快速攀升。

创新方面,2020年中国全年研究与试验发展(R&D)支出高达2.8万亿元,占GDP比重为2.4%。而在刚加入世贸组织的2001年,中国的R&D支出仅为1 042亿元。专利申请授权数2021年高达460万件,而2001年仅为11万件。

微观来看,中资企业的国际竞争力显著增强。中国的世界500强企业已经从1995年的3家跃升至2022年的145家(见图1.2),连续3年超越美国。这反映出我国经济快速增长的同时,市场化程度与营商环境也在大幅改善,在国际市场中的竞争力明显提升。

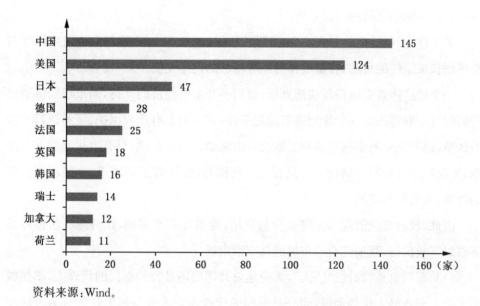

资料来源：Wind。

图 1.2　2022 年世界 500 强上榜公司数量前 10 名的国家

人民生活水平也有了显著改善。2021 年，人均 GDP、全国居民人均可支配收入、全国居民人均消费支出分别达到 8.1 万元、3.5 万元、2.4 万元，与改革开放之初相比，分别增加了 209 倍、204 倍、159 倍，1978—2021 年中国人均 GDP 平均增速达到 13.4%。

2021 年全国居民恩格尔系数为 29.8%，食品支出总额占个人消费支出总额的比重大幅下降，彩电、冰箱、洗衣机、汽车等耐用消费品在居民消费支出中所占比例大幅提高，人民生活水平显著改善。

按照 1.9 美元每人每天的绝对贫困衡量标准，2021 年中国的绝对贫困发生率已经趋近于 0，是世界迈向消除绝对贫困时代的突出贡献者。

接下来问题就来了，中国何以取得如此惊人的经济成就呢？

按照古典经济增长理论，经济增长的原因分解为资本积累、人口增长以及技术进步。但是，在中国改革开放之初，似乎并没有特别充裕的物质基础和人力资本积累。同时按古典经济增长理论，欠发达国家因资本稀缺，资本的边际回报率更高。只要欠发达国家能有启动资本投入，就应该更容易追赶发达国家。

但这显然不符合现实，全球国别之间的贫富差距仍在不断拉大，国际援助似乎也没有减小国别之间的贫富差距。

关于这一问题,道格拉斯·C.诺斯(Douglass C. North)开创性地引入制度对经济增长决定性的贡献,将制度作为经济增长的内生变量。[①]

一个经济体若要取得较快的发展,就离不开市场经济的支持,而市场经济要在资源配置中取得决定性的作用需要前提条件:完善的私有产权保护、契约执行和法治体系,以及充分的市场竞争和要素的自由流动。也就是说,只有上述制度有了保障,才能让经济获得高增长。也只有把激励搞对,经济有了高增长,才能产生显著的物质、人力资本积累。

因此,政府要做的应当是降低交易费用,提供好私产保护,让契约在法治体系下得以有效执行,其他能交给市场的就交给市场。

公共部门也是"理性经济人",无论是公共部门还是公共部门的代理人,都摆脱不了个人利益最大化的动机,而公共部门的代理人个人利益最大化的行为可能产生"经济租",进而给市场其他参与者带来不确定性,提高市场中的交易成本,有些让经济人在赚到钱的同时还能增进社会福利的生意可能就做不下去了。

20世纪70年代,西方国家曾出现滞胀现象。为了走出经济滞胀的困境,英美等西方国家通过大力实行私有化、市场化、自由化的经济政策,充分发挥市场在资源配置中的作用,向新自由主义转型,并最终为经济发展带来了新的动力。

新自由主义的主要主张:一是通过出售或变相出售国企资产,以实现国企"私有化";二是最大限度削弱政府干预,实现经济体制"市场化";三是开放金融市场,实现"金融自由化"。

然而中国经济的增长与西方新自由主义所推崇的经济增长范式并不完全一致。众所周知,中国经济的发展模式有很强的政府主导、自上而下驱动的特征。无论对中国经济的学术研究还是做国内市场分析,几乎不可能不考虑中国政府的行为。

既然中国经济是自上而下驱动的,那么其经济体制必然是以公有制为主体。尽管近年来民营企业占比逐步提升,但国有企业依旧占据绝对主导地位。从数据来看,截止到2021年年末,全国国资系统监管企业资产总额达到259.3万亿元,

---

① North D C. Institutions, Institutional Change and Economic Performance[M]. Cambridge: Cambridge University Press, 1990: 107, 118.

而民营企业资产总额是 40.9 万亿元。

　　按主流的西方经济学的观点,一个由政府主导、国有企业为主的经济体,是不太可能取得好的经济绩效的,但实际上中国的综合国力与日俱增,人民的生活水平不断提高,主流的理论框架并不能解释中国经济增长所创造的奇迹。

　　也有分析认为,市场化改革成就了中国经济,但进行市场化改革的国家不只有中国。比如,东欧按古典经济理论的范式快速从计划经济向市场经济转轨,但部分东欧国家不仅未取得类似中国经济的成就,反而陷入高通货膨胀、高失业、两极分化、去工业化的窘境。

　　以俄罗斯为例,1990 年之前,俄罗斯的 GDP 高于中国,但进入 20 世纪 90 年代后,中国经济保持了较高的增长速度,而俄罗斯的经济增长陷入低迷,中国与俄罗斯之间经济规模的差距从 20 世纪 90 年代起逐步拉开(见图 1.3)。

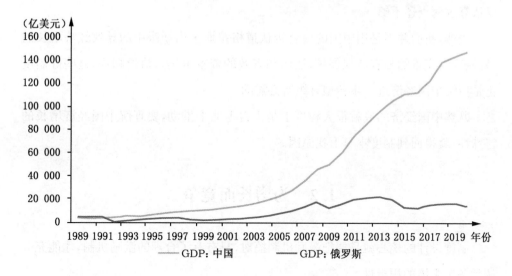

资料来源:Wind。

图 1.3　中国与俄罗斯 GDP 对比

　　还有分析认为中国经济的成就要归功于全球化。改革开放使中国融入全球贸易体系,可以利用人口红利,打开出口市场,引入外资实现技术升级。

　　但开放型经济体也不仅只有中国,东南亚、拉美等经济体开放得比中国还要早,而且其政治制度更接近于西方,为什么没有取得更好的经济绩效呢?

　　全球化是通过发挥各国的比较优势,每个国家专业分工,做自己最擅长的事,来最大化全球经济规模产出的。

　　但问题在于,跨国公司可以利用先天的技术壁垒、规模优势和核心零部件供应,轻松地完成对新兴经济体产业链的"低端锁定"。

　　全球化均衡的结果是发达国家通过创新和研发获取绝大多数利润,而新兴市场产业链只能被锁定在依靠压榨廉价劳动力的低利润率环节。

　　因此,对多数新兴经济体来讲,全球化带来的"低端锁定"效应可能远远大于全球化产生的竞争激励、技术外溢等正向效应。

　　所以,从理论上讲,全球化也不能完全与中国经济上的成就画等号。

　　我们并不否认市场化和全球化对中国经济的贡献,市场化和全球化对中国经济增长的推动作用无疑是极端重要的。但要解释好中国经济快速增长的故事,仅仅依靠这两点还不够。

　　当然,我们并不是用中国的成就否认道格拉斯·诺斯眼中的导致经济增长的"好制度"(完善的私有产权保护、法治和有效的资本市场),恰恰相反,这些好制度正是后续中国经济进一步转型升级所必需的。

　　既然中国经济的成就很大程度上是由自上而下推动,要理解中国经济增长的特殊性,就得回到制度本身上找原因。

1.2　为增长而竞争

　　制度设计的核心就是要把激励机制搞对,只有有了合理的激励机制,才能充分调动各个主体的积极性。

　　经济理论之所以强调市场这只"看不见的手"的作用,主要就是因为市场经济保护了私有产权,从而激发了人们赚钱的积极性,提升了经济效率。

　　而中国经济发展的制度特殊性在于,在市场化改革的基础上,引入了为增长而竞争的激励机制。在这样的激励机制下,很多地方政府主动地不遗余力地发展当地经济,努力做大经济增量,并主动诱导出很多市场化的改革。

　　让我们从经济改革问题的本身看起。

中国从改革开放初期就确立了以经济建设为中心的政策目标,集中力量发展社会生产力,来满足人民日益增长的物质和文化需求。

在自上而下的框架里,任何政策目标的实现都离不开一套清晰明确的激励机制和奖惩体系,去引导各下级部门实现这一目标。

当时,GDP 就是一个能很好地反映经济建设成果,且容易被公众监督识别的指标。GDP 和人均 GDP 也经常被用来进行国际比较,反映国与国之间的经济强弱。只要 GDP 的统计方法是科学和真实的,就可以基本反映经济增长水平和发展趋势。

既然 GDP 是易于观测和比较的指标,其作为一个具体的激励目标就是合格的。自然,它就成了考核政绩的重要指标之一,接下来便要提到激励兑现和奖惩机制的问题了。

根据北大教授周黎安(2004)的研究成果,中央政府是通过设计了一个类似以 GDP 为纲的晋升锦标赛制度,来促进地方经济发展的。[①]

简单来说,GDP 表现好的,等同于地方释放出治理能力较强的信号,各级地方政府也就愿意主动把经济增长和财政收入放在第一位。

以经济建设为中心、以 GDP 为纲的考核模式改变了地方政府的微观行为,政府对市场成为"扶持之手"。

那么,这样的激励机制又有哪些特征呢?

1.2.1 层层加码

在这样的竞争机制倒逼之下,政府对当地的经济增长存在"自我加压、层层加码"的特征。

从主观层面上看,由于每一级政府都存在绩效考核压力,每一级都要在和同类型、同级别地方政府的比较中确立竞争优势。

从制度层面上看,中央提出的 GDP 指标只能算是全国均值,省级政府如果表现只处于平均水平,在这样的模式下是不具备竞争优势的,得设定一个比中央目标

---

① 周黎安. 晋升博弈中政府官员的激励与合作——兼论我国地方保护主义和重复建设问题长期存在的原因[J]. 经济研究,2004(6):33—40.

值更高的指标才行。

既然省里提出一个更高的经济指标,为了确保年末顺利交账,就一定会要求市里也报出一个更高的指标以便留有余地,而市里也会对县里做出类似要求。因此,当地方政府的指标加总以后,往往会比中央目标要高。

我们可以回测往年的数据,实际完成的GDP增速在多数时候都要高于中央的目标数(见图1.4)。这一方面说明地方确实存在"层层加码"完成考核指标的倾向,另一方面也反映出可能中央为防止经济过热,进而给出一个相对保守的增长目标。

资料来源:Wind。

图 1.4　多数时候 GDP 的实际增速要高于政府目标增速

1.2.2　分散化竞争格局

为增长而竞争的发展模式生效,还需要一个重要的前提条件,那就是地方财政分权。

中华人民共和国成立之初,建立了大量的垂直管理部门,以便集中动用财力、物力、人力投入重点领域。

但随着国内生产力逐步恢复以及所有制改革完成,一方面,考虑到中国当时落后的生产力,很难建立和苏联一样科学的计划数理模型去调控纷繁复杂的生产消费活动;另一方面,考虑到权力过于集中会约束地方政府的积极性,不利于经济发展的灵活性,20 世纪 50 年代后期,中国开始推进地方分权改革。

地方分权之下,中央和地方确立财政收入比例,基建审批权、物资分配权以及计划管理权也跟着一并下放到了地方,这一改革极大地调动了地方发展当地经济的积极性,各省纷纷建立起自给自足的工农业。

从数据来看,地方财政占全国的比重在 1953 年仅有 17%,而到了 1959 年,这一比重就急剧上升到了 75.6%,1975 年地方财政所占比重更是达到了 88.2% 的最高峰(见图 1.5)。

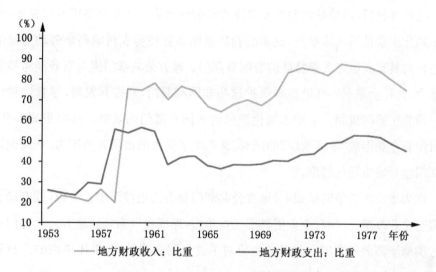

资料来源:Wind。

图 1.5　地方财政收支占比自 20 世纪 50 年代后大幅提升

根据 Qian Y 和 Xu C(1993)的研究成果,这一种地方分权改革的尝试,造就了极具中国特色的 M 型计划经济管理体制。[①] 既有中央对地方自上而下的行政控制,地方又拥有相对独立的经济发展权限。这种结构的特点也显而易见:工业在地理上是高度分散化的,每个省、市、县一级政府都有自己相对完善的工业体系;各地的工业结构具备"自我维持"和同质化特征,保证当地可以自给自足。[②] 进一步细究

---

① Qian Y,Xu C. Why China's Economic Reforms Differ:the M-form Hierarchy and Entry/Expansion of the Non-state Sector[J]. Economics of Transition,1993,1(2):135-170.

② Xu C. The Fundamental Institutions of China's Reforms and Development[J]. Journal of Economic Literature,2011,49(4):1076-1151.

M 型经济结构的特点,我们就很容易理解中国经济快速发展的奥秘了。

由于各地区具有相对同质化的工业产业结构,满足了原始的竞争条件。为增长而竞争的激励机制的存在,使得各地区之间形成的更多是竞争关系,而非合作互补关系,竞争结果具有可比性。

而且这种同质化由于中国各地的地理位置、风俗、文化、习惯等差异,初始禀赋也不可能完全相同,是保留各地特征的相对的同质化。

与此同时,这种分散化的竞争也有助于促进非国有部门的发展。

改革开放后,出口导向型的发展模式给劳动密集型产业创造了发展机遇,再加上市场化因素被植入体制外,更多的物质激励条件使得农村的剩余劳动力能够顺利地转向具有高生产效率特征的非国有部门。地方公共部门因为有业绩考核的竞争压力,往往会采取一些措施来保护这些非国有部门,默许其发展,尽管这种保护是一种非正式的机制。采用市场化激励的非国有部门的效率往往要更高一些,这在对国有企业形成"示范效应"的同时,又产生了强大的市场竞争压力,从而倒逼国有部门也开始市场化转型。

在为增长而竞争的框架下,地方公共部门要为当地经济增长考虑,就有动力开启国有企业改革,让国有企业更具市场竞争力,形成良性循环。地方公共部门通过引入类似于高效率非国有部门的竞争对手进行国企改革,效果比单纯的产权私有化好,而且能兼顾国企的社会职能。

1.2.3　清晰的考核机制

地方分权有效的根本前提是存在一个强大的中央政府。由中央政府集中人事任免权,能够以经济增长的相对绩效来考核,地方的经济分权才真正起了作用。

各地方政府为增长而竞争,自主拥抱市场化改革,集体发力推动了中国经济的增长。一个很好的制度实验是 1994 年推行的分税制改革。分税制改革的核心是加强中央财政,进而加强中央对地方的控制。

为了缓解中央财政占比过低的局面,分税制改革明确划分了中央税、地方税和中央地方共享税。很明显,这是一次财政收权的行为,如果说对地方财政放权有助于经济增长,那么财政权力上收似乎应该是不利于经济增长的。

　　但从直观感受看,即使在分税制改革后,各地发展经济的动力也似乎有增无减。这主要是因为相对绩效考核和为增长而竞争的体系并没有动摇。

　　既然还要考虑当地经济发展绩效问题,增加财政收入就不可能"竭泽而渔",其核心还是要做大税基。

　　因此,地方干活的积极性并没有因分税制而受到影响,预算内税源的下降反而促进地方找到了以土地为纽带的基金预算收入,地方借此成为"城市经营者"。基础设施投资因此以更快的速度大规模扩张,外商直接投资(FDI)在 1994 年后实现了更快速的增长(见图 1.6)。

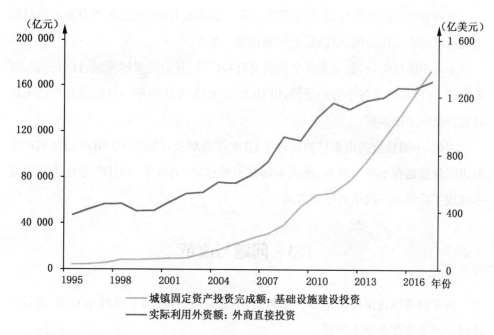

资料来源:Wind。

图 1.6　1994 年后 FDI 与基建投资规模大幅上升

　　简而言之,公共部门对经济增长的促进作用均没有在古典主义、奥地利学派、新制度主义经济学家的文献中得以体现。他们强调的都是公共部门在经济增长过程中的负面作用,只要公共部门干预了经济,就难免存在低效、寻租的情形。

　　这就没法很好地解释中国改革开放以来所创造的经济奇迹。

　　中国经济增长制度的特殊性在于,通过引入为增长而竞争的激励机制,让官员

行为"企业家化",使得很多地方官员主动地不遗余力地发展当地经济,努力做大经济增量,并主动诱导出很多市场化的改革:

比如为了招商引资,让外商愿意在当地投资,是不是需要先改善营商环境,完善一下基础设施?

比如房地产驱动的模式难以为继了,但又要维持经济增长,是不是得主动改变增长模式,转向创新驱动?

再比如有的地方国企运行低效,是不是需要主动进行地方国企改革,让这些国有企业运营变得更高效?

但随着中国经济的发展,公众的需求是会逐步提升的,过去生产力不高的时候主要需求是物质层面的,解决温饱问题是第一要务。

步入小康社会后,公众美好生活需要日益广泛,开始向发展质量、社会公正、收入平等、环境保护等各个方面延伸,以 GDP 为 KPI 考核的单一目标制显然已无法满足公众的全部需要。

因此,中国独特的组织结构促进了 GDP 快速增长,但单一的 GDP 目标制产生的边际收益是在不断递减的,而成本却在不断递增,消解单一 GDP 考核带来的成本就成了后续经济改革的重要方向。

1.3 问题与改革

国家的考核机制应该是多目标制的,不能只看经济,而且单纯用 GDP 衡量经济增长本身也存在诸多问题。

回归到社会发展的阶段,在改革开放以前,生产力没有充分释放是当时的主要矛盾,以 GDP 为核心的单一目标制能够顺应公众的愿望,解决生活物品短缺的问题。但正如上文所述,随着中国经济的发展,以 GDP 为 KPI 考核的单一目标制显然已无法满足公众的全部需要。

因此,中国独特的 M 型组织结构促进了 GDP 快速增长,但单一的 GDP 目标制产生的边际收益不断递减而带来的成本在不断递增,如何改革成为我们需要进一步思索的问题。

1.3.1 重基建的建设财政

在抗击新冠病毒的过程中,中国展现出了高效的组织行动能力和资源调动能力,与此同时,病例的激增也为多地的卫生系统带来了挑战。

从数据来看,2003 年用于医疗卫生的财政支出为 778 亿元,占财政支出和 GDP 的比重分别为 3.16％和 0.57％,到了 2021 年这两个比重分别为 7.79％和 1.67％(见图 1.7)。

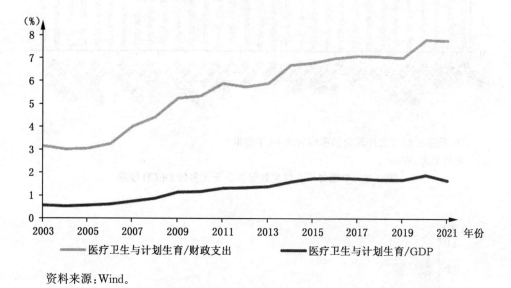

资料来源:Wind。

图 1.7 医疗卫生支出在财政支出和 GDP 中的占比有所增长

但如果做一个国际横向对比,就会发现与多数国家的医疗卫生支出状况相比,中国还有很大的改进空间。

每千人医生数,2019 年中国为 2.24,低于绝大多数发达国家,也低于墨西哥 (2.44)、波兰(2.38)等发展中国家(见图 1.8)。

每千人病床数,2019 年中国的数据是 4.79,在大多数 OECD 国家中也处于相对靠后的位置(见图 1.9)。

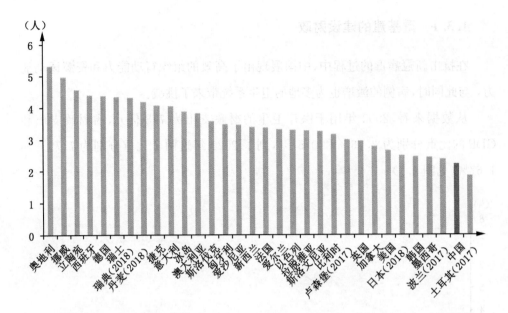

注：除单独标注之外其余国家均为 2019 年数据。

资料来源：Wind。

图 1.8　中国每千人医生数量要少于大多数 OECD 国家

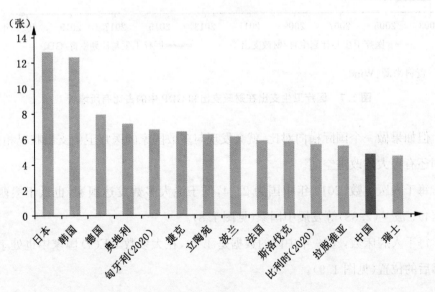

注：除单独标注之外其余国家均为 2019 年数据。

资料来源：Wind。

图 1.9　中国每千人病床数量少于多数 OECD 国家

如果再横向比较财政支出用于医疗卫生的比重,那么可以看出,2019年中国为8.85%,在我们有限的样本中仅高于印度(3.39%),低于多数发达国家,也低于泰国(15.03%)、南非(13.34%)、巴西(10.30%)等新兴经济体(见图1.10)。

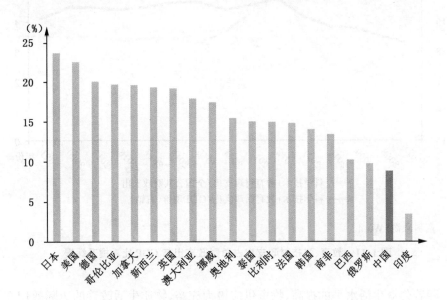

资料来源:Wind。

图1.10 中国医疗卫生支出占财政支出比例与样本内多数国家相比还存在差距

因此,从国际比较来看,我国医疗卫生支出费用与我国的财政支出水平、人口数量以及GDP绝对规模均很不相称,在医疗投入水平和优化服务质量等供给端均有发力空间。

实际上,医疗卫生支出不足只是民生财政支出问题的一个缩影。如果我们看教育与科技领域的财政支出,同样能看到它们占财政支出和国民生产总值的比重提升较为缓慢(见图1.11),2021年分别为19.19%和4.12%。

那么,为什么与民生相关的公共服务品会支出不足呢?这实际上与地方的财政支出偏好有关。

由于基建项目投资巨大,对经济的拉动效果显著,在单一的以经济增长为核心的考核机制框架之下,地方公共部门很容易形成重基建的建设财政,加大对经济增长的相关要素投入。

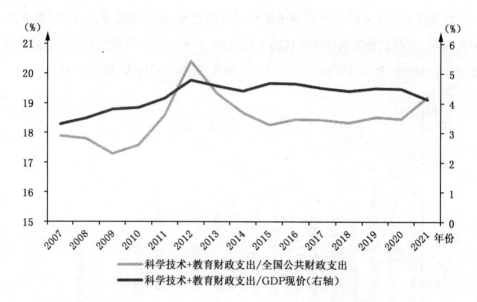

资料来源：Wind。

图 1.11   教育、科技财政支出占总财政支出与 GDP 比重提升缓慢

随着公众生活水平的提高，物资供应极大充裕，物质生活改善的边际效用在不断减弱，而对单位 GDP 增长所产生的社会边际成本，公众反而越来越敏感。此外，当温饱问题解决之后，公众的需求层次会逐步上移，自然对优质公共品的需求与日俱增。

党的十九大报告也指出，中国特色社会主义进入新时代，我国社会主要矛盾已经转化为人民日益增长的美好生活需要和不平衡不充分的发展之间的矛盾。当解决了十几亿人的温饱问题以后，人民美好生活需要日益广泛了，美好生活已不仅局限于物质层面，而且对民生的改善提出了更高要求。这个时候就需要引入包含公共服务的考核体系，需要建立更完善的考核问责机制。

1.3.2   市场分割和产能过剩

我们来先看看几个政策文件。

2013 年 3 月，第十二届全国人民代表大会第一次会议审议并批准了《国务院机构改革和职能转变方案》，其中指出，要：

消除地区封锁,打破行业垄断,维护全国市场的统一开放、公平诚信、竞争有序。

2015年中共中央国务院发布《关于深化体制机制改革 加快实施创新驱动发展战略的若干意见》,文件专门强调了地方保护主义的问题:

打破地方保护,清理和废除妨碍全国统一市场的规定和做法,纠正地方政府不当补贴或利用行政权力限制、排除竞争的行为,探索实施公平竞争审查制度。

2016年,国家发改委发布的《关于印发贯彻落实区域发展战略 促进区域协调发展的指导意见的通知》强调:

充分发挥市场在资源配置中的决定性作用,更好发挥政府作用。打破地区分割和隐形壁垒,推动形成全国统一市场,促进各类生产要素有序自由流动、优化配置;加强区域发展战略、规划、政策的制定实施和优化调整,不断完善促进基本公共服务均等化的制度保障。

党的十九大报告也明确提出,要:

全面实施市场准入负面清单制度,清理废除妨碍统一市场和公平竞争的各种规定和做法……打破行政性垄断,防止市场垄断,加快要素价格市场化改革,放宽服务业准入限制,完善市场监管体制。

2020年4月,中共中央国务院发布的《关于构建更加完善的要素市场化配置体制机制的意见》提出:

在维护全国统一大市场的前提下,开展要素市场化配置改革试点示范。

党的二十大报告强调:

构建全国统一大市场,深化要素市场化改革,建设高标准市场体系。

中央的政策文件里为什么频繁提及打破地方保护和构建全国统一市场?既然频繁提及,就一定是有事实做支撑的。

我们先来搞清楚地方采取保护主义的行为动机。

假设A、B是两个相近的地区,A地想要当地绝对经济增速取得较高增长的同时,还能获得相对更好的经济绩效,应该怎么做呢?

在相对绩效考核的驱动下,理性决策首要是保护当地的经济资源,对B地设置准入障碍,在提升本地GDP的同时还能制约对手的GDP,这就是地方采取保护主义的行为动机。

毫无疑问,地方保护短期确实可以提高 A 地的经济产出。但一方面,地方保护会对中长期经济增长潜能产生负面效果;另一方面,如果把所有地区加总来看,全局利益会因地方保护受到损害。

一旦采取地方保护的措施,规避了竞争的行为,低效率企业也能得以存活,这就削弱了产能升级的动力。

另外,假设 A 地区企业相对于 B 地区同类企业本身有竞争优势,一旦进行市场保护,抑制了新竞争者的加入,A 地区企业将坐收管制红利,即使那些有竞争优势的企业也没有动力继续推动技术进步了。

地方保护是相互的,B 地区也会针对准入门槛采取反击措施,结果是两地的企业都不得不面临更加狭小的市场,仅能聚焦本地的市场份额。

只有拥有足够大的市场规模,才能有效促进技术创新和市场分工,降低交易费用,提高企业的生产和组织效率。而市场分割会直接阻碍制造业高端化发展,要素无法自由流动会影响资源配置效率,外部竞争压力下降与市场规模约束会降低创新的积极性。

如果把 A、B 地区的地方保护扩展至全国,人为导致市场分割,这种低水平重复的经济增长造成的负外部性将是由全国来共同承担的。这样最终会导致全国规模的统一大市场形成受阻。

从加总意义上看,市场分割不仅不能提高经济总产出,可能还会妨碍经济总产出,牺牲了长期经济增长。此外,市场分割还有可能阻碍产业链创新升级。

在"逆全球化"的大趋势下,外部市场份额开始逐步收缩,通过提高本地出口产品质量维持既定市场份额的必要性越来越强。

"逆全球化"意味着核心进口零部件需要加强进口替代,再叠加劳动力成本不断上涨,利润率低的低端产能在国内已难以生存,贸易产业链升级刻不容缓。而生产要素人为割裂,又是导致出口产业链升级缓慢的重要原因。

以规模为导向也导致发展经济过程中有重复建设和产能过剩的倾向。

和市场分割的例子一样,我们假设 A、B 地区都是以钢铁企业为主,而两个地区实际上其实只需要一个钢铁企业就足以满足当地需求,这意味着 A、B 地区钢铁企业是产能过剩的。

没有大市场给两地的钢铁企业积累盈余,没有良性竞争机制,再加上廉价要素补贴,两地区的钢铁企业要么经营不下去,要么不愿做产业升级,陷入"低端重复"陷阱。中央政府看到这一点之后,一定会强调 A、B 地区转变增长方式,淘汰过剩低端产能。因此,A、B 地区的考核指标可能要发生改变。比如,要求两地必须以战略性新兴产业为导向,不仅看绝对的 GDP 增长速度,而且要看 GDP 增长的质量。

面对增长方式的改变,两地会怎么应对呢?

在战略性新兴产业上,A 地会根据比较优势与 B 地区做区域互补吗?大概率不会,只要还是以相对 GDP 增长为 KPI,A 地还是会追求本地的"大而全",并且采取市场分割的策略,做战略性新兴产业的本地保护。

比如通过减税或者财政补贴给战略性新兴产业财政支持,或者对 B 地区有借鉴意义的战略采取模仿措施,还会提供廉价的土地要素,以及采取纵容污染和降低行业准入标准等措施。

随后,新兴产业很快就会和传统产业一样出现过剩,而且还是继续聚焦产业链的低端。因为新兴产业在"全国竞争+地方垄断"的格局下,企业的市场空间被锁死,没有资金积累用来搞研发,只能在低端产业链上不断恶性竞争。

由于人民群众生活水平提高,消费者对产品质量的要求也会越来越高,过剩且低端锁定的产业链竞争格局显然无法满足人民群众日益精致的消费需求。

这也正是提出要做供给侧改革的核心原因之一,习近平总书记曾指出:

我国不是需求不足,或没有需求,而是需求变了,供给的产品却没有变,质量、服务跟不上。有效供给能力不足带来大量"需求外溢",消费能力严重外流。解决这些结构性问题,必须推进供给侧改革。①

这还只是内部的问题。更重要的是,当前外部环境也发生了深刻的改变。全球已经开始出现逆全球化的趋势,解决产业链安全问题必须要靠创新和独立自主,而创新的关键前提就是能用好全国统一大市场,这意味着要打破地方人为制造的市场分割。

---

① 习近平. 习近平总书记在省部级主要领导干部学习贯彻党的十八届五中全会精神专题研讨班上的讲话[R/OL]. http://cpc. people. com. cn/n1/2016/0510/c64094-28337020. html,2023 年 11 月 24 日.

对此,应该做的是引入多元化的绩效考核机制,因地制宜地制定地方考核标准,对部分经济承担功能相对弱一些的地区不能单方面强调 GDP 考核,并要加快推动区域经济协同发展。同时继续推进供给侧改革,将分散的低端产能兼并重组,提升市场集中度,带动经济高质量发展。

1.3.3　规模导向和债务高杠杆

经过四十余年的债务扩张,2020 年中国债务规模达到了 274 万亿元左右,年均增速为 10％,超出名义 GDP 增速 1.2 个百分点。改革开放以来,虽然中国经济发展速度迅猛,但债务同样增长迅速。

中国经济高增长的背后离不开债务驱动,但高债务导致市场参与主体背负了高杠杆。适度的杠杆率水平有利于促进经济增长,过高的杠杆不仅会拖累经济增长,还会诱发金融风险。

还是以 A 地为例,在强调 GDP 增速的考核机制下,A 地发展经济的行为显然是以规模为导向的。更大的营业收入、固定资产投资规模意味着更高的 GDP 增速。规模驱动往往是靠举债加杠杆实现的,只强调规模,不注重效益和现金流,必然导致债务积累。如果债务对应的资产是以现金流为导向的,那还相对好一些,因为资产能赚钱,覆盖债务本息。但如果只是为了追求单一的 GDP 增长,就有可能盲目铺摊子,导致债务风险的长期累积。

我们统计了非金融非石油石化上市公司的数据。2010 年,总资产净利率、销售净利率、扣除非经常性损益后的净资产收益率这几个反映企业效益的指标分别是 5.17％、6.48％、10.35％,到 2021 年则分别下降至 3.45％、5.42％、7％,整体均呈现下行趋势(见图 1.12)。

而非金融非石油石化企业的负债率却在逐渐攀升(见图 1.13)。2010 年,非金融非石油石化上市公司的资产负债率为 59.84％,2021 年上升至 60.55％。如果从一个更长的时间周期来看,资产负债率上升的趋势更加明显,2000 年非金融非石油石化上市公司资产负债率只有 45.12％。

与此同时,金融企业部门杠杆率在 2000 年年底为 92％,2021 年年底迅速提升至 154.8％。

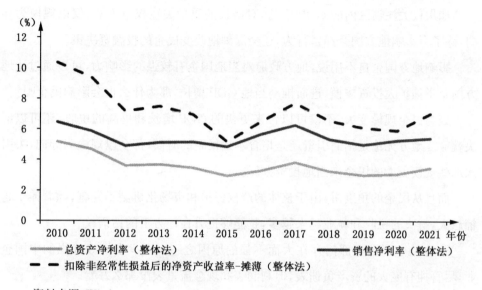

资料来源：Wind。

图 1.12　非金融非石油石化企业经营效益不高

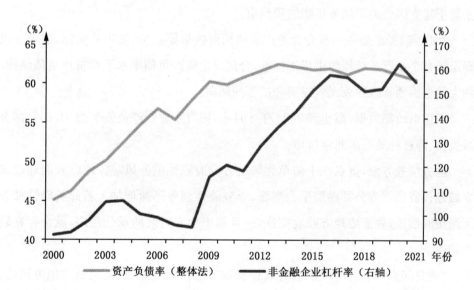

资料来源：Wind。

图 1.13　非金融企业杠杆率和资产负债率持续攀升

如果仅关注辖区内的 GDP 增长，对增长的质量关注权重不够，仅以规模为导向，除了会影响地方国企经营行为，还会深刻地改变民企的投融资决策。

影响地方国企自不用说，地方政府对当地国企有较强的影响力，可以通过让地方国企举债扩大投资规模，进而推动当地 GDP 增长，那为什么也会影响民企呢？

因为民企规模变大，不仅可以带来更快的 GDP 增长和更高的税收，还可以解决就业。地方无论是招商引资还是培育本地民企的时候，都会以规模为导向，去引入那些规模更大的民企来当地投资办厂。

而且从民企的角度讲，由于整体的产权保护和市场化机制不完善，随着摊子越铺越大，解决的税收和就业越来越多，越能够提升在地方上的话语权。

这也是中国企业部门存在大而不强的原因之一。不少上榜 500 强的中国企业，尽管拥有庞大的资产负债表，但利润表和现金流量表没那么好看。

解决债务高杠杆的问题，需要国企、地方政府以及金融市场等多方合力。

对于国企而言，要加强资产负债约束。其实国家也已经注意到了相关问题，开始着手建立国企关于债务扩张的硬约束。

2018 年《关于加强国有企业资产负债约束的指导意见》发布并实施，要求分类确定国有企业资产负债约束指标标准，合理设定资产负债率水平和资产负债结构，约束国企因预算软约束无效投资和扩张的倾向。

根据财政部数据，截止到 2023 年 4 月末，国有企业资产负债率为 64.8%，国企减负债、降杠杆的需求非常迫切。

地方债务方面，重点在于防范化解地方政府隐性债务风险。地方政府通过成立城建投资公司等公共融资平台融资，导致隐性债务迅速增加。若此类隐性债务无法按时偿还，就需要地方政府兜底，一旦超出地方财政的承受范围，就会存在较大隐患。

"终身问责，倒查责任"能够有效抑制地方隐性债务增量，防范地方债务风险。2017 年起，对于地方违规举债的监管开始趋于严格。2018 年，《地方政府隐性债务问责办法》发布，地方政府负债情况也纳入地方官员任期工作实绩考核指标，重构了以 GDP 论英雄的考核体系，有助于地方经济受债务驱动发展模式的转变。

资本市场的改革同样是压低债务杠杆的重要推手。一方面，资本市场可以通过 IPO、定增、发行可转债、重大资产重组等资本运作,推进市场化债转股,支持降低杠杆率;另一方面,资本市场的壮大离不开机构投资者,而机构投资者在进行资源配置的时候,更关注资产端的质量。这就迫使各类上市公司强化内部约束,改善公司治理,将资源配置到现金流高的资产上,以便获得资本市场的青睐,从而获得进一步的发展空间。

1.3.4 依赖外需

在 GDP 考核机制下,毫无疑问,招商引资引入大项目,发展大工业肯定是最快也是最现实的办法。

那么,接下来的问题就是,如何获得大项目的青睐呢?

假设 A 地需要招商引资,首先得有好的营商环境,不能随意侵犯私有产权,要进行市场化改革,优化制度体系。

制度问题解决之后,就是成本的问题了。A 地可能需要向资本承诺一个较低的要素价格,尤其是具有吸引力的土地出让价格。

假设 A 地选择用低廉的用地成本补贴大项目,土地供应又受到了耕地红线的限制,分税制改革后,当地的财政收支还需要预算外收入来平衡,这就导致 A 地不得不对市中心的商业用地和住宅用地收取较高的土地出让金。

2021 年 100 个大中城市成交的楼面均价,住宅用地是 5 663 元/平方米,商服用地是 2 521 元/平方米,而工业用地成交均价仅仅为 291 元/平方米。

而且从趋势来看,住宅用地和商服用地价格总体上是不断上升的趋势,而工业用地成本基本上变化不大,从 2008 年到 2021 年几乎没有上涨过(见图 1.14)。

在各地招商引资竞赛的驱使下,加上廉价的劳动力、土地使用成本和利率水平(利率没有完全市场化),工业部门很快就出现了产能过剩。

过剩的原因之一是廉价的要素投入,使得工业产能偏离最优的均衡水平。

更重要的是,劳动力成本一直处于被压抑的状态,劳动报酬较低抑制了消费,导致内需不足(相对于生产端而言)。

2001 年中国加入 WTO 以来,中国融入了世界贸易体系,为过剩产能提供了出口。其实在更早的时候,国内就有产能过剩压力,大概在 20 世纪 90 年代中期,就

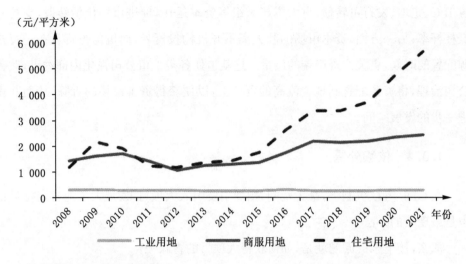

（元/平方米）

资料来源：Wind。

图 1.14　住宅用地价格明显高于商服用地和工业用地

已经确立了要扩大出口贸易规模，利用好国外市场，获取外汇盈余，积累工业化的原始资本。

所以，当时解决好国内过剩的问题是利用好外循环，让国际市场消化过剩的工业产能，这也导致持续的贸易盈余和外汇储备积累。用好国内的市场规模和外汇积累，引进国外的技术，然后消化、模仿、创新、替代、再出口。

然而，在"逆全球化"背景下，出口市场规模下滑，贸易保护主义也使得进口技术和产品没那么容易，这条路已经走不通了。要解决这一问题，靠的还是内循环，也就是拉动内需，靠全国统一的大市场来消化产能。

但内需的形成首先要解决的就是要素扭曲定价的问题，尤其是长期被低估的劳动力成本。因为劳动力价格被低估，而房价一直涨，居民财富集中于房地产领域，肯定是会压抑边际消费倾向的。要激活内需，就需要把城市底层和农民工的收入给拉动起来。

中国人口基数大，城镇化空间还很大，而且人均可支配收入不高，这反映出收入分配环节有些问题，但从另一个角度来看，这也意味着通过改革提高内需的空间非常大。

举个例子,根据统计局数据,2022 年我国乡村总人口约为 4.91 亿人,农民工人数约为 2.96 亿人,如果农民工的月收入每月能提高 1 000 元,一年提高 1.2 万元,一年 3.55 万亿元的潜在消费规模就出来了,这是相当可观的。当然,这个过程尽量要用市场化的手段完成。

后续可以期待的是以人为核心的城镇化,城市反哺农村,城市的土地剩余向农村倾斜,给农户集体土地所有权的份额确权,提高农民的财产性收入,并通过户籍改革,提高农民的社会保障,化解掉消费的后顾之忧。

1.3.5 环境问题

在社会发展的过程中,经济的发展往往伴随着一些环境问题的产生,比如说空气质量下降、绿地面积减少,甚至"全球变暖"也与经济增长和生产力发展有着直接的联系。

其实,在现代经济发展的初期,以牺牲环境为代价来换取经济增长的模式在许多国家曾出现过。

英国工业革命就是一个很著名的先例。在生产力飞速发展的同时,像泰晤士河这样临近工业区的河流被严重污染,城市空气质量愈加恶劣,森林面积大量减少。而中国在改革开放的初期,迫切需要发展生产力来脱离贫困状态,满足人民日益增长的物质和文化需求。在无法满足人民的温饱、住房需求时,也就没有多余精力关注环保问题了。

所以等到经济发展起来时,这种生产力与物质文化需求的矛盾有所化解,环境保护这个主题也是时候提上日程了。

环保问题的根源同样也与以 GDP 为 KPI 的考核机制相关。为了获得较高的经济增速,地方往往会优先考虑一些重工业的大项目。一方面,重工业大项目有更高的增值税来源,让地方财力更充沛,可以挪腾的资源更多,也有更多的财政投入基建拉动 GDP 增长;另一方面,大项目创造 GDP 本身也要快一些。

更重要的是,在相对绩效考核机制下,各地区会在引资的时候都调低环保标准,因为环保对项目来说意味着成本,自然禀赋和政策环境差不多的地区相比较,大项目当然愿意去成本低的地区。

过去,各地更关注经济发展的增量,环保与考核机制是脱钩的,环境治理的好坏在考核体系中影响有限。而且,环保治理是一个长期的系统性工程,即使好的环境能够提升当地在招商引资时的竞争力,有利于长期的经济发展,但也需要较长时间才能体现在经济数据上。

不过,自"绿水青山就是金山银山"这一科学论断提出以来,从中央到地方自上而下的环保意识愈加强烈。既然环保问题很大程度上是由于竞争性的重化工大项目引进造成的,那么通过供给侧改革的行政手段,去掉有污染的落后产能,无疑是一种有效的方式。

供给侧去产能开始后,2016—2018 年的 3 年内,粗钢产能压减了 1.5 亿吨以上,煤炭落后产能退出了 8.1 亿吨,落后煤电机组淘汰关停了 2 000 万千瓦以上。淘汰不符合环保要求产能的同时,要么是新增的产能必须符合环保标准,要么是对不符合标准的设备做技术更新改造。从制造业投资额来看,近年来制造业投资更多以改建为主(见图 1.15),新建和扩建在新增投资中的份额有所减少。

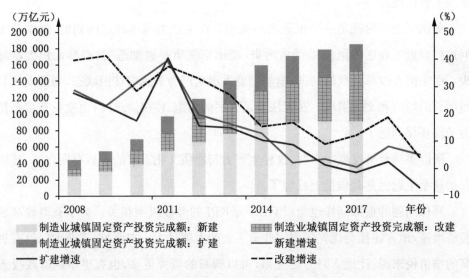

注:2018 年开始国家统计局仅披露城镇固定资产投资完成额增速数据。

资料来源:Wind。

图 1.15   近年来制造业投资以改建为主

　　不过去产能的结果也使得市场"二八分化"越发明显,不符合环保要求的企业或设备被强行关停,市场向有资金实力改造设备的头部企业集中。

　　2017 年是环保治理相对较严格的一年,我们对能耗前 10 的制造业子行业企业数加总,发现高污染的子行业企业总数确实在 2018 年出现了明显减少(见图1.16)。由于一些重点行业去产能的任务基本在 2018 年已完成,后续的重心更偏向于结构的调整,因此 2019—2020 年的企业数又有所回升。

资料来源:Wind。

图 1.16　能耗前 10 的制造业企业数量变化

　　环保治理的初衷没有问题,通过落后产能扩张维持的粗放式经济增长模式长期来看难以为继,旧的产能不去掉,新的产能便不会来。加强环境保护应该是一种共识,而非争议,那么对于环保最大的争议来自何处呢? 其实主要在于环保治理的执行过程中存在各种"一刀切"的问题。

　　所谓的环保治理"一刀切",就是为了避免承担环境破坏的责任,不加区分地强制关停生产。因为没有安全生产、环境保护这类具体的量化考核指标,所以地方政府往往倾向于采取风险最小化的行为,也就是"一刀切"叫停。

　　虽然这几年环保治理卓有成效,但"一刀切"的治理办法还是对经济内生运行造成了较大的扰动。粗暴的关停会对企业造成较大的损失,同时对企业上下游供应产生冲击,下游企业要么面对一个更高的上游价格,要么面对根本就无货可买的境地。

更重要的是,"一刀切"的治理方式给中小企业造成了较大的心理阴影,购买环保设备需要投入大量的资金,大企业和国有企业能够通过高投入解决环保设备问题,而中小企业往往会受制于企业规模和现金流,在购买大型环保设备方面存在一定的困难。即使购买了环保设备,在"一刀切"督查压力下,也存在随时被叫停的可能性,中小企业经营困难陡增。通过看利润增速,我们可以发现"一刀切"的环保治理和去产能政策给部分中小工业企业造成了相当大的经营压力。

在此需要做出说明的是,国家统计局公布的工业企业利润同比数据,其样本剔除了主营业务收入2 000万元以下的企业,所以其整体的盈利增速看起来不错。

但当我们计算未经样本调整的私营企业工业利润时,就会发现手动测算的增速与国家统计局公布的增速在2017—2019年间存在较大的背离(见图1.17),这也说明民营企业存在"幸存者偏差"。

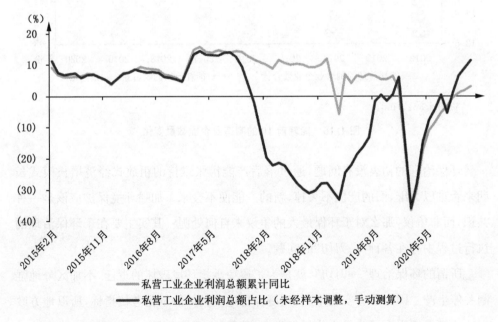

资料来源:Wind。

图 1.17　环保治理对私营工业企业利润产生了明显冲击

有趣的是,如果看同时期的国有工业企业部门,就没有出现这种背离(见图 1.18)。可见,"一刀切"的环保治理让中小微企业更受伤。

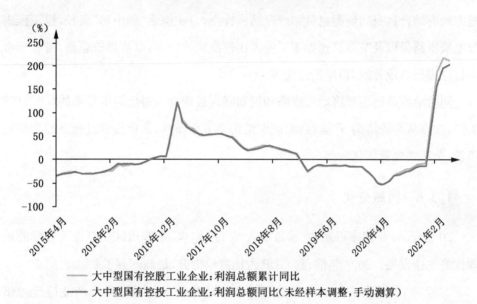

资料来源:Wind。

图 1.18　环保治理对国有工业企业利润的影响较小

"一刀切"式的治理短期固然有利于环保治理,但社会成本太大,不可能常态化。"一刀切"式的环保治理和去产能政策对很多高耗能重工业发展的影响无疑是巨大的。因此应当优先考虑一套更加完善且更加适应各个行业发展的环境保护政策。

为了应对全球气候变化带来的挑战,2020 年,中国提出了二氧化碳排放力争于 2030 年前达到峰值,努力争取 2060 年前实现"碳中和"的"双碳目标"。

"碳达峰""碳中和"的提出不仅可以重塑我国现行的能源结构,而且能带动绿色经济发展。搞"碳中和"是未来的长期战略方向。然而我们也注意到,部分地方在推行低碳环保的过程中,又开始有"一刀切"式限产、限产能的倾向。这就导致上游价格出现较大的涨幅,而上游价格明显上涨,会对中下游制造业环节以及小微企业产生比较大的冲击。所以"碳中和"的推行还是应该科学有序,明确任务分解。防止"一刀切"式减产,导致大宗商品上涨,进而对通货膨胀产生传导效应。

在"双碳目标"之下,出现层层加码降"碳"的倾向,因此,设置科学有效的考核体系,对于稳定市场和公众预期来说是至关重要的。在现阶段,国家可以优先让各地方政府结合自身的资源禀赋和产业结构特点,自主探索"碳中和"路径,稳步推进节能减排路径以及节奏。比如重工业占比较高的地区,可以将排放总量、排放标准等目标进行阶段分解,循序渐进实现。

同时地方政府也要将地方战略和规划制定长期化。避免简单粗暴的"一刀切"关停,应该从经济结构、产业结构、能源结构多方面布局,强化基础设施及配套设施建设,全面实现低碳化转型。

1.3.6　区域分化

20 世纪 80 年代末以来,尤其是加入 WTO 以来,东部地区凭借得天独厚的地理优势飞速发展。2006 年前,其 GDP 占比持续上升,最高达到了 63.31%。

2007 年,美国次贷危机引发的全球金融危机使东南沿海出口产业链压力倍增,再辅以国内"四万亿"救市措施,导致中西部地区通过债务扩张赶超,东部地区GDP 占比短暂下降(见图 1.19)。

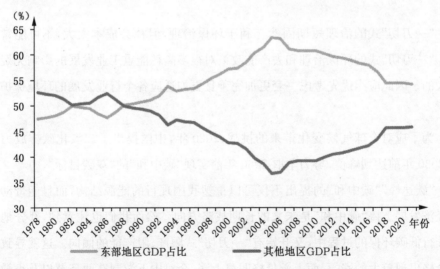

资料来源:Wind。

图 1.19　1978—2020 年东部和其他地区 GDP 占比

如果仅看 GDP 规模,就会显著地低估经济发达地区与欠发达地区的差距。

一方面,欠发达地区通过债务驱动和盲目投资在短期内会带来 GDP 高速增长,但这是以积累金融风险和牺牲长期增长潜力为代价的;另一方面,发达地区劳动力成本提高会导致低端产业链向欠发达地区转移,双方 GDP 增速差有所收敛,但这并不意味着二者的生产率能同样收敛。

因此,从长远来看,发达地区可能由于全要素生产率的提高而拥有更大的发展后劲,这意味着区域发展不平衡在未来还会扩大。发达地区较高的劳动生产率会驱使要素不断聚集。从劳动力角度来看,珠三角、京津冀、长三角的常住人口增长率高于国内其他地区(见图 1.20),主要是因为这些地区有更高的收入水平和更多的就业机会。

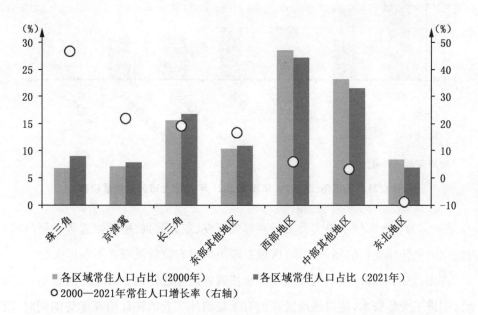

■ 各区域常住人口占比(2000年)　　■ 各区域常住人口占比(2021年)
○ 2000—2021年常住人口增长率(右轴)

注:为便于区域间比较,本图中以广东省代指珠三角,以北京＋天津＋河北代指京津冀,以上海＋浙江＋江苏＋安徽代指长三角,后文图表中的区域划分与本图划分方法相同。

资料来源:Wind。

图 1.20　珠三角、京津冀、长三角常住人口增长快于其他地区(2000—2021 年)

再从企业角度来看,2021 年长三角、珠三角、京津冀三大城市群的规模以上工业企业资产规模以及利润占比分别为 47.34％、46.15％,几乎占据了半壁江山。

其中长三角的企业营收、资产规模占比均超过 25%，表现尤为突出。

　　A 股上市公司作为中国优质企业的代表，地区上市公司数量多寡也可以大致反映优质资本的聚集程度。截至 2021 年年末，长三角、珠三角、京津冀 A 股上市公司数量分别为 1 703 家、761 家、555 家（见图 1.21），三者合计占比高达 64%，这意味着三大城市群聚集的企业质量相对更高。

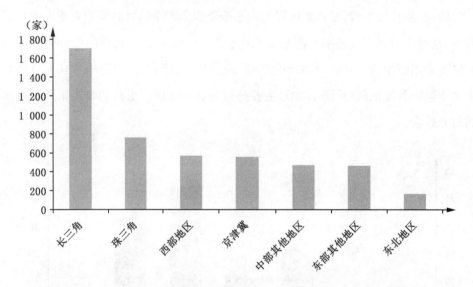

资料来源：Wind。

图 1.21　长三角、珠三角、京津冀 2021 年 A 股上市公司数量较多

　　那么，为什么即使中央大力实行西部大开发、东北振兴、中部崛起等发展战略，再配以中央转移支付的倾斜政策，区域差距不但没有收敛反而在不断扩大呢？

　　首先，东南沿海以绝对的地理优势承接海外产业链转移。改革开放以后，沿海地区引进了大量资本，使得该地区在拥有承接海外产业链转移地理优势的同时，吸引了大批劳动力，此时区域经济发展失衡已初现端倪。

　　同时，我们必须承认东南沿海地区确实有更好的制度供给。改革开放 40 多年以来，中国经济格局逐渐演变为"东南沿海地区以外企和民营为主、中西部地区以国企为主"的两极分布格局。

　　东南沿海地区为吸引外资和发展民营经济，需要积极打造和谐友好的亲商环境并推进市场化改革，而优质的经商环境又会进一步吸引更多的海外资本和民营经济的涌入,从而形成发展路径依赖。

反观其他地区,因为市场化改革不够,本土没有太多的民营企业,没有给国企来自市场竞争的压力和倒逼改革的动力。发展地方经济往往只能靠国企举债,这会使地方政府面临较大的财政压力。

市场化改革不够还会削弱民营部门的生产积极性,进一步陷入"不够市场化—经济发展低效—财政平衡压力加大—市场化水平后退"的恶性累计循环效应。

两区域的制度差异会迅速表现在经济增长绩效的差异上,时间越长,经济发展差距越大。

此外,东南沿海地区还形成了"产业+人才集聚效应"。虽然中西部地区以提供低税赋、低租金来招商引资,但相比之下,东南沿海地区有更优质的经商环境,且政府的低频度干预以及高效的产权保护体系使得其市场化水平远超内陆地区。

这些优势使得东南沿海地区更具有投资价值,其优质稳定的制度环境吸引了大量生产要素聚集。由于改革开放后资本的流入,东南沿海地区首先形成了产业聚集效应,这为市场规模壮大和产业专业化分工打下了基础。

越来越明显的产业聚集效应会进一步吸引技术型人才的流入,从而形成更强大的人才聚集效应。这种现象给东南沿海地区带来的最直观的收益是其不需依赖税收优惠便可吸引大量资本,节省下来的成本可以服务于公共领域,进一步扩大其制度优势、引入更多资本,形成正向循环效应。

对于其他地区来说,由于没有制度优势难以形成产业聚集效应,地方政府为发展经济只得依靠减税或减租来承接被经济发达地区淘汰的低端产业链,甚至会在同类型地区之间形成恶性的"逐底竞争",税收越压越低。

这会进一步影响其财政平衡及公共服务能力,降低对优质资本的吸引力,恶性循环就此形成。

在以上条件下,企业在将其中高端新兴产业布局于东南沿海地区享受制度优势的同时,会把低端产业链推向要素成本更低的中西部地区。

其实现在有很多企业的工厂已经迁移至中西部这些生产成本低的地区,而仅留下研发运营团队在东部。从数据上看,东部地区的研发投入是非常大的,三大城市群研发投入强度快速上升,2021 年,京津冀、珠三角、长三角的 R&D 投入强度分别为 4.1%、3.2%、3.1%,远高于其他地区(见图 1.22)。

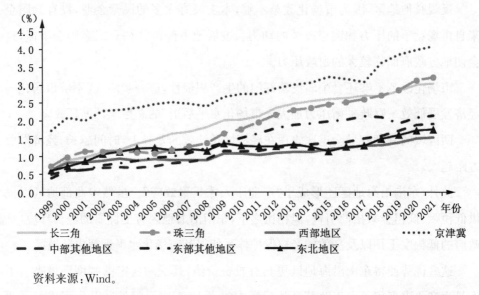

资料来源:Wind。

图 1.22　三大城市群研发投入强度快速上升

而中西部地区的加工制造活动愈加频繁,中西部地区工业增加值占东部比重上升(见图 1.23)。

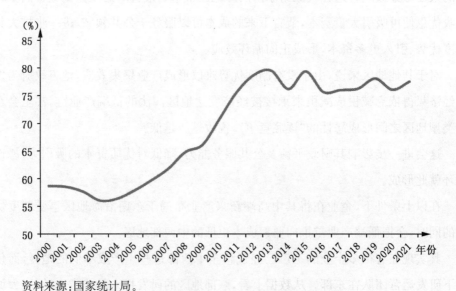

资料来源:国家统计局。

图 1.23　中西部地区工业增加值占东部比重上升

从工业增加值数据来看,尽管东部沿海地区仍占据绝对体量,但中西部地区工业尤其是制造业方面加速发展,与东部地区的差距会逐渐缩小,整体的工业增加值占比结构呈现东升西降的趋势。这也反映出未来将可能形成"东南沿海以新兴产业为主——中西部地区以加工为主"的产业分布格局。

在这样的背景之下,新区域发展观就显得尤为重要。区域内各地区要达到"1+1>2"的效果,应当坚持优势互补,促进区域之间各类市场要素摆脱行政区划束缚,在更加广阔的空间中流动,实现高效配置。

在新区域发展观的指引下,我国的区域合作不仅打破了国内的行政区划限制,而且打破了国别以及海陆的界限,比如"一带一路"和海陆统筹发展。

更好地落实新区域发展观,仍然需要转变唯GDP的考核机制,注重经济发展质量,避免只把关注焦点放在本地经济的快速增长上,缺少协同,采取人为的市场分割和地方保护主义。

在这一讲中,我们重点强调了促使中国经济快速增长的制度基础。一个好的制度,就是搞对了激励机制,让地方有充足的积极性发展经济。

然而,光有积极性和热情是不够的,还需要有相应的转化机制。

这个转化机制能够存在,需要两个重要的前提条件,缺一不可:

(1)需要有巨大的GDP转化动能,否则,地方不会依赖这个资源发展经济;

(2)这个资源能被当地政府完全掌控,如果不能被当地政府完全掌控,就无法彻底依靠其获得GDP的竞争优势。

那么,地方政府究竟是控制了什么经济资源能同时满足这两个条件呢?

答案就是土地。

在下一讲中,我们将具体阐述土地这一GDP的转化机制是如何助力中国经济走上高速发展之路的。

第2讲

土 地

从包干制到分税制，再到土地使用权的转让和土地抵押融资，土地财政体系的形成成为促进经济增长的转化机制。

在上一讲中,我们重点强调了地方政府发展经济的意愿。

在自上而下以 GDP 为纲的发展模式下,将 GDP 增长与激励机制挂钩,激发出了各个地方政府强烈地促进当地经济增长的意愿。而且,从事实来看,地方政府发展经济的意愿也成就了中国经济高速发展的现实。但仅仅讨论意愿是没有意义的,还需要有做成这个事情的转化机制,而这个转化机制的其中之一正是土地。

在本讲中,我们将讨论土地作为 GDP 的转化机制,是如何发挥其作用,从而带动中国经济高速发展的。

2.1 从包干制到分税制

为了厘清土地财政的由来,我们先厘清分税制以及分税制以前的财税改革。

计划经济有几个明显的特征:对产品实现统购统销;对财政实现统收统支;对贸易实现统进统出。也就是说,所有的经济活动是由国家统一管理的,国家集中了全部剩余产品,通过计划指令对剩余产品进行再分配。

该模式有它积极的一面,毕竟在新中国成立初期,国内百废待兴,国际美苏冷战,从国内经济长期发展和国家安全的双重考虑出发,需要集中所有的人、财、物赶紧实现工业化。但该模式的弊病在于,对人民群众物质需要响应速度较慢。

这种状况当然不能持续下去。

社会主义初级阶段的主要矛盾是人民日益增长的物质文化需要同落后的社会生产之间的矛盾,而人民生活改善缓慢是源于地方和企业的积极性不够。

那么,改革的重点就要落在激发地方和企业满足群众物质生活需求的积极性上。改革大体可以分为两块:(1)对企业放权让利,调动企业的积极性;(2)地方和中央财政"分灶吃饭",改变过去中央财政上统收统支的情况,让地方可以拥有财政剩余,给地方财政支出自主权。再结合考核以 GDP 为主的结果导向,调动地方发展经济的积极性。

计划经济时代的企业只是给国家执行计划的一个单元,没有自主经营权,既然要选择放权让利,关键就是让生产资料的所有权和企业的经营权分开。只有把生产资料的所有权和企业经营权分开,企业才能拥有独立的决策权,才能自负盈亏。

让企业拥有自主经营权的关键是税制改革。计划经济时期,利润和税收之间的界限是非常模糊的。所谓税收就是企业把利润上缴给国家,企业没有剩余,产品的价格也是自上而下给定的,这个时候的企业谈不上自主经营权。

既然想要企业拥有自主经营权,合理的改革方向就是将利税分开,企业只要按照规定给国家交税,剩下的利润可以自主分配。利润越多,自主分配的就越多,这样企业的积极性就能调动起来。

把企业利润和缴税分开的改革就是利改税。利改税的一个核心条款是:凡有盈利的国营大中型企业,对实现的利润均按照55%的税率缴纳所得税。这样就把过去企业由利润上缴财政,改成了按所得税率上缴财政,把国家与企业的利润分配关系通过税收固定了下来。

企业拥有了利润的自主分配权,这是调动企业积极性关键的一步。

把国家和企业的关系固定住,仅仅是改革的第一步,因为还有一个关键要素没有动,那就是价格。

如果企业产品的价格不是自主决定的,利润就不能反映企业经营层的努力。因为产出和入厂价格都是由国家给的,企业能赚钱和企业家精神画不了等号。

价格改革牵一发而动全身,因为居民部门都习惯了计划经济时代的低价格。在物资供应短缺的时代,让价格突然转向由市场决定很可能提高通货膨胀预期。所以在价格改革之前,采取的折中办法是分散税种,用不同产品不同税率来调控价格。

这就是利改税下一步的重要内容了。

把原来的工商税分解为盐税、营业税、产品税、增值税;新增资源税;开征房产税、车船使用税、城镇土地使用税、城市维护建设税和印花税。

值得关注的是产品税和资源税,它是根据不同的产出品和资源来制定不同税率的。之所以要按不同产品类别和资源来征税,主要是为了发挥税收杠杆的作用,缓解不同价格造成的不同企业之间苦乐不均和分配不合理的矛盾。

比如有些企业因产品价高,利润更多。但产品价高是历史遗留原因或者纯粹的政策因素,并非产品质量过硬或企业主观努力的结果,那就多收点税,调节一下利润;相反的情形,就少收点税。

一直到1994年,也就是分税制改革开启的时候,价格闯关完成,大多数产出品的价格已经放开交由市场来决定,没有必要设置一大堆税种,"以税代价"了。

这个时候就废除了产品税,回归了税收中性的原则。

于是我们看到在1994年分税制改革的时候,统一了税制,将产品税由增值税替代,建立了以增值税为主,营业税(2016年全面实行"营改增"后营业税退出了历史舞台)和消费税为辅的新的流转税体制。

另外,分税制改革还将国有企业、民营企业和集体企业三个不同的所得税税率合并,共同按照企业所得税税率纳税,将"三税合一",体现了不同市场主体公平竞争的原则。

在税收中性的原则下,政企关系才能够厘清。因为这个时候政府可以照章收税,而企业可以自主经营并参与市场竞争。也正是因为简化和规范了税种,建立了以增值税为核心的流转税体制,才能让中央和地方按税种划分税收收入成为可能。

前面分析了政府和企业间的关系,下面再分析中央与地方之间的财政关系。

统收统支的财政管理一般要求地方年底把所有的财政结余都交给中央,然后由中央统一拨付。

这种机制的弊病是显而易见的:太僵化,不灵活。因为地方没有财政剩余,也不能灵活地支配财政资金用于地方建设,从而缺乏"创收"的动力。此外,中央也存在信息不对称的问题,在分配财政资金的时候很难做到因地制宜。

要调动地方积极性,最核心的就是要给地方可以自由支配的财政剩余,这样地方才有动力"创收",去扩大税基,才有可能让地方因地制宜地把财政剩余花在最需要的地方,才有动力把经济发展起来。

于是,中央和地方财政开始尝试"分灶吃饭",将财政的统收统支改为包干制。所谓包干制,通俗点说,就是地方只要交够了中央的,剩下的就是自己的。

统收统支与包干制的区别见表2.1。

表 2.1   统收统支与包干制的区别

	统收统支	包干制
财政收入	全部的财政剩余均要上缴到中央	按包干的比例上缴财政,包干比例确定后,为了"稳预期",一般是确定五年不变
财政支出	由中央统一划拨财政支出	各地财政支出不再由中央下达,按财政收入,各地可以自行决定财政支出的用途

续表

	统收统支	包干制
收支平衡	中央平衡全国的财政收支	各地自求平衡

资料来源：根据公开资料整理。

1980年2月，国务院发布了《关于实行"划分收支、分级包干"的财政管理体制的暂行规定》，财政包干制就此开始实施，中国财政制度改革迈出了坚实的一步。

什么是划分收支呢？就是中央和地方各自确定好自己的收入和支出范围，财权和事权重新统一，中央不把全部的财政剩余都收走了。

比如，中央的收入范围确定在中央所属企业收入和关税收入等，地方收入范围确定在地方所属企业收入、地方税和地方其他收入等。中央的支出范围确定在国防、外交、对外援助等全国性事务上，地方支出范围确定在本地的基建投资、行政管理、科教文卫等地方性事务上。

在分税制改革前，税种按照企业隶属关系划分，隶属于中央的企业才纳税给中央，隶属于地方的企业纳税直接就给地方了。这给中央财政的弱势埋下了伏笔。

因为企业管理权在计划经济年代就已经下放到了地方，中央直属的企业收入在1980年才100亿元，而中央财政支出多达667亿元，企业收入的大头还是在地方。

什么是分级包干呢？就是确定一个基数，比如以1979年为基期，地方财政收入大于支出的，多余部分按比例上缴中央，其余留给自己，这个分成比例，原则上五年内不发生变化，让地方有明确的中长期预算规划的预期；对支出大于收入的，拿中央的部分收入做调剂；调剂后还不够的，中央适当做些补助。

那么，包干制有哪些具体的形式呢？

包干制主要有六种方式：定额上解、定额补助、上解额递增包干、总额分成、总额分成加增长分成、收入递增包干。

为了对包干制有一个直观的理解，分别对这六种方式做一个名词解释。

定额上解：顾名思义，就是地方财政每年上解固定的金额到中央，剩下的可以自己使用。

定额补助：与定额上解对应，就是中央每年对部分财政收不抵支的省份按固定金额补助。

上解额递增包干：每年地方交给中央的财政额不是固定的，是按比率递增的。

总额分成：中央和地方确定一个比例，比如某地方财政，中央可以拿走 60％，地方可以拿走 40％。如果该地财政收入是 100 亿元，那么该地要给中央 60 亿元，自己可以留 40 亿元。

总额分成加增长分成：中央和地方在一个固定基数上有分成比例，这点和总额分成一样，另外中央还可以按一定比例分享地方财政超基数增长的部分。

收入递增包干：中央和地方确定递增率和留成率两个比率。以 A 地区为例，假设它的财政收入是 100 亿元，中央规定的递增率是 6％，留成率是 50％，如果其财政收入恰好增加到 106 亿元，那么 A 地区需要给中央交 53 亿元，自己留 53 亿元。如果 A 地区今年经济发展特别好，财政收入上升到了 110 亿元，仍然只需交 53 亿元到中央，自己可以留 57 亿元。只要超过递增率的部分，A 地区都可以自己留着。

看上去形式多种多样，但本质上并不复杂，无非是确定基数和增长率，然后根据基数和增长率确定分成比例。其实还是那句话，地方只要交够了中央要的，剩下的就都是自己的。

现在可以很清晰地看到财政包干制是一种强激励措施。从鼓励地方创收，做大税基，发展经济的角度来看，无疑是有积极意义的。但财政包干制带来的问题显而易见，那就是中央财政占比会明显下降，中央对地方的调控能力会明显削弱。

为什么呢？

先从支出端的角度来看，中央财政支出有不少都用于补欠账了，导致财政支出的压力是刚性的。

在计划经济时期，工业化的积累主要靠工农业产品价格的剪刀差。也就是说，在实现工业化的阶段，农民做出了很多贡献，通过较低的农产品价格给城里积累工业化的剩余。1978 年后，为了改善农民的生活，当时大幅提高了农产品的收购价格，但城里农产品价格并没上涨，这是通过中央财政补贴实现的。

再来看收入端的问题。比起财政支出端，财政收入端的问题要严重得多。

首先，包干制意味着中央获得的收入比重是相对固定的，而且一旦固定，基本五年不变，但经济形势显然不会五年不变。当时中国正处于高增长的时期，很容易引发通货膨胀。通货膨胀一起来(见图2.1),只能拿固定收入份额就非常不利了,五年后的中央财政100亿元资金相对于五年前的100亿元购买力肯定是大幅缩水了。

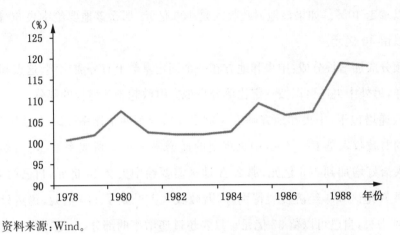

资料来源:Wind。

图2.1　20世纪80年代的CPI明显上行

其次,中央、地方直接掌控的税收按属地划分,但前文提到过,中央直接掌控的企业收入占比是非常有限的,大头在地方那里。

最后,更重要的是,地方会"藏富于企"。先不收税,把钱都放在企业那里,然后再通过收费的方式把钱从企业那里收上来。

这样的结果会导致预算外资金膨胀。根据《中国财政年鉴》的数据,1978年预算外资金347亿元,占GDP和财政收入比重分别为9.6%和30.7%,到了1984年预算外资金增长至1 188亿元,占GDP和财政收入的比重分别为16.5%和72.3%。其实这些预算外资金本来就该属于国家财政,只是从财政资金转移出去的。

而且中央财政有压力之后,不得不通过收费来弥补税收的不足。中央不得不在1980年征收"国家能源交通重点建设基金"和"国家预算外调节基金",这也变相导致预算外资金规模膨胀。

预算外资金规模的膨胀削弱了中央政府宏观调控的能力。由于资金大量滞留于预算范围之外,无法做到资金统一调配,预算外资金管理分散、混乱,容易导致资金使用不当,无法把资金配置到宏观调控需要的地方。

地方选择"藏富于企"将会导致两个比重下降:第一个是财政收入占GDP的比

重持续下降,因为 GDP 增长了,也没体现在税收里,而在企业那里,在预算外。第二个是中央财政收入占比持续下降。

中央财政收入占整个财政收入的比重在 1984 年还有 40%左右,但到了 1992 年,这一占比就下降至 28%(见图 2.2),远低于发达国家中央财政收入占比 50%～70%的水平。

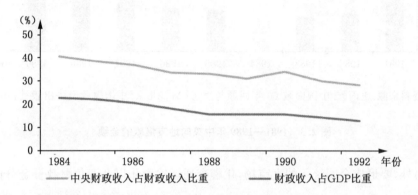

资料来源:Wind。

图 2.2　财政收入占 GDP 比重和中央财政收入占财政收入比重持续下降

随着中央财政收入占比持续下降,再叠加中央财政支出刚性,中央向地方的借款金额逐步增长。在《中国财政 60 年回顾与思考》一书中,详细披露了中央向地方借款的数据,1981—1986 年中央向地方每年借款额还能保持在 100 亿元以内,到了 1987—1989 年,中央向地方借款每年规模在 140 亿元左右(见图 2.3)。[①] 1981—1989 年近十年间,中央累积向地方借款近 690 亿元。

在上一讲中,我们提到过在以 GDP 为纲的发展模式下,地方有在当地进行重复建设和市场分割的动机。在分税制改革以前,按企业隶属关系划分税源,会加剧这一点。重复建设、市场分割不仅妨碍了全国统一大市场的形成,而且导致能源、交通运输的紧张,毕竟各地都在铺摊子发展加工工业。

对中央来说,要形成全国统一的大市场,必须改变按企业隶属地收税的原则,得转向按税种收税,这也是要转向分税制的原因之一。

---

① 王丙乾. 中国财政 60 年回顾与思考[M]. 北京:中国财政经济出版社,2009:310-311.

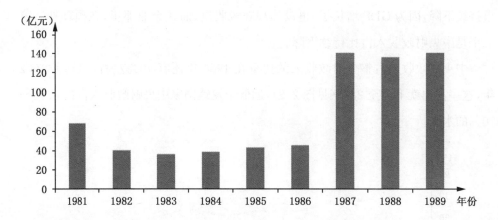

资料来源:王丙乾. 中国财政 60 年回顾与思考[M]. 北京:中国财政经济出版社,2009:310—311。

图 2.3 1981—1989 年中央向地方借款的金额

另外,要形成全国统一的大市场,化解交通运输紧张以及避免财政资金分散使用,还需要在全国层面统一安排基础设施投资,要把分散化的财政资金集中到中央来,由中央统筹安排。然而,这与中央财政占比越来越低的现状是不相符的。

中央给地方放权希望调动地方的积极性,发挥市场的作用来推动经济增长。但事实上看,政府和企业关系形式上是分离的,但实质上利益是高度绑定的,重复建设、市场分割也根本谈不上资源有效配置。

当时不仅给了地方财权,连金融也做了分权的安排。在当时,地方政府对地方的金融机构有较大的经营干预权,甚至都可以影响地方金融机构人事任命。商业银行也没有经历过股份制改造,财政和金融高度绑定,在地方追求 GDP 目标和财政剩余的动机下,会导致货币发行的松弛和通货膨胀。越是通货膨胀,中央能获得的财政收入占比越小,宏观调控效率就越低,进而形成了一种恶性循环。

现在来看,金融管理体制是垂直化的,地方金融分支机构归属金融总部管理,大型金融机构总部的人事任免权上收至中央,中央银行也可以相对独立运作。[①] 本轮金融监管体制改革更是进一步完善了垂直的金融行政监管体制,大幅度提高了金融监管效率。

---

① 这里的独立性指的是地方政府对中央银行的影响力而言的。

最后,还有一个问题,当中央财政被削弱后,中央通过转移支付来调剂地方政府间财政差距的力度也随之减弱了。不同省份之间的财政收入不断拉大,必然导致收入分配差距不断扩大。

考虑到中国是一个幅员辽阔的大国,不同地区文化、资源禀赋差距较大,需要通过合理的财政剩余再分配,实现公共服务相对的均等化。

可见,过度分散化的财政包干制已经难以为继了,财税体制改革势在必行。

应对财政包干制的问题,不是说要回到计划经济时代统收统支的老路上去,而是要在保障地方发展经济积极性的基础上,通过适当的税种划分,提高中央财政的占比,加强中央宏观调控的能力。

于是,分税制改革出现了。分税制改革的几个核心要点如下:

(1)按税种来划分中央税、地方税和中央地方共享税。中央税主要包括消费税、关税和央企所得税以及上缴的利润等;地方税主要包括营业税、地方企业所得税以及上缴的利润等。最大的改变是共享税,增值税的75%被划给了中央,25%划给了地方。

增值税尤为重要,1994年增值税收入高达2 308亿元,约占国家税收的45%,这块的大头划给了中央,迅速解决了中央财政收入占比低的困境,1994年中央财政收入占比就从1993年的22.0%大幅上升至55.7%(见图2.4)。

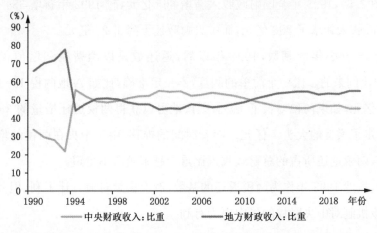

资料来源:Wind。

图2.4 1994年后中央财政收入占比大幅上升

（2）分税制改革涉及地方向中央让利，为了让改革能够平稳推进，谈判的过程当中中央也会做出一些让步，这个让步就是两税返还的设计。两税指的是消费税和增值税，两税返还博弈的焦点主要在基数上。

按规定，1994 年的两税返还是按 1993 年中央净上划收入（消费税＋增值税×0.75－中央下划收入）全额返还。

1994 年后，税收返还额在 1993 年基数上逐年递增，按两税平均增长率 1∶0.3 的比例返还给地方。

可见，1993 年地方财政的基数越大，1994 年地方可以获得的返还越多。当时争吵的是应该以 1992 年还是以 1993 年为基数，如果以 1993 年为基数，地方可能在下半年争着把基数做高，以获得更高的税收返还。如果以 1992 年为基数，1992 年年底的财政收入是既定事实，没有调整空间。后来为了使分税制改革顺利推进，还是给了地方做大基数的时间，允许以 1993 年为基数。

其实以 1993 年为基数还有一个考虑，虽然看上去给地方让了利，给了地方做大基数的机会，但从另一个角度考虑，地方要做大当年财政基数，等同于变相引导地方快速把预算外收入转到预算内，让减免税收的企业补缴税款，甚至让亏损的企业贷款补税。

从数据来看，预算外收入从 1992 年的 3 855 亿元突然下滑至 1993 年的 1 433 亿元（见图 2.5），1993 年全国财政收入新增 866 亿元，较 1992 年新增 334 亿元，其中地方财政收入新增了 888 亿元，而中央财政还下降了 22 亿元。

设置了 1993 年的基数，1994 年以后，返还数是以消费税和增值税增量的 1∶0.3 的比例来的。做一个简单的测算，不一定准确，比如 A 地两税 1993 年的基数是 100 亿元，如果两税增长了 10％，则该地可以获得两税返还增量的 3 亿元，中央还是拿走了增量的大头 7 亿元。随着时间的推移，由于中央在两税的增量中总是拿大头，两税返还所占的总财政收入比重会越来越微不足道。

因此，虽然 1993 年作为两税返还的基数，看上去是对地方让了利，但其实从长期来看，该机制对中央财权的集中更为有利。

（3）中央集中了财力后，关键还是要实现公共财政均等化的目标，建立一个有效且公平的转移支付体系。由于转移支付的目的是缩小地区间的财政收入差距，

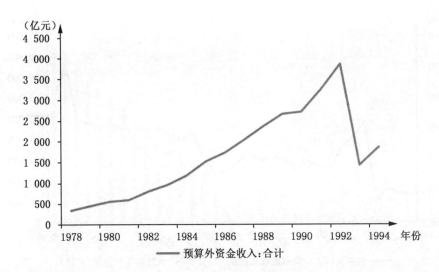

资料来源：Wind。

图 2.5　1993 年预算外收入陡降

因此主要用在了欠发达地区，在向欠发达地区转移财富的同时会兼顾地方创收的努力程度。

转移支付包括一般转移支付和专项转移支付。一般转移支付是中央对有财力缺口的地方政府按一定规则进行的补助，地方可以统筹使用这部分资金。专项转移支付是为了让地方实现特定的政策目标，需要地方严格按资金用途使用的资金，有明确的目的性和指向性。

从数据来看，转移支付①的规模是逐级加大的。

1994 年转移支付规模为 2 389 亿元，但这其中绝大多数都是税收返还，税收返还规模高达 1 799 亿元，占比达 75%。当年中央为了分税制顺利推进，承诺了将绝大多数财政收入返还给地方，一般转移支付和专项转移支付仅为 590 亿元。

到了 2021 年，转移支付规模高达 8.22 万亿元，而中央财政 2018 年也就 9.15 万亿元，财政向中央转移后，中央转移支付出去的部分占了绝对的大头（见图 2.6）。

---

① 尽管财政部将税收返还和转移支付分别列出以示区分，但由于税收返还是我国中央对地方"转移性支出"的重要组成部分，从其实质意义考虑并从便于整体分析的角度出发，此处转移支付数据中包含税收返还。

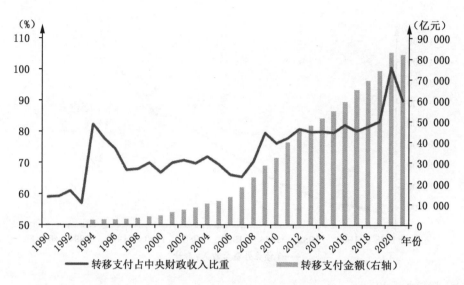

资料来源：CEIC、Wind。

图 2.6　转移支付(含税收返还)占了中央财政的绝大部分

　　从数据结构来看,转移支付中一般转移支付和专项转移支付占绝大部分,而税收返还的规模以及占比是在不断下滑的。以 2018 年的税收返还数据计算,可以发现 2018 年税收返还仅 8 000 亿元,占当年转移支付比重仅有 11%。

　　这主要是税收返还的公式设计所致,前文我们提到过,1∶0.3 的增量分配比例意味着中央从增量中拿了绝大部分,这也说明随着时间的推移,中央从发达地区收取的税收中用于返还的部分越来越少,而绝大多数转移支付都分给了欠发达地区。可见,中央在集中了财力后确实主要把钱用于调剂区域间的收入差距,致力于实现公共财政均等化。

　　财政向中央集中的另一面,是地方的财政支出压力不断加大。在 1980 年时,地方财政支出占比仅为 46% 左右,分税制改革后,地方财政支出的压力不仅没有降下来,反而继续上升(见图 2.7)。到 2021 年年末,地方财政支出占比已高达 86% 左右。

　　地方财政支出的压力是刚性的,在事权层层下压之时,财权却是层层上收的。

　　不过需要强调的一点是,财权层层上收不是说中央把地方的钱拿走后地方就没钱了,其实中央拿走地方的部分多数都返还下来了。那地方尤其是基层,为什么

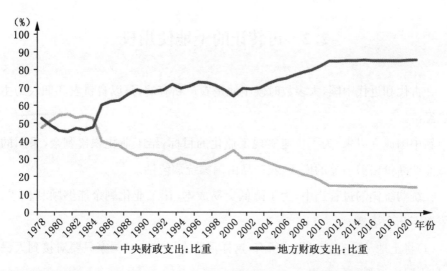

资料来源：Wind。

图 2.7 地方财政支出的比重上升

还是觉得财政支出压力很大呢？主要是因为：

（1）虽然转移支付的规模很大，但有的地方交的多返的少，有的地方交的少返的多。

（2）分税制后，最大的问题是地方可以自由支配的财政收入少了，同样一笔钱，自己可以自由使用和返回来再给你用，差别是显而易见的。

中央聚集了地方的财力会不会削弱地方政府创收的动力，进而不愿意做大当地税基，发展当地经济呢？

答案是否定的。

这还是由于在上一讲中我们提到过的 GDP 相对增速考核机制的存在。这样的考核机制下，地方关注地区经济增长，会千方百计想办法发展经济，即使地方财政被收走了一部分，只要还想发展当地经济，就有通过其他渠道创收的动力。

所以，分税制给了地方财政压力，但在 GDP 相对增速考核的体制下，分税制带给地方财政的压力只会迫使公共部门通过其他途径创收，去寻找自己可以自由支配的收入，然后满足当地经济发展的要求。

于是，土地财政出现了。

2.2　可转让的土地使用权

在古代和近代中国,大多数时候土地是农户私有的,是以自耕农和佃农为主的小农经济。

新中国成立以来,为了快速实现工业化的目标,给工业化积累剩余,采用的是工农业产品价格剪刀差的模式,农产品由国家统购统销。

在统购统销的过程当中,为了降低交易成本,让工业化剩余能够顺利积累,采取了以下几个措施:

(1)将土地从私有变成集体所有,这样征购农民粮食时国家只要对接到人民公社,最大限度压低交易成本。

(2)所有的农产品生产以完成国家任务为前提,生产的成果和收益考核按工分来计量。

(3)农民迁徙受到一定约束,农村的剩余服务于国家工业化战略。

土地是用来划拨的,比如农民建房时村集体把土地拨给农民,由农民自己盖房。城里的土地也是划拨的,由政府和单位给员工盖房。

这里没有市场经济里按价格调配供需关系的概念,土地作为最重要的经济要素之一,无论是使用权还是所有权都是不能交易的,都是由国家来划拨使用。

在改革开放后,中国逐步放弃计划经济,向市场经济转型。但即便如此,中国仍然是以公有制为主体的社会主义国家,城市土地的所有权归国家所有,农村土地的所有权归集体所有,这一点并没有发生改变。

发生改变的是土地使用权。先从农村说起。

农村的土地所有权是集体所有的,这一点是没有变化的,改革必须在公有制的前提下进行。发生改变的是农村集体土地的使用权,1978年最大的制度创新就是把农村土地的所有权和使用权分离了出来。

农地的所有权还是集体的,但使用权给了家庭,家庭代替了过去的生产队来经营土地。也就是说,农户可以承包经营农村集体土地,包产到户,交够了国家的,留足了集体的,剩下都是自己的。农户产的粮食越多,自己能够获得的剩余就越多。

当时是希望通过提高农户对农作物剩余的占有权,提高农户的积极性,解决群众的吃饭难题。农地的使用权给了农村家庭之后,吃饭问题是解决了,但致富问题没有解决,因为农地的规模化经营是不够的。

为什么会这样呢?

第一,集体所有与人口变化的矛盾。土地产权的集体所有自然意味着农户人人都有,中央虽然强调过增人不增地,但如果某家某户增了人,那承包权到期的时候,人口增得多的农户还是会希望分到更多的地。

如果地会因为人口增减这种完全不由自己控制的因素变化,显然就会影响长期预期。没有长期预期,就不会增加机械化投入。因此,多使用化肥和农药,短期创造出更多的产量,把土地的价值给短期化成为农户理性的选择。

第二,土地经营细碎化的问题。集体土地有可能随着人口的增长不断分割,每户经营的土地面积也会随着承包权到期而不断被分割。

更重要的是,土地细碎化以及小农意识天然就与规模农业相违背。集体土地承包给了家庭,导致土地产生了物权上的排他性。

但实际上,这种分散化的农业不可能在生产资料采购、物流运输、产品销售方面产生规模化优势,也就不可能提高农户对上下游的议价权,这意味着也许集中起来创造的利益分给农户会比农户单干来得要多。单个农户受自身的资源约束,也不可能产生可观的积累,进行大规模机械化投入。

第三,随着越来越多农户进城打工,承包权和经营权分离的问题越来越严重。比如1978年张三承包了集体土地,但由于城里赚钱机会更多,张三去城里打工了,把地给了李四种,于是出现了承包权和经营权分离的情况:承包权在张三,但地的经营权在李四。

承包权和经营权分离给土地的确权造成了难度。如果肯定承包权,忽略经营权,那李四的利益搞不好受损(削弱了李四把土地规模化经营的动力)。相反,如果肯定了经营权(土地流转更方便,更容易规模化),忽略了承包权,那么张三肯定不干。

承包权和经营权分离也导致土地没有抵押、担保的能力。地是李四在种,李四希望扩大经营规模,需要把土地抵押给银行获得融资。但是这块地的所有权是集体的,李四是不能拿集体土地做抵押融资的。即使可以,银行也不会干,因为即使李四经营不善,银行也不能把集体土地收走。

即使集体土地可以抵押融资,银行也愿意接,但承包权是张三的。李四虽然有经营权,但把土地押给银行后一旦经营不善,银行就会把地收走,损害的将会是张三的利益,张三肯定不同意。这就导致土地经营权的物权、抵押权和担保权李四都无法行使,地的承包权在张三那里,李四也就是一个短期土地租赁者的角色,所以李四的预期也不太稳定,自然没动力进行规模化发展和机械化经营了。

最后,需要注意的是,集体资产管理还存在缺位的问题,对集体资产的实际处置权往往集中在基层手中。如何明晰集体资产的产权,实现"政经分开",规范集体资产管理和处置问题,需要进一步研究和明确。

为了解决小农经营和产权不清晰问题,有些地区开启了集体生产资料股份化改革。

首先集中清算核实全村的生产资料,然后把集体资产交给集体经济合作社打理,实现"政经分离"。再根据农户的农龄和土地面积确定好股份或份额,把农户在集体所拥有的那份做实。并以此作为基础,集体经济合作社有利润了,可以视条件给农户按一定比例分红。

简而言之,关于农业集体用地改革大致经历了集体合作—包产到户—土地经营权流转—土地股份制再集体化的过程。

除了种地以外,农村的土地还要行使农民的居住功能,这就衍生出耳熟能详的宅基地问题。

土地所有权是集体所有的,农民的住房问题是由集体把土地免费划拨给农民,由农民自己来建房解决的。所以,既然农民是从集体那免费拿来的土地,农民是在此基础上盖房,那么盖了房的宅基地也应当归集体所有。

正是由于宅基地在所有权上是集体所有的,因此个人理论上是无权把宅基地用于买卖、抵押、租赁或者典当的。而且集体所有的性质也就决定了宅基地分配具有排他性,非集体成员不得参与分配。所以,城市居民也就没法购买宅基地,或者在集体土地上建住宅。

于是产生了两个问题:

（1）宅基地虽然是免费的，但能为农民提供价值。这导致宅基地管理难度提升，一是占用村里的耕地，二是有些地方的宅基地蔓延到城郊和城中村，不利于城市管理。

（2）农民已经开始大量去城里打工，不少村宅基地是闲置的。但宅基地归集体所有，所有权上有排他性，不能卖给集体以外的人，所以村外人无法进来盘活废弃的宅基地（没法买卖、抵押），导致资源浪费。

农村土地制度改革进程见图2.8。

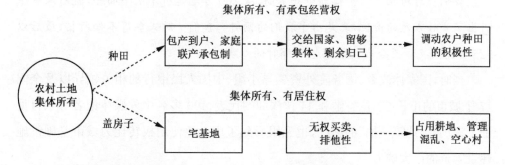

资料来源：根据公开资料整理。

图2.8 农村土地制度改革进程

下面再来看城里的土地制度改革。

城市土地使用权改革要追溯到1980年。当年召开的全国城市规划工作会议正式提出了征收城镇土地使用费。最先开始尝试土地使用权出让的是深圳。

1981年深圳颁布了《深圳经济特区土地管理暂行规定》，该文件最大的亮点是确定了土地使用权可以出让（所有权不行），并规定了不同土地用途的土地使用费，其中：

工业用地每年每平方米十至三十元；商业用地每年每平方米七十至二百元；商品住宅用地每年每平方米三十至六十元；旅游建筑用地每年每平方米六十至一百元。

该暂行条例是突破性的，毕竟首次尝试对土地使用权转让收费。

但该条例的缺陷也不少，土地使用费每三年调整一次，对企业来说形成不了长期稳定的预期。而且从价格来看，土地出让收取的费用也不高。

要想达到稳定企业预期和扩大财源的双重效果,方法说起来也简单,那就是延长土地的使用期限,比如住宅用地 70 年、工业用地 50 年、商业用地 40 年。

期限长了,企业预期稳定了,愿意投标的意愿增强了,再通过招拍挂这种竞争式的拍卖模式,把企业愿意出的最高价格诱导出来。土地是资产,期限长了,也可以把未来的现金流折现到现在,这样土地价格就能上去了。

深圳于 1987 年首次以招拍挂的形式出让了国有土地的使用权。时任深圳市规划国土局局长,也正是土地"第一拍"的执槌拍卖官刘佳胜对这一段经历有过讲述:

我们当时对拍卖的价格期望并不高,从 200 万元起叫才 7 个回合,就有人一下叫出了 400 万元的价位,真是出乎我们的预料。我们一时兴奋得不知所措,最后以 525 万元成交! 至今我仍能感觉到那时的心跳!

当时,国家体改委、国务院外资领导小组、中国人民银行的相关领导以及全国 17 个城市的市长、21 位香港和 44 位深圳的代表、100 多名中外媒体记者等亲自见证了深圳"土地第一拍"的盛况,也亲眼看到了用土地使用权转让为城市基础设施建设筹资的巨大威力。

因此,深圳通过土地招拍挂筹集资金用于城市基础设施建设的做法,开始迅速被其他城市模仿。

改革是"摸着石头过河"的,我们前文也提到过,地方在相对 GDP 考核压力之下,有强烈的动机发展当地经济。为了发展当地经济,地方会主动思考如何打破约束经济增长的条条框框。

一旦地方尝试着打破约束经济增长的条条框框,只要事实证明了这个做法确实是适合解放生产力的,中央层面一般就会加以肯定,并在全国建议推广。

由于深圳的土地使用权出让确实有助于地方补充财政资金,弥补城市基础设施建设的资金缺口,很快中央政府就顺应了地方政府通过土地筹资支持当地公共基础设施的强烈愿望,于 1988 年 4 月推动了宪法的修改。在土地使用条例中删掉了不得出租土地的内容,确定了"土地的使用权可以依照法律的规定转让"。

到了 1990 年,国务院发布了《城镇国有土地使用权出让和转让暂行条例》,正式确立了国有土地使用权可以通过协议、招标、拍卖等方式出让,并开始向全国推广土地使用权出让制度。

城市土地制度改革进程见图2.9。

城市土地国家所有 --→ 深圳首次尝试国有土地使用权转让 --→ 拉长土地使用权转让期限和招拍挂 --→ 城市国有土地使用权出让价值最大化 --→ 为城市基础建设筹集资金

资料来源:根据公开资料整理。

图2.9 城市土地制度改革进程

刚刚改革开放的时候,经济发展和城镇化建设是需要土地要素投入的,大量土地如果都用来种田,肯定是不符合工业化和城镇化需要的。

既然需要建设用地,就必然要涉及土地使用用途的转换,要把土地的使用用途从农业用地转向建设用地。

农村的农业用地是集体所有的,于是就产生了一个非常重要的问题,那就是:农村和城郊的农业集体用地如何向非农建设用地转化?

改革开放不久,也就是20世纪80年代的时候,农业集体用地向建设用地转化有两个渠道:一个是可以把农业集体用地转给乡镇企业,也就是在农村就可以直接把农业用地转为建设用地;另一个是先把农业集体用地变成国有土地,然后再转为建设用地。

为什么起初还允许农业集体用地直接转为农村建设用地呢?这是因为"包产到户"后,农民提高粮食产量的积极性上来了,再加上机械化和化肥投入使用,粮食产出大幅提高,农村存在剩余劳动力。

农村的剩余劳动力是有动力转向非农领域获取更高收入的,再加上城里有户籍限制,乡镇企业的崛起可以满足农民"离土不离乡"的需求。为了顺利地吸纳农村的剩余劳动力,中央对乡镇企业在态度上是鼓励的、在政策上是支持的。

于是,在20世纪80年代,农民可以直接把农业集体用地拿过来改为建设用地,创办乡镇企业。而且这块土地的成本很低,等同于变相支持了乡镇企业发展。

但是,随着土地可以低成本在乡镇从农业用地向建设用地转让,产生了不少问题,最严重的是大量耕地被乡村工业侵占,而且还存在环境污染和工业布局散、小等问题。出于保护耕地与环境，维护国家粮食安全，优化工业布局等多重因素考虑，政策制定者意识到要收紧农业集体用地向非农建设用地转换的渠道。

于是，1998年《土地管理法》出现了。

该法的三个条款彻底限制了农村集体土地使用权转让的范围：

第四十三条：任何单位和个人进行建设，需要使用土地的，必须依法申请使用国有土地。

第四十四条：建设占用土地，涉及农用地转为建设用地的，应当办理农用地转用审批手续。

第六十三条：农民集体所有的土地的使用权不得出让、转让或者出租用于非农业建设。

按照1998年《土地管理法》第六十三条规定，农村的农业集体用地直接转为建设用地被大幅限制。再看第四十四条规定，要想把农业集体用地变成建设用地，必须先把农业集体用地变成国有土地，然后才能变成建设用地。

由于城市土地是国有的，在各个城市有资格执行国有土地使用权转让的代理人当然是各地地方政府。

我们可以简单理解为：地方政府征用农业集体用地，将农地转为建设用地，是唯一的合法途径。也就是说，农民不能自己出让集体用地使用权，不能自己把集体土地转让成建设用地，只有地方政府才能够把集体用地转化为建设用地。地方政府是农村集体土地唯一的买方。

农村集体用地转为建设用地的途径见图2.10。

按照1998年《土地管理法》第四十三条规定，要使用国有土地，必须向地方政府申请。也就是说，无论是本土企业还是外资，要用地，必须得找地方政府，从地方政府那里购买。地方政府也是城市国有土地出让唯一的卖方。

因此，自从1998年的《土地管理法》修订后，地方政府成为土地市场唯一的买家和卖家，具有独一无二的垄断地位，同时该法也肯定了地方政府通过土地使用权转让获利的权利。

由于地方政府掌握了城市国有土地资源，为了满足工业化建设，各地在城镇开始建开发区。再加上劳动力自由流动的约束放开，农村剩余劳动力可以进城工作

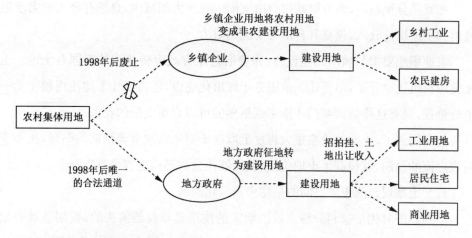

资料来源：根据公开资料整理。

图 2.10　农村集体用地转为建设用地的途径

（户籍虽然没有放开，但可以去城里找工作），乡镇企业后来很多转向开发区，在城里聚集了。

从数据来看，国家级经济技术开发区的生产总值 2021 年已高达 13.7 万亿元，2006 年才 1 万亿元出头，占 GDP 的比重从 2006 年的 5% 上升至 2021 年的 11.9%。

尽管土地使用权可以由地方政府出让了，但还有一个问题，那就是：中央要不要和分税制一样，也参与土地使用权转让分配。

起初，土地出让的收入并不是完全归地方所有。1989 年，地方财政部门在留下 20% 的土地出让收入作为城市土地开发建设费用之后，剩余部分的 40% 上缴中央财政，60% 归地方财政所有。[①]

浦东开发的时候，当时上海财力有限，首次尝试向中央申请把土地出让的收益都留给地方。1994 年以后，上海的举措开始向全国推广，各地的土地出让收入被正式认定完全可以为地方政府所有。

我们频繁强调过，在以 GDP 为纲的相对竞争考核体系下，发展当地经济的"牛鼻子"一定会被用到极致。

---

① 财政部.国有土地使用权有偿出让收入管理暂行实施办法[Z].1989 年 7 月 1 日。

尤其是分税制后,地方财政可自由支配的收入大幅减少,自然有极大的渴求通过增加土地出让收入,提高其自由可支配的财力。

农业用地要参与城市化建设,首先要通过地方政府转化为城市国有土地。土地使用权出让放开了,但要让土地服务于城市化建设,还需要让土地使用权能卖一个好价钱,只有这样公共部门才能拿到更多的可以自由支配的收入。

前面提到了,土地的价格很大程度上取决于对未来现金流预期的贴现,拉高了对现金流的预期,就拉高了土地价格,就能够让公共部门更容易筹集资金。

打开土地现金流想象空间的是住房商品化改革。

计划经济时代是福利分房。城镇职工的住房是单位给解决的,费用靠政府划拨和单位自筹,房子的所有权完全归政府或单位所有,没有个人住房产权,但好处是房子基本是免费给职工住的。

虽然是福利分房,但如果看当时的数据,就会发现住房供给其实是非常紧缺的。1980年,在改革开放初期,人均住房面积还不到10平方米(见图2.11)。也就是说,对于多数人来说,一个3口之家只能挤在不到30平方米的房子里。

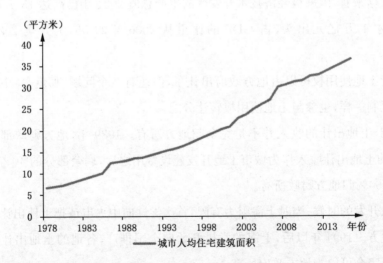

资料来源:Wind。

图2.11　城市人均住宅面积

另外,前文提到过,在农村,土地也是归集体所有的,农民个人没有住房产权,农民的住房是由村集体无偿划拨宅基地给农民,由农民自己盖房居住。

因此,所谓的住房商品化改革主要指的是城里的商品房,正好也对应了地方政府可以控制的城市国有土地出让。

拉开住房商品化改革大幕的是1988年的第一次全国住房制度改革工作会议,会议上批准了《关于在全国城镇分期分批推行住房制度改革的实施方案》。

该方案确定了住房制度改革的目标是实现住房商品化,不仅是为了解决住房供给严重不足、住房分配制度不合理的问题,而且要通过房地产业,带动建筑业和建材工业的发展:

从改革公房低租金制度着手,将现在的实物分配逐步改变为货币分配,由住户通过商品变换,取得住房的所有权或使用权,使住房这个大商品进入消费品市场,实现住房资金投入产出的良性循环,从而走出一条既有利于解决城镇住房问题,又能够促进房地产业、建筑业和建材工业发展的新路子。

但说实话,1988年的会开完后,真正出台的住房商品化的改革不多,只是把公房的租金按真实成本核算,然后把住房消费的成本加到职工的工资里。但没想到的是1989年出现了通货膨胀,要稳住通货膨胀就不宜多发工资,所以这个改革就搁浅了。

到了1994年,也就是在邓小平南方谈话后,中国加快了市场经济改革的步伐,住房商品化改革又被提了出来,当年发布了《关于深化城镇住房制度改革的决定》,基本内容可以归纳为"三改四建"。

所谓"三改"指的是:住房由国家、单位免费分配改为国家、单位、个人合理负担;各单位建设、分配、维修、管理住房的体制改为住房的社会化和专业化(盖房由专业的开发商来);住房实物福利分配改为货币工资分配(以前是福利分房,以后要自己掏钱买)。

所谓"四建"指的是:建立商品房和经适房体系(有钱人买商品房,政府获得土地剩余后建经适房给没钱的人);建立住房公积金制度(这次改革最大的亮点之一);建立住房信贷体系;建立房地产交易市场。

从此,住房"靠政府、靠单位"的观念改变,公房作为计划经济时代的产物逐渐退居幕后,老百姓开始攒钱买房、贷款买房,自己想办法满足自己的刚性需求和改善型需求。

1998年,亚洲金融危机肆虐,为了稳定经济,强化内需,拉动消费,中央决定彻底放开住房市场的总闸门。

1998年6月,全国城镇住房制度改革与住宅建设工作会议召开。7月,国务院就发布了《关于进一步深化城镇住房制度改革加快住房建设的通知》。该文件对住房市场改革具有划时代的意义,具体来看:

(1)分配制度改革:从1998年下半年开始,要正式停止住房实物分配,逐步实行住房分配货币化,单位福利分房成为历史。

(2)供应体系改革:高收入家庭购买、租赁市场价商品住房;中低收入家庭购买经济适用住房;最低收入家庭租赁由政府或单位提供的廉租住房。

(3)住房金融配套:所有商业银行在所有城镇均可发放个人住房贷款,住房公积金贷款的方向调整为用于个人购买自住住房,发展住房公积金贷款与商业银行贷款相结合的组合住房贷款业务(也就是现在大家买房常用的商贷、公积金贷款和组合贷)。

要知道,中国是一个拥有十几亿人口的大国。

要知道,1998年中国城镇化运动才刚刚开始启动,低收入的农业人口大规模转向高收入非农人口的浪潮才刚刚开始。

要知道,1998年中国还面临着住房供给严重不足的现实,人均住房面积还不到20平方米,人民群众都有美好生活的向往,住房市场的刚性需求和改善型需求亟待满足。

从1998年开始,中国的住房市场供需两端的限制都已经打开,从此,中国房地产市场的发展步入了"快车道"(见图2.12)。

几组数据说明了一切:

(1)1998年中国商品房市场的销售金额才2 513亿元,2021年是18.19万亿元,绝对规模是1998年的72倍。

(2)1998年中国房地产市场投资完成额是3 614亿元,2021年是14.76万亿元,绝对规模是1998年的40倍。

(3)1998年中国房地产市场施工面积和竣工面积分别为5.08亿平方米和1.76亿平方米,2021年分别为97.54亿平方米和10.14亿平方米,绝对规模分别

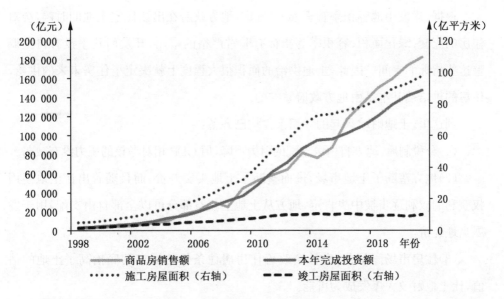

资料来源：Wind。

图 2.12　1998 年后房地产市场的规模快速增长

是 1998 年的 19 倍和将近 6 倍。

房地产销售带动了房地产经纪、物业、家具家电等各个产业链，而房地产投资、施工和竣工又带动了建筑建材、钢铁水泥、玻璃、有色、煤炭等各个周期产业链，房地产在国民经济中的重要性可见一斑。

2003 年国务院发布了《关于促进房地产市场持续健康发展的通知》（简称"国发 18 号文"），该文件虽然主要是强调要从严调控房地产的，被称为房地产调控的始祖文件，但该文件最大的亮点是承认了房地产是国民经济的支柱性产业。

原话是这么说的：

房地产业关联度高，带动力强，已经成为国民经济的支柱产业。

我们之前提到过，地方政府如果想充实地方的财力，就会希望在土地市场上多积累点剩余。

怎么做呢？既然住房的需求端已经被释放出来，各个开发商拍地的热情已经被激发了，地方政府需要做的就是维持土地供给刚性。

更重要的是，地方政府调控好了土地供给，就等同于调控好了住房供给。

　　根据《建设用地容积率管理办法》规定,地方政府在出让住宅土地的时候,会对住房的配套、绿化面积、容积率等指标有非常严格的限制,开发商几乎没有自主调整这些指标的空间。因此,土地供给的面积很大程度上就决定了住房未来的供给,住房的供给端基本是由地方政府掌控的。

　　到这里,土地财政兴起的一切条件均已齐备:

　　(1)分税制后,地方自由可支配的财力下降,但 GDP 相对考核的压力没有减弱。

　　(2)地方垄断了土地市场,进而垄断了土地买卖差价,而且随着出让土地使用权获利的权利逐步被中央肯定,地方从土地上获益部分可以全部自由支配,用于发展当地经济。

　　(3)住房市场商品化,全社会改善住房居住条件的诉求彻底抬高了土地的估值,让土地财政大爆发成为可能。

　　从数据来看,每年的土地出让收入确实在分税制以后快速上涨,根据 1996 年的《中国土地年鉴》,1995 年土地出让收入仅为 400 多亿元,但到了 2021 年土地出让收入已高达 8.7 万亿元。

　　另外,房地产的土地购置费也可以从侧面反映土地出让的状况,1997 年房地产土地购置费仅为 248 亿元,2021 年,房地产土地购置费是 4.35 万亿元(见图 2.13),20 余年的时间绝对规模竟增长了将近 174 倍!

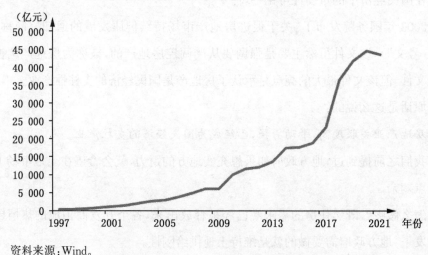

资料来源:Wind。

图 2.13　1997 年后土地购置费大幅增长

随着各地土地出让金的持续攀升,土地出让金占地方公共财政收入的比例从 1999 年的 5.3% 大幅上升到 2021 年的 45%,土地出让收入已经成为地方最重要的可以自由支配的"钱袋子"。

2.3　从土地出让收入到土地抵押融资

1998 年后,农业集体用地必须先变成国有土地,然后才能变成建设用地,再叠加住房市场化改革大幕拉开,建设用地的价格水涨船高,新的获取经济剩余的方式被创造出来了。

由于土地使用权的转化被地方政府控制,农业用地卖不出好价钱,而建设用地可以卖一个好价钱。这意味着只要地方征地,征地之后改变土地的使用用途,就可以获取利益。从理性人的角度看,地方政府是有动力通过相对的低价征地,然后用来发展当地经济的。

这解释了两个问题:

第一,地方政府为什么热衷于办开发区和造新城?

开发区热和新城热的本质原因是:地方政府有获取相对 GDP 竞争优势的诉求,建开发区和造新城是为了方便招商引资。

因为 GDP 的竞争是同质化的,大大小小的市、县为了推动当地经济发展,不错失招商引资的机遇,都会建立自己的开发区。

虽然每个地方可能确实需要一个开发区来招商引资,但从全国来看,这将导致开发区总量过剩,从而导致城市建设用地使用低效。

根据 2018 年版《中国开发区审核公告目录》,国家级和省级开发区数量合计 2 543 家,而 2006 年版《中国开发区审核公告目录》中,国家级和省级开发区数量仅有 1 568 家,开发区建设持续扩张。

地方政府获取土地的方式一般有两种,一种是盘活存量城市土地,例如拆迁旧城区、棚户区改造等,交易费用相对较高;另一种则是通过征收郊区或农村的集体土地,在原有土地制度下,是按照被征收土地的原用途给予补偿,征收土地的成本交易费用相对较低。

　　相比于第一种模式,在扩大 GDP 增速方面,地方政府当然倾向于第二种模式。在这种情况下,自然会容易造成城市土地利用粗放扩张,也就是所谓的新城热了。

　　粗放式的城市扩张,一方面带来产业聚集性和经济效率不足,回报率偏低;另一方面,为了配合城市扩张,又不得不开展道路、水电等公共基础设施的重复建设,这些均需要更多的资金维持,实际上加剧了地方政府举债倾向。

　　研究发现,各地城投债的发行量与新城规划面积具有比较明显的正相关性,中国大规模、低密度的城市扩张推高了地方政府的负债率,而且这一现象在人口流出的中小城市、中西部地区更为显著。[①]

　　第二,为什么一定要严守耕地红线?

　　因为在现有的土地制度下,地方政府向农村征用土地、再出让土地的动力实在是太强了。出于粮食安全考虑,中央三令五申要求地方严守耕地红线。

　　根据许丽丽等(2015)的计算,2000—2010 年间,全国耕地转入面积约 4.26 万平方千米,耕地转出面积约 8.48 万平方千米,是转入面积的两倍左右。[②]

　　在所有的耕地转出方式中,城镇建设占用面积约为 4.37 万平方千米,占比高达 50% 左右(其他耕地转出方式包括还林、还草等),说明有大量耕地转为了城镇建设用地(见图 2.14)。

　　与此同时,这些城镇建设占用耕地中 75.3% 适宜农业耕作,而新增耕地只有 45.8% 适宜农业耕作。这就意味着耕地不仅在数量上逐渐减少,而且在质量上有所下滑。

　　部分地区的土地违法占用问题也比较严重。根据 2009 年度土地卫星执法检查反映的情况,部分市、县违法占用耕地面积占新增建设用地占用耕地总面积的比例超过 15%,失地问题较为严峻。

　　从数据来看,2000—2010 年城市建成区面积从 2.24 万平方千米增长到 4.01 万平方千米(见图 2.15),相当于在短短 10 年间,将过往几百年形成的城市土地规模扩张了接近一倍,远快于该时期城镇人口的增长速度。

---

　　① 常晨,陆铭. 新城之殇:密度、距离与债务[J]. 社会科学文摘,2018(2):43—45.
　　② 许丽丽,李宝林,袁烨城,高锡章,刘海江,董贵华. 2000—2010 年中国耕地变化与耕地占补平衡政策效果分析[J]. 资源科学,2015,37(8):1543—1551.

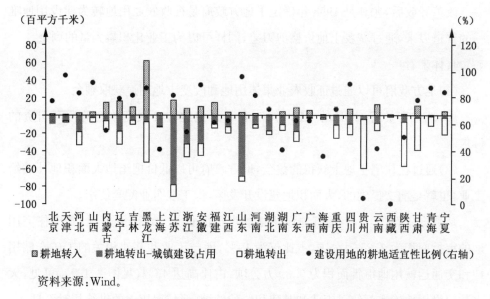

资料来源:Wind。

图 2.14 2000—2010 年各省市耕地转出大于转入,转出方式主要为城镇建设

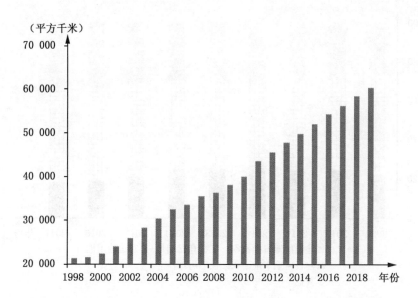

资料来源:Wind。

图 2.15 1998 年后城市面积快速扩张

前面我们提到过,计划经济积累剩余的方式是通过工农业产品价格剪刀差,是通过农业集体经营模式降低国家收购粮食的交易成本,为工业化积累剩余。

改革开放后,尤其是 1998 年确定了地方政府是征收农业用地转为建设用地唯一的渠道以来,通过城乡土地价格剪刀差,同样可以为工业化积累大量的剩余。

具体来看:

(1)地方政府可以通过征收农业集体用地和改变土地用途获取剩余。

(2)地方官员有 GDP 的 KPI 考核,有与其他地方开展竞争性的招商引资的诉求。

(3)通过在住宅土地上获得的盈余,地方政府可以低价把土地大面积地补贴给工业,也就是前文提到的,大面积地建设开发区,供工业企业配套使用。

从数据来看,2017 年国有建设用地的审批面积为 20.37 万公顷,其中住宅用地的审批面积为 3.85 万公顷,占比仅为 19%,而与工业和基建相关的工矿仓储用地和交通运输用地审批面积为 9.39 万公顷,占比高达 46%(见图 2.16)。可见,大多数建设用地确实都给了工业和基建相关的领域,而住房用地的供给相对不足。

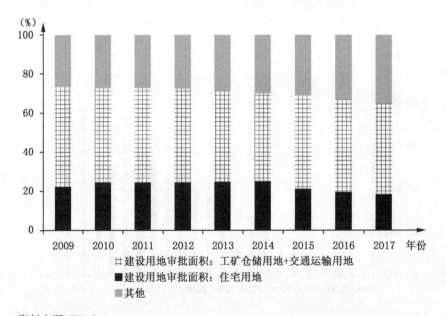

资料来源:Wind。

图 2.16　国有建设用地审批面积向工业和基建领域倾斜

再来看土地成交价格,2021 年 100 大中城市土地成交价格住宅用地楼面均价是 5 663 元/平方米,商服用地楼面均价是 2 421 元/平方米,而工业用地楼面均价

仅 291 元/平方米。2009—2021 年,中国房地产价格是明显上涨的,住宅用地楼面
均价上涨了 1.6 倍,而工业用地楼面成交均价 2009 年是 201 元/平方米,十余年来
几乎没有变化(见图 2.17)。

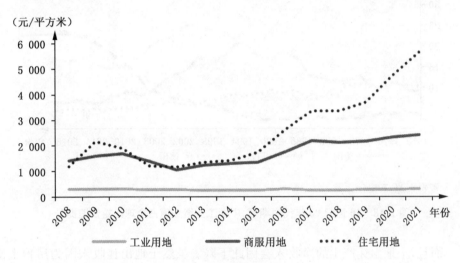

资料来源:Wind。

图 2.17　住宅用地成交均价远高于工业用地

政府通过城乡土地价差积累剩余发展工业化,确实创造了中国工业发展速度
的奇迹。20 世纪 90 年代初期,中国的工业增加值占全世界的比重在 2%～3%,甚
至要低于 70 年代的水平,与美、日、德几个发达的工业国是完全没法比的。

但是自 1995 年以来,到现在也就二十多年的时间,中国工业增加值占全世界
比重开始突飞猛进,2020 年中国工业增加值占全球比重高达 24.86%,远高于美
国、德国、日本这三个工业强国(见图 2.18)。中国工业增加值在 2011 年首次超过
了美国,成为全世界门类最齐全、工业产值最大的经济体。

当然,这种发展模式也有它的问题,快速的工业化过于依赖廉价要素(土地、劳
动力)投入。低廉的工业用地是以高额的市中心住房用地和商业用地为代价,这会
制约高端服务业转型(市区用地贵和高端人才贵),从而降低了全要素生产率。同
时,这种模式也会拉大贫富差距,制约了市场规模进一步扩张,结果导致工业产能
过剩。

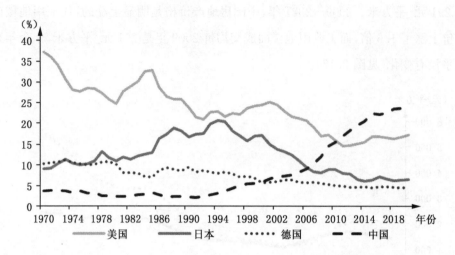

资料来源：Wind。

图 2.18 20 世纪 90 年代中期后,中国工业增加值占全球比重快速提升

而且,土地出让产生的净收入会因此下降。虽然土地出让收入因为房价上涨而节节攀升,但是,开支也跟上去了,所以土地出让产生的盈余并没有上去。

因为数据的限制,只能看到 2010 年以后的国有土地出让收入和支出数据。2010 年国有土地出让净收入(国有土地出让所得减去用国有土地出让所得安排的支出)仅为 1 576 亿元,占国有土地出让收入的比重也就 5% 左右,到了 2016 年,国有土地出让的净收入出现 1 082 亿元的缺口,随后至 2019 年,净收入持续出现缺口,2018 年国有土地出让净收入缺口甚至高达 5 263 亿元(见图 2.19)。

从国有土地出让的支出结构来看,50% 以上的国有土地出让支出安排都花在了征地和拆迁补偿支出,以 2014 年为例,4.1 万亿元用国有土地使用权出让收入安排的支出,有大约 1.7 万亿元是花在征地和拆迁补偿上的,占整个支出比重超过4 成。也就是说,随着市场化意识的觉醒以及中央对城市反哺农村的要求,地方把土地增值收益"吐"了出来。

于是,出现了下一个问题。从事实来看,最近这十几年,尤其是从 2009 年"四万亿"开始,我们都能感受到中国基础设施突飞猛进的进步,也能感受到城镇化的进程明显加快。而我们也都清楚,基础设施和城镇化推进很大程度上不是市场的力量主导的,是地方政府主导的。既然没有了土地增值收益,那么地方政府主导基

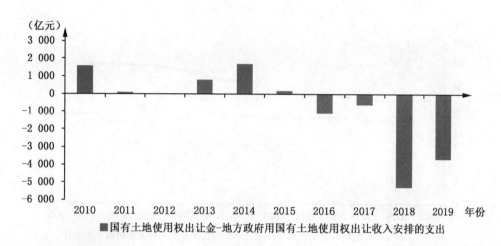

资料来源：Wind。

图 2.19 2010 年以来国有土地出让给地方贡献的盈余不多

建和城镇化的"钱"是从哪里来的呢？

主导基建和城镇化的"钱"来源于财政吗？答案显然是否定的。

从数据来看，2019 年全国财政支出规模大约为 23.9 万亿元，与基建直接相关的交通运输项财政支出规模仅为 1.2 万亿元，即使加上可能与基建相关的农林水事务、节能环保的财政支出规模，也仅为 4.2 万亿元，占比约 18%，而与民生和维稳相关的社保、医疗以及城乡社区事务的财政支出规模高达 7.1 万亿元，占比约 30%（见图 2.20）。

可见，与基建相关的财政支出并非财政支出的主要发力项，而且与基建相关的财政支出规模和中国的基建投资规模有较大的差距，2019 年中国基建投资规模为 21.8 万亿元，和财政支出用于基建投资的规模完全不是一个数量级。

问题来了，用于支持基建的"钱"是从哪里来的呢？

"钱"还是通过土地来的，只是不完全是通过土地出让攒的盈余，而是通过土地抵押融资撬动用于基础设施建设的资金，这个过程我们也称之为"土地资本化"。也就是说，土地不仅在使用权出让阶段可以给地方政府积累盈余，而且可以作为抵押品向银行融资。地方政府通过把土地抵押给银行，用信贷撬动基础设施建设所需要的资金。

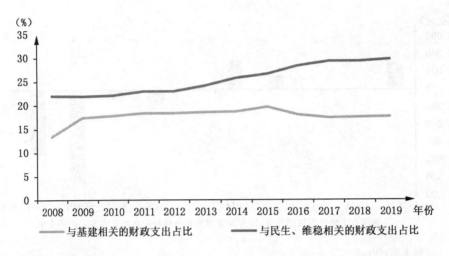

资料来源：Wind。

图 2.20　与民生、维稳相关的财政支出比重近年来明显上升

在 2014 年《中华人民共和国预算法》修改之前，地方政府是不允许借债的，但土地抵押融资是一个很明显的举债行为，二者又是如何兼容的呢？

第一步：地方政府可以设立城投公司，城投是企业，法律上没有限制企业找银行贷款，所以城投是可以向银行借钱的。

第二步：地方政府可以把土地注资到城投公司，由城投公司找到银行，把土地抵押给银行，然后向银行借款。

第三步：借到钱后，城投公司再按照地方政府的要求，造园林广场、地铁公路、医院学校、开发园区等。

也就是说，城投名义上是一个企业，但实际上更像是一个帮地方政府举债融资的政府单位，城投借的钱，看起来是企业借的，但实际上是给地方政府借的。地方政府看起来没有偿还责任，因为钱是企业借的，但实际上地方政府是最终的资金使用方，应该负有偿还责任，这就是地方政府债务的来源。

地方政府通过城投的土地抵押融资模式是从 2009 年开始迅猛扩张的。为什么是 2009 年呢？

长期来看，是因为农民权利意识觉醒、城市反哺农村后地方政府可以自由支配的土地出让盈余开始下降，得另寻财源。短期的促发因素则是为了抵御全球金融危机,中国急需扩大内需,采取了"四万亿"的经济刺激政策。

其实如果真的按中央"四万亿"的刺激计划来执行,后续就不会产生太大的债务问题。按照"四万亿"的规划,中央要承担1.18万亿元,剩下的2.82万亿元由地方和企业来承担。如果地方真的只是2.82万亿元的规模,笔者相信无论是市场还是公众都不会对地方政府债务风险有很强的担忧了。

实际上,到了2010年年底,审计署公布的地方政府性债务余额为10.7万亿元,比"四万亿"要求的2.82万亿元地方政府的投入要大多了。

从数据来看,2003—2007年新增人民币信贷规模在2万亿~3万亿元,2009年以后,新增人民币信贷规模快速扩张,2009年是9.59万亿元,2021年已达到19.95万亿元(见图2.21)。

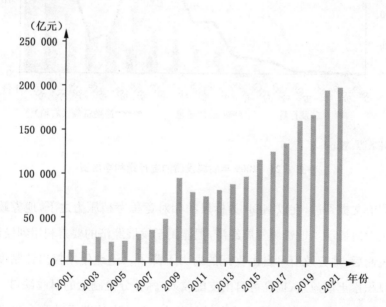

资料来源:Wind。

图2.21 2009年后人民币新增信贷数量

信贷高速增长的背后实际上反映了中国经济增长模式的改变。当土地出让盈余下降后,地方政府开始通过土地抵押融资的模式驱动地方经济增长。既然土地是用来撬动信贷的,经济增长就开始依赖于信贷和债务扩张。

与此同时,城投债的规模从2009年后也快速扩张(见图2.22)。2009年以前,每年城投净融资规模也就几百亿元,2009 年城投债净融资规模跳升到 1 700 多亿元,2014 年以后,部分年份城投债净融资可以达到上万亿元。2009 年城投债余额不足 1 万亿元,到 2021 年年末,城投债余额已达到 12.7 万亿元。这些数据还仅统计了城投债发行的融资,信贷、非标等其他口径的融资并未包括在内。

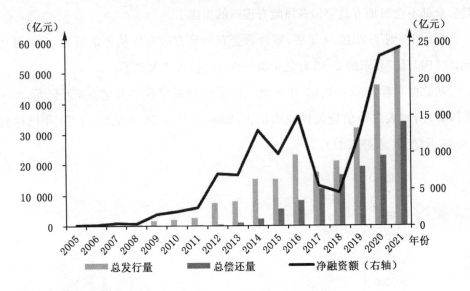

资料来源：Wind。

图 2.22　2009 年后城投债的发行量和净融资

我们前文提到过,在以 GDP 为标尺的相对竞争考核压力之下,地方政府一定会不遗余力地撬动当地资源发展经济,把能用于发展经济的要素利用到极致。

分税制后,地方政府可自由支配的财力下降了。土地使用权出让制度让地方政府可以积累土地盈余,提高可自由支配收入,弥补分税制后的财政缺口。但随着拆迁补偿标准变高,城市到了反哺农村的阶段,土地出让获得的盈余也开始下降了,通过土地盈余来支撑基础设施,已经开始捉襟见肘了。

全球金融危机对中国的外需造成了较大的打击,中国 2001 年加入 WTO 后,2001—2007 年出口每年增速都在 25%～35%,然而到 2009 年,出口出现了−16% 的增长,为了稳住经济增长,中央推出了"四万亿"。

"四万亿"等同于中央向地方释放了更明确的拉动经济增长的信号。地方本身就存在着 GDP 相对竞争考核的高压。刺激经济增长的信号一放出来,在压力型体制下,必然导致地方在发展经济的过程中展现出非常强烈的层层加码和自我加压特征,努力模仿其他地区先进的发展经验,把用于发展经济的资源和手段用到极致。

当地方政府可自由支配的财力和土地剩余都受限时,地方开始将土地作为信贷的抵押品,撬动资金迅速建设当地基础设施,进而快速拉升当地 GDP。在地方间互相模仿、互相竞争的驱动之下,该模式很快向全国铺开。

当时,中央希望能迅速扩大内需,解决出口下行产生的就业压力,所以当时基建发力稳增长的行为是默许的,毕竟就业在 2008 年金融危机的时候才是主要矛盾。但是,随着该模式的问题越来越多,中央开始定调经济新常态,逐步引入地方官员的债务考核机制,约束举债冲动。在隐性债务治理时期,部分地区甚至开始实行债务倒查和终身责任追究机制,增加举债的成本,土地财政面临着改革。

2.4 土地财政的问题与改革

从包干制到分税制,再到土地使用权的转让和土地抵押融资,我国土地财政体系的脉络已经十分清晰了。下面我们重点关注土地财政带来的两个问题:一个是放大了城乡差距,另一个则是地方隐性债务扩张带来了潜在风险。

2.4.1 城乡差距

在快速工业化的过程中,由于中国是通过城乡土地价差积累工业盈余的,农民就成为相对失落的群体。这其中最大的问题就是不同类型土地价格存在巨大差异,整体来看,住宅>工业>农村。由于控制住宅用地供给,把大面积土地通过低价补贴给工业,城市的住宅价格是最高的,这点我们在前文中已经通过数据说明。而地方政府在 GDP 的考核压力之下,又会倾向于通过低价征收农村土地,然后高价出售,这就导致农民拿到的征地补偿较为有限。

正常的收入来源无非是两项:财产性收入和工资收入。

对于进城务工的农民而言,闲置的土地资源一个是农村的农业用地,而承包权和经营权的分离使得土地确权难度加大,也导致土地没有抵押、担保的能力。另一个是农村建设用地,尤其是农民住的宅基地,基本上只有居住功能,没有市场交易的功能,因此农民的财产性收入受到了限制。

工资收入方面,与城镇户籍人口相比,农民工的福利待遇还是有一定差距,因此会最大限度地压缩当期消费支出,增加预防性储蓄。

而且由于土地价格的差异,即使农民拿着征地补贴,也很难买得起城市里的房子,这会带来农民工市民化进程缓慢的问题。农民工市民化进程缓慢,一方面限制了内需扩大,另一方面也拉大了城乡收入差距。

未来需要逐步接纳农民工,给予农民工市民化身份,给农民工完善社会保障,需要地方政府将更多的财政或土地盈余向农民工群体转移。

中央多次强调努力扎实推进乡村振兴战略实施,坚定不移走共同富裕的道路。无论是提高农民财产性收入还是农民工市民化,其内核都是要城市反哺农村。反哺机制最重要的无非是把土地的剩余拿出一部分给农村用,不能全部都用于城镇化和工业化的积累,要进行乡村振兴,追求共同富裕。

目前来看,农业用地通过土地流转、土地入股的方式让农民参与规模化农业经营,提高农民的财产性收入是比较主流的改革方式。

2019年,我国对《土地管理法》进行了重新修订和规范,这对土地征收制度的改进具有重大意义,因为新土地法最大的亮点就是打破了地方政府对集体建设用地"先征收后使用"的模式,允许集体经营性建设用地入市(见表2.2)。

表2.2　　　　　　　　　　　新旧土地管理法对比

改革内容	"旧"版《土地管理法》	"新"版《土地管理法》
土地征收制度	(1)国家为了公共利益的需要可以对土地实行征收或者征用并给予补偿,但未对"公共利益"做出明确界定。 (2)按照被征收土地的原用途给予补偿,按照年产值倍数法确定土地补偿费和安置补助费	(1)对土地征收的"公共利益"范围进行明确界定。采取列举方式明确:因军事和外交、政府组织实施的基础设施、公共事业、扶贫搬迁和保障性安居工程建设需要以及成片开发建设六种情形,确需征收的,可以依法实施征收。 (2)明确征收补偿的基本原则是保障被征地农民原有生活水平不降低,长远生计有保障。征收农用地的土地补偿费、安置补助费标准由省、自治区、直辖市通过制定公布区片综合地价确定

续表

改革内容	"旧"版《土地管理法》	"新"版《土地管理法》
集体经营性建设用地入市	禁止农村集体经济组织以外的单位或者个人直接使用集体建设用地,只有将集体建设用地征收为国有土地后,该土地才可以出让给单位或者个人使用	土地利用总体规划、城乡规划确定为工业、商业等经营性用途,并经依法登记的集体经营性建设用地,土地所有权人可以通过出让、出租等方式交由单位或者个人使用(须经由本集体经济组织2/3以上成员或者村民代表同意)。同时,使用者取得集体经营性建设用地使用权后还可以转让、互换或者抵押
宅基地制度	(1)农村村民一户只能拥有一处宅基地。 (2)农村村民住宅用地,经乡(镇)人民政府审核,由县级人民政府批准	(1)在原来一户一宅的基础上,允许人均土地少、不能保障一户拥有一处宅基地的地区,在充分尊重农民意愿的基础上可以采取措施保障农村村民实现户有所居。 (2)下放宅基地审批权限,明确农村村民住宅建设由乡镇人民政府审批。 (3)国家允许进城落户的农村村民依法自愿有偿退出宅基地,鼓励农村集体经济组织及其成员盘活利用闲置宅基地和闲置住宅

资料来源:Wind。

新土地法打破了这一"先征收后使用"的模式,使得符合条件的集体建设用地和国有建设用地得以直接同权同价同等入市,在法律层面上,为城乡统一的建设用地市场建设扫除了制度障碍。

这意味着什么呢? 一是通过减少行政流程,进一步提高了农村向城市的供地效率。二是打破了地方政府在土地一级市场的垄断权,将部分利益让渡给了农民。三是更充分地发挥了市场在土地资源配置中的决定性作用,促进了城乡间土地分配的合理性。

集体土地入市,需要确定好农户在集体土地中的股份或份额,为农户在集体所拥有的那份份额提供法律保障。将集体土地租给商户经营,每年给农民分红。

生活好了,很多农民可能就选择留在当地,既缓解了由于农村劳动力大量流失导致的资源浪费,又能够带动县域经济发展,从而实现共同富裕。

目前江浙沪一带已经在试点集体土地入市了,做法主要是通过出让、出租等方式将集体土地交由集体经济组织以外的单位或者个人直接使用。并且坚持同地、同权、同价、同责原则,即同一地块,征收价格、补偿标准和享受的权利一样。

对农民做出的补偿用两分两换政策执行和保障,让农民把房子和地换成城市公寓楼和钱,同时鼓励引导农民相对集中居住,节约土地资源,改变农民生活方式,提高农民生活环境水平。

对于集体土地的试点项目也会精挑细选,选择适合当地发展方向的项目。对于不同地区不同的产业结构,做到因地制宜,充分利用当地有效资源并且进行高效的资源整合。

例如,自然景观丰富而且环境优美的村庄,将美丽乡村转化为美丽经济。利用土地开发,建设美丽乡村,推动地方旅游业发展,发展民宿等旅游项目,带动消费水平,增加就业岗位并且提高农民收入。

对于适合用作工业开发区的地区,采取异地置换的方式,集中管理。通过置换,政府把集体土地集中起来,从而避免分散厂房所导致的低效率。像土地肥沃,适合农业发展的地区,通过异地置换、就地复垦和现代化农业等方式提高农业生产水平,实现农业增效,农民增收。

另外,还有集体土地入市试点新建租赁住房项目,在长租公寓频频暴雷的情况下,有政府背书的住房租赁优势凸显。而且对于符合要求的人才,还可以申请租金补贴,在盘活集体用地的同时也减轻了年轻人的租房压力。

除江浙沪一带之外,成渝地区还有农村土地交易所,讨论最多的是重庆的地票制度。所谓地票制度其实是给了农民将集体建设用地流转证券化的权利。通俗来说,就是农民可以根据地方政府城乡规划的方案,自己复垦土地,然后向相关部门申请地票。

拿到地票后,可以自己去市场上交易,找愿意买地票的机构,买到地票的机构就可以拿着地票申请城市建设用地的使用权。

地票制度有几个好处:

(1)突破了地理位置的约束,远郊的土地农民也可以复垦,提升了远郊土地的市场价值。

(2)农民可以自己找买家,可以和市场机构做交易对手方,地方政府只按规章制度收税即可。

(3)通过土地交易所可以公开交易地票,让闲置土地的市场价值得以显化,农民可以获得更多的财产性收入。

但是,毕竟只有少数几个城市通过地票制度实现了对土地的有效利用。从全国范围来看,东部发达地区可能是缺建设用地的,而部分欠发达地区是不缺建设用地的,或者即使用了建设用地也是低效使用,盲目铺摊子,没有产生好的经济效益。

如何将土地资源调配范围扩大至全国,将土地资源向用地比较紧缺的大城市、城市群集中,实现更广泛的优化配置呢?要解决好这一问题,就需要尝试着试点跨区域土地指标交易机制。

目前为了保障耕地资源,要求各省份耕地占补平衡(即建设用地占用了多少耕地,就要补充多少),而部分耕地资源紧缺的省份可能出于这一限制很难继续扩大建设用地。

一旦建立了全国性的建设用地、补充耕地指标跨区域交易机制,发达地区就可以通过跨区域交易,购买其他地区用不完的建设用地指标,满足当地建设用地需求。将土地资源调配范围扩大至全省乃至全国,实质上有利于土地资源向用地比较紧缺的大城市、城市群集中,实现更广泛的优化配置。

2.4.2 靠债务撬动经济增长

城投的项目多数是按照地方政府的要求做的公益性项目,项目本身没有偿付能力,那地方政府为什么还要做这些项目,地方政府又怎么偿还银行的信贷呢?

对地方来说,想发展好经济,必须要做的事是招商引资,但企业也会在多个地方政府间比较,选一个最合适的地方投资。

所以,地方政府必须得有"点石成金"的能力,比如把荒地赶紧平整了,然后把土地抵押出去,换取流动性,再建设一些园林、广场、厂房、地铁、公路、桥梁等。一方面推动建设这些基建设施的时候,本身就能创造 GDP;另一方面,也是更重要的一点,良好的基础设施是成功招商引资的重要筹码,好的园区和厂房能让企业直接"拎包入住"。

因此,这可以形成一个非常有意思的闭环(见图 2.23):

(1)把荒地平整为可开发的土地,再通过土地抵押融资发展基建。

（2）利用基建当筹码去招商引资。

（3）成功的招商引资引入好的企业。

（4）核心企业的入驻也会带动上下游产业链跟着入驻。

（5）等带动了上下游产业链之后，企业就会招人。

（6）人才流入后，在当地生活就得在当地买房，这就进一步推升了当地土地价格，这也正是近年来地方政府频繁出现"抢人大战"，放宽户籍限制，对高端人才收入实行财政补贴的原因。

（7）把土地抵押出去继续发展基建，以此循环下去。

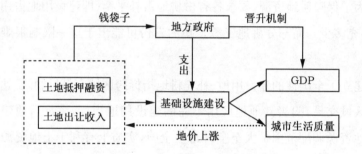

资料来源：郑思齐，孙伟增，吴璟，武赟．"以地生财，以财养地"——中国特色城市建设投融资模式研究[J]．经济研究，2014，49(8)：14—27．

图 2.23　城市建设投融资模式

项目本身没有偿还能力，那金融机构的信贷地方政府该怎么偿还呢？既然项目没有偿还能力，那么如何保证金融机构不会因此出现大规模不良贷款呢？

我们从这个闭环其实可以很清楚地看到地方政府的还款来源：

（1）尽管公益性项目本身没有现金流，但有助于招商引资，这说明公益性项目是有正外部性的。一旦有了核心企业和产业链，就有了经济规模，有了经济规模就有了税收，这个是潜在的债务偿还来源。

不过必须注明，税收和财政收入规模的扩张，也是以土地增值作为支撑的，有了基建才有了招商引资和税收规模，财政是"用支创收"，土地仍然是第一前提。

（2）只要土地能够增值，还款的问题就不大。

（3）更重要的是，即使项目没有现金流，只要再融资不中断，就可以不停地借新还旧。

写到这里，应该都能看出来，这种增长模式对于房地产的依赖实在是太大了。

融资模式的持续性在于土地作为抵押物，其价格具备稳定的预期，而地价的背后是房价，只要全社会对房价稳定的预期在，对地价稳定的预期就不会被动摇。

因此，金融系统的稳定并不是建立在基建项目账面现金流的基础之上，而是建立在土地之上。作为金融机构信贷扩张最重要的抵押品，土地价格与金融系统的稳定高度相关。

只要对土地价格预期是稳定的，即使放出去的贷款出现了不良贷款，金融机构也可以通过拍卖土地消化，金融风险就相对好处置。

即使城投真还不起债，只要土地还在增值，地方政府就可以调动很多的资源支持，比如对部分高风险城投注入土地资产，或者通过财政补贴挽救高风险城投等。

因此，落实"房住不炒"相对理想的结果是让房地产市场能够稳定，不能"大起大落"。调控的力度不能破坏土地价格稳定的预期，调控最理想的结果是让房地产市场的回报率和实体的回报率相匹配。取消房地产的投机属性，恢复房地产的居住属性，也就是所谓的"房住不炒"，让房地产占居民的资产配置比重回归到合理水平。

我们从数据也能发现，自从中央开始强调"房住不炒"后，一、二线城市确实开始大幅增加了土地供应。2016 年年底的中央经济工作会议首次强调"房住不炒"，2017 年 1 月 5 大城市（北、上、广、深、杭）住宅类用地规划建筑面积见底，随后逐步攀升。由于住房市场供应很大程度由地方调控，大幅增加土地供应或多或少有助于平抑地价和房价（见图 2.24）。

另外，从目前的政策方向来看，似乎也在发力改变这种土地作为抵押融资带动经济增长的模式。

2021 年 6 月，财政部等四部门发布通知，将国有土地使用权出让收入等划转税务部门征收，这是一个重大的方向性的改革，将对土地抵押融资产生很大影响。

前面我们已经分析过，土地抵押融资是推动经济增长的重要因素，地方政府把地注入城投，城投拿这些地作为抵押品，进而撬动信贷，带动经济增长。

将土地使用权出让收入纳入税务系统，意味着地方政府将土地注入城投这个环节的难度提升了。因为城投拿地并不是用自己的钱，而是先通过借款，从地方政府拿地，拿完地之后地方政府再把土地出让收入返还给城投。而只有注入了土地

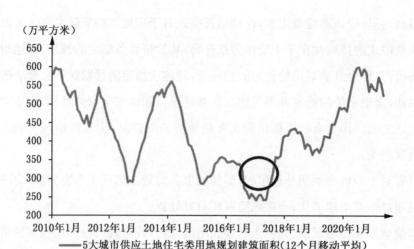

资料来源：Wind。

图 2.24　强调"房住不炒"后，一、二线城市大幅增加土地供应

之后，城投才能再拿土地进行抵押融资。

　　土地使用权出让收入纳入税务系统，改变了过去那种由地方政府收缴土地出让金的模式，先征后返的操作难度将大大提升，对土地抵押融资这种增长模式会产生较大的影响。

　　在这一讲中，我们详细地梳理了土地作为 GDP 的转化机制，是如何一步步发挥其作用，带动中国经济高速发展的。

　　下一讲，我们将详细为您解答 GDP 另一个重要的转化机制，也就是在以 GDP 为纲的考核模式下，人口红利和全球化在经济增长中又发挥了怎样的作用。

第 **3** 讲

全球化

改革开放时期恰逢全球化浪潮涌现，中国经济增长找准新的发力点。

在上一讲中,我们详细地梳理了土地作为 GDP 的转化机制,是如何一步步发挥其作用,带动中国经济高速发展的,也就是改革的问题。

在本讲中,我们将梳理 GDP 的另一个重要转化机制,也就是在以 GDP 为纲的考核模式下,全球化在经济增长中又发挥了怎样的作用。

如今中国能取得如此巨大的成就,除了之前我们提到的制度本身带来的激励机制,以及土地政策的创新之外,与改革开放时期正逢全球化浪潮也有密切的关系。

从 20 世纪 90 年代市场经济逐渐兴起以来,中国开始接纳来自全球各地的资本,再到 2001 年加入 WTO,中国大陆(内地)积极承接"亚洲四小龙"的产业转移,接棒成为新世纪的"世界工厂"。强劲的出口为中国经济的增长注入了新动能,一跃成为世界第二大经济体。

但 2008 年金融危机以后,随着贸易保护主义的抬头,全球贸易活动开始降温,"逆全球化"的势头也逐渐兴起,一些产业又再次从中国迁移至东南亚、非洲等发展中国家。

国家间的贸易摩擦不断升温,国内的外汇占款也于 2015 年达到顶点,这无一不显示着,以出口为导向的经济增长模式有效性已经大大降低,加快形成以国内大循环为主体、国内国际双循环相互促进的新发展格局势在必行。

与此同时,参与全球化进程给中国经济社会带来的"后遗症"也有所显现,那就是中低端制造业产能过剩,而高端制造却供给不足乃至缺位。

那么,想要解决这个问题,找到中国经济增长新的发力点,我们就需要从全球化的根源上着手,看看全球化到底是如何兴起的,中国又是如何一步一步参与的,并从中寻找解决问题的答案。

3.1　全球化的背景与起源

20 世纪 40 年代末期,也就是第二次世界大战结束后,经济全球化繁荣发展。

两次世界大战之间世界贸易保护主义盛行,各国在贸易往来上的限制条款众多,加之受到战火长期的打击,世界经济一片萧条。

第二次世界大战结束后,各国陆续采取了一系列措施以重建生产、恢复经济,贸易活动开始愈加频繁。关贸总协定（GATT）于 1947 年应运而生,尽管在当时只是个临时性的协议条款,约束力也不算强,但还是对世界多边贸易提供了巨大的便利。

根据李嘉图的理论,比较优势是产生国际贸易、跨国资源流动的重要起因,后来在此理论的基础上,瑞典经济学家赫克歇尔和俄林又提出了要素禀赋理论。这一系列理论指出,世界各国在资源要素禀赋上存在差异,这些要素既包括劳动力和自然资源,也包括资本和技术水平,因此不同国家在生产不同商品时存在比较优势,这种比较优势可以体现为劳动生产率较高或者成本较低。

根据比较优势进行国际专业化分工生产,能够使各国的利益最大化,这便是促进经济全球化发展的最根本动力。

对于工业化程度高的国家来说,当一些行业的发展遇到瓶颈时,生产成本就会上升而利润会下降。资本在利润的驱使下,会主动寻找生产成本更低的地方,这也是大部分工业产业从发达国家转出的重要原因。但是至于资本具体流向哪些国家,产业转入哪些国家,这就要看各个国家的资源禀赋了。

通过梳理,我们总结出第二次世界大战后总共出现了四次国际产业转移,从美国到日本、德国(20 世纪五六十年代),从日本、德国到亚洲四小龙(20 世纪七八十年代)再到中国大陆(内地)(20 世纪 90 年代至 2008 年金融危机前)(见图 3.1)。现在我们正处于第四次产业转移的浪潮中,一些中低端制造业由中国向东南亚国家转移,而高端制造业则有向老牌工业化国家回流的趋势。

虽然全球化趋势在第二次世界大战后,伴随美国向日本和德国的产业转移就已经开始了,但如果我们用商品贸易占 GDP 的比重来衡量经济全球化的进程,可以发现,直到 20 世纪 70 年代全球化进程才出现了质的变化。从 1969 年开始,在短短 11 年的时间里,全球商品贸易占 GDP 比重从 18% 迅速提升至 42%,也就是说在 1980 年的时候,全球各国产生的 GDP 近一半都是通过国际贸易活动取得的(见图 3.2)。

20 世纪 70 年代究竟发生了什么使得发达国家产生了把产业链转移的诉求呢,其中一个重要的触发因素就是世界性的粮食危机与石油危机。

1972—1974 年间,受各种自然灾害影响,全球谷物产量大幅减少,加上当时美苏关系有所缓和,苏联也开始进入国际市场大量购买粮食,带动国际粮价迅速攀升

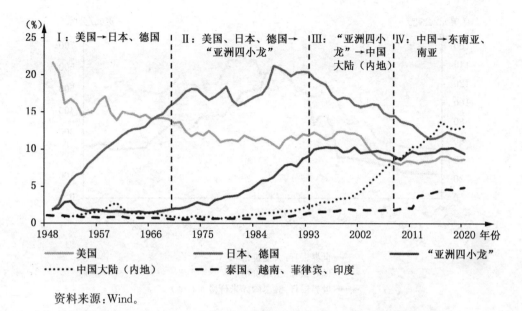

资料来源:Wind。

图 3.1 第二次世界大战后的产业转移路径:各国货物出口的世界市场份额

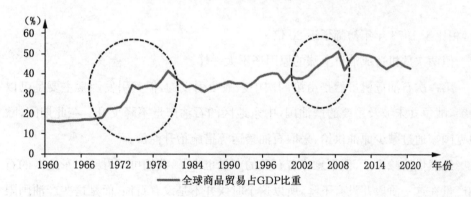

资料来源:Wind。

图 3.2 20 世纪 60 年代以来的全球化进程

(见图 3.3)。世界银行的数据显示,1974 年年底大麦、玉米价格相较 1972 年年初分别上涨了 155%、183%,5% 泰国碎米价格涨幅甚至高达 263%(见图 3.3)。

同时,1973 年中东战争的爆发和 1978 年年底伊朗国内政治动荡,分别引发了两次全球性的石油危机,世界原油价格在 1979 年年底达到了 40 美元/桶的历史高

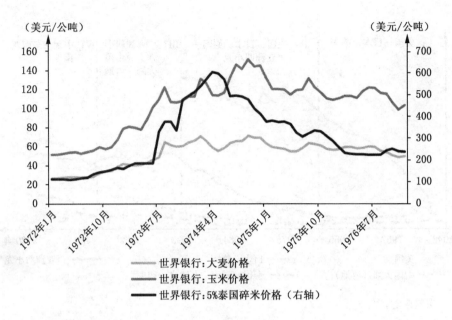

资料来源:Wind。

图 3.3 世界粮食危机导致粮价大幅上涨

点,相比于 1973 年年初翻了近 20 倍。

但两次危机造成油价上涨的原因还不太一样。

第一次石油危机虽然是由第四次中东战争引发的,但其引发因素主要是巴以冲突,战争并未波及主要的产油国,中东地区的石油产量不降反升。在此期间,欧佩克国家通过减少原油供给、采取石油禁运等措施抬升油价。

虽然供给减少了,但不意味着石油的产量也少了,我们可以看到中东地区的石油产量在这一阶段并没有下降,所以这个时候并不是没有石油,而是这些产油国限制了石油供给。

而且从美国的进口来看,石油和原油的进口数量一点都没减少,到 1978 年前还是逐年上升的(见图 3.4),这也从侧面反映了产油国并不是没有石油,而是通过人为限制石油供给来提升油价。

而发达国家的工业当时正值快速发展阶段,要靠大量进口石油来发展经济,需求保持在较高的水平。通过限制供给导致石油价格暴涨,中东这些产油国,尤其是伊朗在此期间获得了大量的石油收入。

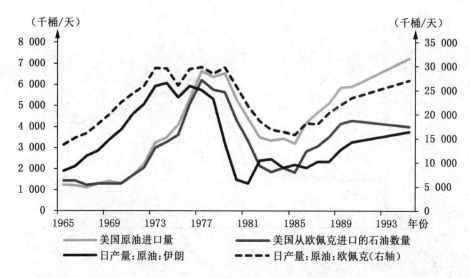

资料来源：Wind。

图 3.4　石油危机期间石油产量及美国进口量

　　而第二次石油危机是由 1978 年年底伊朗内部的政治动乱和后来的两伊战争引起的。伊朗是世界上最主要的产油国之一，与第一次危机不同的是，这一时期伊朗忙于内乱和外患，根本没空采油，这就导致伊朗和整个石油国的产量骤降。

　　这一次的供给减少不再是欧佩克集团的主动压降，而是真的没有油了，这也使得油价上升的幅度要比之前大得多（见图 3.5）。

　　在一系列因素的共同催化之下，美国通货膨胀率居高不下，CPI 一度抬升至 14.8％，企业生产活动的成本端压力倍增，利润空间不断受到压缩，促使资本转移到成本更低的地方。

　　但是，上述我们说的石油危机、粮食危机都是全球性质的，不管产业转移到哪里，工业生产的原料成本都应该居高不下。而从事实来看，20 世纪 70 年代随着这些危机的发生，国际贸易活动确实变得更加频繁了，这又是为什么呢？

　　促使全球化形成的更深层次的原因，还是在于发达国家的工资成本上升，导致资本加速流向劳动力数量多且成本低的发展中国家。

　　在生产活动中，不仅有物力、原料成本，而且有人工成本，也就是工资。只有当工资物价双双上涨，并且到了企业支付不起、实在不赚钱、工厂开不下去的程度，产

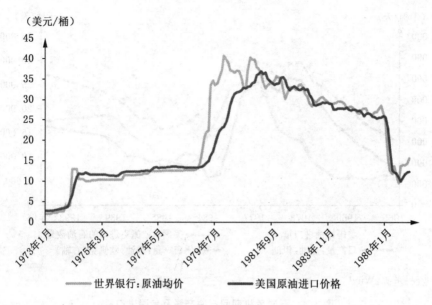

资料来源：Wind。

图3.5　两次石油危机期间原油价格快速上涨

业才会开始大规模转移出去。

所以，粮食与石油危机只是推动国际产业转移、加速全球化的触发因素与导火索，我们还要回到高昂的人力成本解释20世纪七八十年代全球化进程加速的原因。

要分析美国人力成本上升的问题，就不得不提到20世纪40年代中后期开始的美苏冷战了。

当时的形势是，20世纪30年代，苏联通过实行计划经济体制大力发展工农业，经济实现了快速的增长，不仅吸引了大量的资本以及科学家，而且吸引了大批来自美国的劳动力。根据美国《纽约时报》报道，苏美贸易公司在1931年发布公告称，超过10万美国工人申请至苏联工作定居。

由于苏联吸引了美国的劳动力，在外部竞争压力之下，美国也不得不提高劳动人民的福利。提升劳动人民福利的钱从哪里来呢？靠增加对于富人阶层的征税而来。

从20世纪50年代至60年代初，美国最高档个人所得税税率高达90％以上（见图3.6），这对于富人阶层的收入影响很大。在遗产税方面，冷战期间税率也一度高达77%，如果一个非常富裕的家庭的后代想要继承父母的财产，超过3/4的部分都要被政府征收。同期的英国、日本等资本主义国家在美国的影响之下，也同样对富人实行了极为苛刻的税收制度。

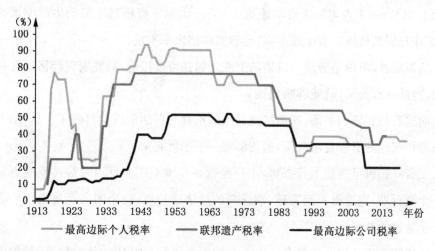

资料来源：税收政策中心(Tax Policy Center)。

图3.6 美国历史最高档边际税率

从富人那里征来的钱，自然是用来给劳动人民提供福利，包括提高工资待遇与社会保障、增加就业、改善工作条件等。我们现在所知晓的发达资本主义国家普遍实行的高社会福利制度，便根源于此。

在这期间，工人的工资待遇得到了空前的提升，美国生产工人实际的平均周度收入（剔除物价因素）从1964年年初的307美元提升至1973年的344美元，涨幅达到12%。

除了直观数字上的反映，我们再从社会现象来看看当时工人的待遇到底好到了什么程度。20世纪70年代工人待遇达到顶峰的时候，一个教育程度可能连高中都不到的蓝领工人可以轻轻松松地养活一大家子人。这大概是美国工人最辉煌的历史时刻了，社会的贫富差距也明显收窄。

其他资本主义国家同样如此，根据郭金玲（1997）的研究成果，1970—1977年间,日本、原西德、法国、英国的制造业工资增幅分别为 50.7％、27.7％、47.3％、10.8％。[①]

鲁保林(2018)的研究结果显示,1966—1982 年间美国非金融部门的劳动生产率为 1.31％,而工人实际工资增速达 1.68％,实际工资相对于劳动生产率增长更快,企业利润被挤压。劳工成本高,导致实体回报率不足。[②]

从短期看,单单是劳动力价格的上涨还勉强可以接受,只要宏观经济还在持续增长,产品还有人买,就能够赚到钱。

而这看似和谐的平衡,却被接踵而来的粮食与石油危机给打破了。这样一来,伴随着扩张性的财政货币政策,通货膨胀一下子就起来了。

工资—物价呈螺旋上升态势,工厂经营举步维艰。而且当时科技发展更是到了一个瓶颈期,迟迟得不到突破,缺乏新的经济增长点,整个国家经济出现停滞不前甚至衰退的状况。

通货膨胀率和失业率攀升。由于石油等能源在 CPI 中的比重较高,油价的快速上行助推了通货膨胀,CPI 在 1980 年 4 月达到了 15％。同时失业率波动上升,在 1982 年年末达到了阶段性的顶点 10.8％(见图 3.7)。

企业利润严重缩水,根据巴基尔和坎贝尔(Bakir and Campbell,2010)的统计,美国非金融企业税后利润率在 1975 年、1981 年甚至降到了 4％以下(见图 3.8)。[③]

发达国家被高失业与高通货膨胀所充斥,刚性的工资也使得通过降薪来提升利润不太现实,这就迫使企业主不得不寻找成本更低尤其是劳动力价格更低的地方,将大部分生产环节转移出去。

最开始,美国只是将一些传统的钢铁、纺织制造工业转移到了日本和德国,剩下的工业部门对于 GDP 贡献还是很大的,制造业增加值占 GDP 比重依旧能够保持在 25％左右的水平。

但是 20 世纪 70 年代滞胀发生之后,迫于生产成本攀升的压力,一些汽车、家

①　郭金玲. 如何理解资本主义的福利制度[J]. 新乡师专学报(社会科学版),1997(1):49—51+28.

②　鲁保林. 劳动挤压与利润率复苏——兼论全球化金融化的新自由主义积累体制[J]. 教学与研究,2018,4(2):68—77.

③　Bakir E,Campbell A. Neoliberalism,the Rate of Profit and the Rate of Accumulation[J]. Science & Society,2010,74(3):323—342.

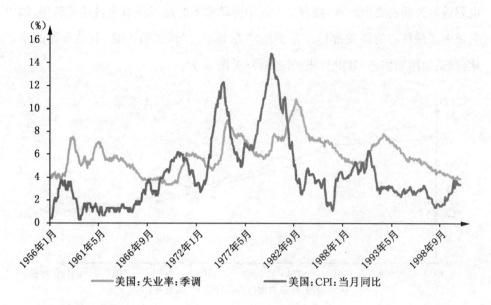

资料来源：Wind。

图 3.7 美国 CPI 和失业率攀升

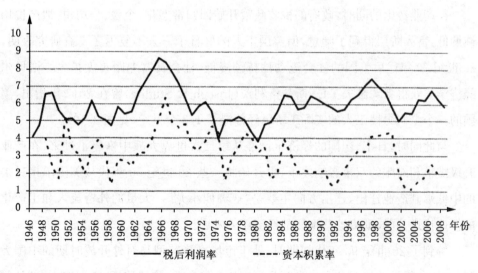

资料来源：Bakir E, Campbell A. Neoliberalism, the Rate of Profit and the Rate of Accumulation[J]. Science & Society, 2010, 74(3): 323—342。

图 3.8 第二次世界大战后美国非金融企业税后利润率

电制造等劳动密集型产业,或者是产业中劳动密集的加工环节也被陆续转出,国内只留下了最核心的研发部门。在美国,"去工业化"越来越明显,制造业逐渐空心化,制造业增加值占 GDP 比重一降再降(见图 3.9)。

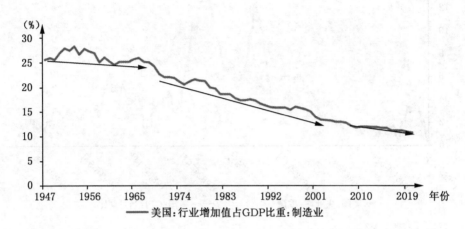

资料来源:Wind。

图 3.9　美国制造业逐渐空心化

在产业转出的同时,政府的税收政策开始回归常态化,个税、公司税、遗产税均被调低,富人阶层得到了喘息,但美国工人的好日子一去不复返了。有研究表明,20 世纪 70 年代后美国的社会流动性持续降低,社会贫富差距再度扩大。诺贝尔经济学奖获得者约瑟夫·E. 斯蒂格利茨(Joseph E. Stiglitz)曾在 2012 年指出,美国的一个全职男性工人的实际工资已经停滞了 1/3 个世纪(见图 3.10)。

与此同时,日本、德国的经济早已经从第二次世界大战中恢复了过来,在产业升级需求和滞胀的双重影响之下,也开始将一些 20 世纪 50 年代从美国承接过来的中低端制造业迁出,迁出方向主要是"亚洲四小龙"。大量的外资流入和工业化的快速推进,同样助力这些地区的经济蓬勃发展。

等到了 20 世纪 90 年代初期时,处于市场经济转型与对外开放时期的中国大陆(内地),凭借着绝对的人口红利及丰富的自然资源,将迁移至"亚洲四小龙"的制造业承接了过来,下面我们就来具体分析一下这两个要素对于推动中国参与全球化进程的作用。

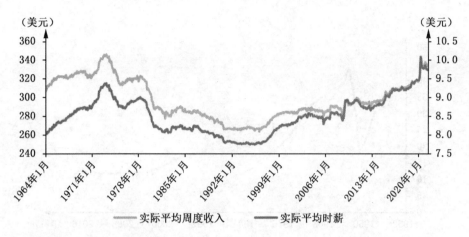

注:基期为1982—1984年。
资料来源:Wind。

图 3.10 美国工人实际工资变化

3.2 全球化要素之一:人口红利

第二次世界大战后,由于劳动力价格的变化和寻求比较优势的需要,世界制造业的中心逐渐从美国转向日本、德国及"亚洲四小龙"。

然而从 20 世纪 90 年代开始,中国承接了海外大部分低技术、劳动密集型的工业转移,尤其在加入 WTO 之后,成为新世纪的"世界工厂"。

一方面,加入 WTO 获取的外部需求对释放国内产能潜力的贡献自然不可忽视;另一方面,中国丰厚且有效的劳动力人口成为迅速完善制造业全产业链体系的最强动力。

在全球产业转移的过程中,我国承接的产业主要集中在劳动密集型产业和传统资本密集型产业,存在巨大的劳动力需求。新中国成立之后,我国迎来了三次"婴儿潮",分别是 20 世纪 50 年代刚解放时期,1962 年 3 年困难时期结束之后,以及 20 世纪 80—90 年代(见图 3.11)。在中国承接海外转移的这一阶段,人口结构整体呈现年轻化,充足的劳动力为国内制造业发展注入了大量生力军。

那么问题就来了,像印度、孟加拉国等一众发展中国家,包括非洲地区,其年轻人口也是很多的。在 20 世纪 90 年代,印度、孟加拉国 15～64 岁人口占总人口的

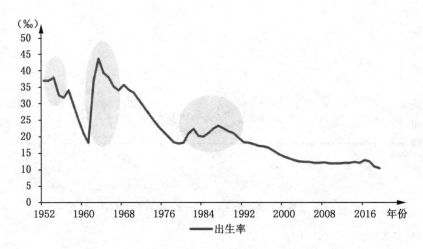

资料来源：Wind。

图 3.11   新中国成立以来出现了三次"婴儿潮"

比重,与中国同样都是在六成左右,但为什么是中国而不是它们来承接来自发达经济体的产业转移呢?

根本原因是由于这些国家的年轻人口虽然多,但是他们没有受过基础教育,形成不了有效的人口红利。根据沈小碚(1992)的研究成果,20 世纪 80—90 年代,孟加拉国、印度、巴基斯坦的识字率不足 50%,非洲地区的文盲率甚至高达 60%左右。[①]

反观中国,除了人口数量增加以及年龄结构年轻化带来的资源型人口红利之外,新中国成立以后,基础教育迅速向全国普及,提升了我国的人力资本水平,我国参与全球化进程具备人口"质""量"的双重优势。

在新中国成立之初,文盲率曾高达 80%,劳动者文化水平不高,极大地制约了现代化工业的发展。1950 年,第一次全国工农教育会议中首次提出"推行识字教育,逐步减少文盲"之后,兴起了遍布全国的扫盲运动,大幅提高了基础教育的普及度,到了 2000 年中国文盲率已经降低至 6.72%(见图 3.12)。

除了有高质量、低成本的劳动力支撑之外,我国承接海外转移所必要的工业化基础也可以追溯到改革开放以前。

---

① 沈小碚. 世界各国扫盲运动的现状和前景[J]. 外国教育研究,1992(3):60—62.

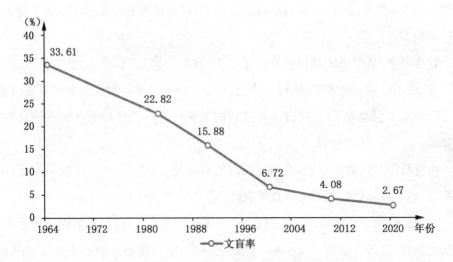

资料来源：Wind。

图 3.12　中国基础教育普及大幅降低文盲率

从 1953 年起，国家一方面将私有经济列入计划，进行社会主义工业改造，另一方面借助苏联的支持开始实施五年计划，启动建设了涵盖各个工业门类的重大项目 156 个（实际完成 150 个），在"一五"计划中较好地实现了"社会主义工业化的初步基础"。

在此基础之上，新中国领导人在 20 世纪 60 年代着手推动"完整工业体系"的建设，目标是不仅能做原材料，而且能做高技术产品，并且覆盖纺织、机械、国防等各个行业。在 1978 年基本达到了"独立国民经济体系"的主要目标，纺织业生产纱 238.2 万吨，人均 34.4 尺布。钢材、木材、有色和稀有金属、机床、发电量等产能获得快速提升，"两弹一星"和核潜艇也获得了重大进展，初步奠定了社会主义的工业和科技基础。

在全国上下的工业体系建设动员中，不仅城市是工业发展的主力军，在 1970 年的"四五"计划中，农村方面也开始发展"五小工业"，即由中央财政拨出专项资金 80 亿元用于地方发展小煤矿、小钢铁厂、小化肥厂、小水泥厂和小机械厂。

根据刘玉安和米克荣（1990）的研究成果，自 1965 年到 1977 年，全国公社企业数量翻了 10 倍。[1] 1977 年，"五小工业"生产的氮肥占全国氮肥生产总量的 40%，

---

① 刘玉安，米克荣．从五小工业到乡镇企业——兼论我国农村工业的发展前景[J]．山东大学学报（哲学社会科学版），1990(3)：107－110．

磷肥占50％,水泥占64％,水力发电量占33％,这些成就充分显示出农村工业发展的广阔前景。

这样一来,新中国的城市里有产业工人,农村也搞过"五小工业"。人员方面,懂工业、进工厂的人变多了;结构方面,农村小企业通过承担对大企业的补充角色,地方经济实力也起来了,这些改革开放前的工业化建设为之后承接海外转移奠定了基础。

由此我们可以得出结论,中国之所以能够抓住20世纪90年代国际产业转移的机会,绝不只是靠庞大的人口总量取胜。

大量的劳动力想要顺利进入制造业,形成有效的人口红利,还得保证劳动者受过基础教育,具备一定的文化水平。除此之外,国家自身还要有一定的工业基础,劳动者能够熟悉工业、了解工业。

也正是这两点使得中国在20世纪末能够从同样拥有大量年轻廉价劳动力的国家中脱颖而出,率先接过"亚洲四小龙"的产业转移,奇迹般地发展出了完整的制造业工业体系,成为世界三大制造业中心之一。

3.3　全球化要素之二:招商引资

中国能够成功搭上全球化的巨轮,离不开我国开放政策的引导和支持。

改革开放初期,邓小平同志在同工商界领导人谈话时就表示:"现在搞建设,门路要多一点,可以利用外国的资金和技术。"[①]鼓励利用外资和国际先进成果来加速四个现代化建设,打开了我国各地政府招商引资的大门。

1983年9月,中共中央、国务院发布《关于加强利用外资工作的指示》,放宽在税收政策、国内市场准入、设备材料等产品进出口方面的限制,并且在符合一定条件的情况下对中外合资企业实行与国营企业同等的待遇。1986年10月,国务院发布《关于鼓励外商投资的规定》,对来华投资设厂的企业在税收缴纳、利润汇出、

---

① 邓小平.1979年1月邓小平接见胡厥文、胡子昂、荣毅仁、古耕虞、周叔弢等工商界领导人,听取他们对搞好经济建设的意见建议时的指示,网址:http://politics.people.com.cn/n1/2018/1217/c1001-30469829.html,2023年12月4日。

场地使用费用、再投资、信贷等方面提供相应优惠和便利。

在中央陆续出台的一系列吸引外资的文件指导之下，地方政府竞相推出一个更比一个优惠的招商引资政策。外资企业获得了减税返税、低价租用工业用地、财政补贴、行政程序简化等一系列优惠，甚至有些地区以低于征收成本的价格出让工业用地，来吸引外资注入。

在第 1 讲中，我们曾详细论述了在以 GDP 为纲的考核体系之下，各地政府之间更多的是一种竞争关系。在招商引资方面，为了获取比较优势，各地政府间的竞争也异常激烈，下面我们将通过一个生动的例子来说明。

假设有一家大型的外国高新技术企业甲想要入驻中国，我们来看看它可能享受什么样的优惠待遇。

首先，在表达了想投资设厂意愿的初期，可能很快就会收到来自多地地方政府的邀约，这充分体现了地方政府对于招商引资的渴望与热情。甲企业再根据自身企业的特性以及成本、区位优势等条件，选择性地去考察几个不错的地方，与这些地方的政府进一步接洽。

假设第一次考察甲来到了 A 地，A 地给出的优惠条件有：配以完善的基建设施，给生产、物流等环节提供绿色通道；对于甲企业的高级人才给予优待，比如提供优惠的购房政策、子女的教育资源等；政府还可以帮助企业在当地招聘，负责解决其劳动力需求等。除此之外，更多的优惠政策还可以再进一步协商。

当然减税返税、补贴和极低的工业用地价格在此就不额外列举了。这一般是每个地方招商引资都会给予的比较基本的优惠政策，只是说可能不同地区之间的优惠力度存在一些差别。

第二次考察甲企业又来到了 B 地。B 地表示 A 地提供的优惠他们也可以提供，虽然 B 地的劳动力资源没有 A 地那么丰富，但 B 地坐拥全国顶尖的高等学府，能够给甲企业提供拥有高技术的人才资源。不仅如此，B 地政府还表示可以设立政府引导基金，来帮助甲调动金融资源，汇聚社会资本。

资本的吸引力无疑是强大的，甲企业听到以后十分心动，但是货比三家，甲还是决定再去 C 地看看。C 地表示像人才、劳动力、资本支持等甲企业想要的他们都有，重点是他们还设有成熟的工业园区，里面已经引入了很多像甲这样的高科技企业,拥有一定的产业上下游资源和基础配套设施。

即使当前的产业基础不够完善,C 地还可以围绕甲进行产业链招商,也就是把甲的上下游企业吸引到工业园区来,帮助它打通上下游产业链环节,形成产业链集群,在助力企业节省成本提高效率的同时,促进其在国内快速发展和扩张。

那么除了 A、B、C 三个地方之外,其他地方政府也给了甲企业非常优惠的待遇条件,这对于甲企业来说当然是乐见其成的。

并且,就算甲最终选址完了,故事就结束了吗?

并没有。作为一个大型国际企业,甲肯定还要在其他地方设立分支机构或者工厂,这又会掀起各地政府招商引资的新一轮竞争。

甲企业只是我们举的一个例子,在全世界像甲这样被地方政府积极争取的外资企业还有很多。就是这样的一些高度亲商的优惠政策,再加上上面我们提到的人口红利,共同促进了外商直接投资(FDI)的快速增长。尤其在加入 WTO 之后,由于我国与国际市场的进出口贸易渠道更加畅通与便利,中国对于全球资本的集聚效应愈加明显(见图 3.13),对外开放的步伐也有所加快。

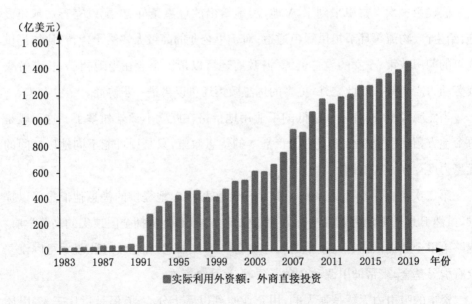

资料来源:Wind。

图 3.13　20 世纪 90 年代后外商直接投资快速增长

3.4　全球化带来了哪些问题

承接大量海外转移后,得益于快速打开的国际市场,中国的制造业通过融入产品内国际分工体系快速成长起来。

从对外贸易的数据变化中可以窥探改革开放以来中国产业出口竞争力的提升。根据 WTO 数据,1978 年,中国货物出口总额占全球的比重为 0.8%,而到了2015 年这个比重迅速上升至 13.7%。

然而,我国一开始参与国际分工是以低端生产环节为主,依靠劳动力、土地等生产要素价格低的比较优势实现出口的快速扩张,这就会导致产能过剩、低端重复的问题。在中国,很多产能都是过剩的,但这些过剩的产能主要集中在一些低端制造环节,核心的高精尖技术其实很紧缺。

以钢铁产业为例,在供给侧改革中,钢铁产业首当其冲,主要就是由于钢铁一方面产能过剩严重,另一方面由于技术不到位等因素导致产能利用率低下,造成了资源浪费。根据世界钢铁协会统计,2022 年全球粗钢产量达到 18.32 亿吨,其中中国的粗钢产量达到 10.13 亿吨,居世界首位,占全球粗钢产量比重约 55.3%,是排名第二的印度粗钢产量的将近 10 倍。

在低端钢铁产量过剩的同时,一些特殊品类的高质量钢材仍然依赖进口,比如高标准模具钢、高端轴承钢等对航空航天、国防军工相关领域发展形成制约的核心品种。[1]

是什么造成了这种低端重复、高端紧缺的产业结构呢?

可能有人会说,是因为中国创新不足;可能还有人会说,是中国对于产权的保护不够。不可否认,这些因素是客观存在的,不过更重要的原因可能还是要回溯到在以 GDP 为纲的考核制度之下,我国的产业结构过于分散这个问题上。

分散化的产业结构影响了企业发展和扩张的模式,导致企业只能通过不断扩大产能,拼低价拼资源,把竞争对手挤出市场,进而抢占市场份额。

---

[1]　陈程,卢宇迪,宋绍旗. 中国钢材"十四五"期间进出口研判与对策建议[J]. 现代冶金,2020,48(3):1—4.

　　我们假设一个极端情况,乙企业想要垄断全国的市场份额,高效的做法应该是纵向整合上下游资源。而现实情况是分散化的产业结构之下,每个地方都拥有较为完整的工业体系,乙企业纵向整合所花费的金钱和时间成本是非常高昂的,还不如先通过简单粗暴的扩产能、拼低价去抢占市场份额,维持市场地位,把对手挤出市场之后再谈资源整合和产能创新。

　　这种操作在一些传统周期类行业,比如工程机械、房地产等表现尤为突出,先不去考虑资源整合和创新,而是优先通过低价抢占市场份额。

　　在这样的产业模式之下,市场对于这些公司的盈利能力就要打一个问号了。这也是过去,尤其是在供给侧改革之前,周期股表现整体偏弱的原因。其实很简单,就是需求端看不到长期的增量,同时供给端还存在低端产能过剩,存量博弈之下,导致每个企业的市场份额都很小。

　　在这样的环境之下,就不可能去搞创新,比如像半导体这种资金投入规模巨大、更新迭代速度较快的产业。各地都在追求大而全的产业结构,这种分散化的竞争格局就使得产业难以形成有效的资源整合,难以形成规模化创新,只能维持低端锁定。

　　放在中国经济发展的起步阶段,这种低端化的产业格局还可以持续,不过随着国际形势的变化以及我国经济、社会的发展,这种产能过剩、低端重复的产业结构已经不能够适应国家的现实情况了。

　　一方面,全球化的大逻辑发生了一些变化。在前文中我们已经分析过,美苏冷战的背景之下,发达国家劳动者的待遇大幅提升。当初为了降成本,在全球化的产业转移中,发达国家将一些劳动密集型的生产端企业转移到了具备成本优势和人口红利优势的发展中国家。

　　但是随着这些生产端的转移,原本工人较高的福利待遇也就随之消失了,发达国家的贫富差距逐步扩大。缩小贫富差距,维持社会稳定,需要发达国家在生产端进行再平衡,而且这将会成为未来的长期趋势。

　　在过去的产业转移过程中,中国逐步形成了出口导向型的经济增长模式。在这样一个外贸依存度较高的经济增长模式之下(见图3.14),我国国内经济的运行对国际市场形势的变化是非常敏感的。生产端进行再平衡既然是长期趋势,中国如果想要持续获取经济增长的新动能,过分依赖国际市场就肯定是不可取的。

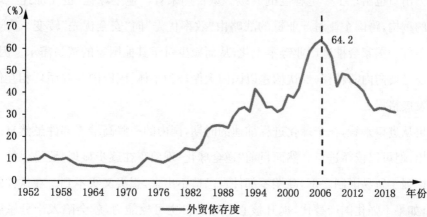

注:外贸依存度=进出口总额/GDP。
资料来源:Wind。

图 3.14 中国外贸依存度较高

先从外需来看,2020—2022 年间,出口是支撑我国经济增长的重要动能。在这一阶段,支撑出口的因素主要有三点:供给能力充足、外需旺盛,以及成本和产业链优势。

第一,供给能力推升出口份额。2020 年海外生产受限,而我国得益于相关措施及政策的及时有效,生产秩序快速恢复,填补了全球的供给缺口,出口份额迅速提升。这一时期出口商品以口罩和纺织纱线等防疫物资、玩具等宅经济相关产品为主。

第二,外需旺盛扩大出口蛋糕。2021 年,海外生产逐步修复,我国出口份额小幅回落,但海外宽松的货币政策和财政政策拉动了全球商品需求,全球贸易量增加抬升我国出口。从结构上看,这期间海外供需双景气使得我国上游原材料、中游生产设备以及下游消费品的出口都维持了较高增速。

第三,成本优势和产业链优势支撑出口份额。2022 年,外需回落压力显现,数量对出口增速的贡献度下降。但是,地缘政治冲突下能源价格提高,全球通货膨胀高企,对新能源产品的需求增加,我国的成本优势和技术优势支撑出口份额,出口商品以劳动密集型产品、生产设备、新能源汽车等为主。

伴随着全球经济下行趋势,海外需求回落,过去两三年中我国宏观经济的主要拉动力出口也出现了一定程度的放缓。从长期来看,"逆全球化"也在加速全球产业链的重构,跨国企业对产业链的战略由"效率优先"向"安全优先"转变。产业链重构下部分国家会推进产业链本土化,从而减少对于其他国家的贸易需求。因此,外需还是要向内需转移,加快构建以国内大循环为主体、国内国际双循环相互促进的新发展格局。

再从进口来看,在全球化进程加速的时期,国内的一些高端零部件虽然自己生产不出,但可以依靠进口。然而目前"逆全球化"现象正在逐步显现,贸易保护主义逐步增强。贸易限制之下,高端零部件自己造不出来,想买又买不到。在这样的情况下,如果不强化国产替代,提升核心领域的自主可控能力,就会陷入十分尴尬的境地。

另一方面,我国人口老龄化现象日益严重,促成全球化产业转移的重要因素之一,也就是劳动力人口红利的优势或将逐渐减弱。

如果按照联合国的标准,中国在步入21世纪时就进入了老龄化社会(65岁以上老年人口比重达到7%)。年轻人口比重自2011年达到74.5%的峰值后逐年下降,2021年我国65岁及以上老龄人口达到14.2%,已正式进入"老龄社会",老年人口抚养比达20.8%(见图3.15),这也意味着过去依靠较低的抚养比带来的人口数量红利渐入尾声。

相应地,劳动力的成本也在提高。自2000年以来,我国制造业就业人员平均工资逐年上升,已经由2000年的8 750元提升至2021年的92 459元,21年间翻了10倍有余(见图3.16)。低廉劳动力成本在国际分工中的竞争优势逐步削弱,低端的廉价出口模式难以为继。

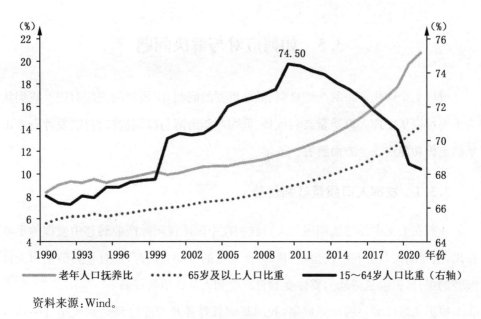

资料来源：Wind。

图 3.15 中国老龄化趋势明显

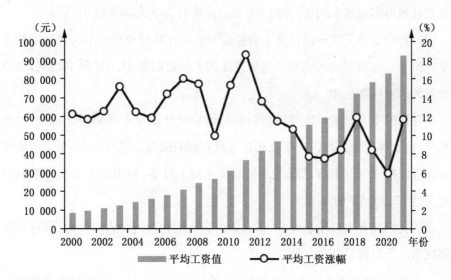

资料来源：Wind。

图 3.16 2000—2021 年中国制造业就业人员平均工资及涨幅

3.5　如何应对与解决问题

就以上全球化带来的产能过剩、低端重复的问题,应该如何去应对呢? 我们认为主要可以从发挥人口质量红利优势、低端产能出清与高端进口替代、发挥资本市场的定价功能这三个方面解答。

3.5.1　发挥人口质量红利优势

我们在上文中详细地阐述了人口红利在中国承接国际产业转移中发挥的重要作用,这里的人口红利不仅是指"量"方面丰富的劳动力资源,而且包括劳动力人口"质"的提升,也就是劳动力整体受教育程度和人员素质的提高。

根据王烽(2021)的研究成果,我国基础教育普及程度已经达到或超过中高收入国家平均水平。[①] 2020 年,学前教育毛入园率达到 85.2%,九年义务教育全面普及并在县域内实现基本均衡,2021 年,我国高中教育毛入学率达 91.4%。

同时我们统计了世界银行公布的劳动力中具有基础教育水平的劳动年龄人口比重,2020 年美国和德国这两个老牌发达国家的数据是 41.0% 和 41.2%,与中国同处亚洲的韩国则是 46.4%。

尽管我国毛入学率与世界银行公布的数据统计口径不尽相同,但是通过大概的比较,也能够看得出我国在基础教育普及方面的成效。再从 2020 年全国居民户主文化程度构成情况来看,仅有 2.1% 的户主没上过学,初中以上文化程度的户主占比高达 77.8%(见图 3.17)。

既然我们拥有人口质量红利,那么如何有效地利用这些人口资源,促进经济增长就成为一个值得思考的问题。

一方面,需要形成高端产业链,吸引高质量的就业人口。我们时常会看到一些关于研究生毕业后送外卖,或者当服务员的报道,我们并不是去质疑他们的职业规划和选择,只是从成本与产出的关系上看,这其实是对于教育资源的一种浪费。不

---

① 王烽. 高质量发展:基础教育的挑战与应对[J]. 人民教育,2021(1):21—24.

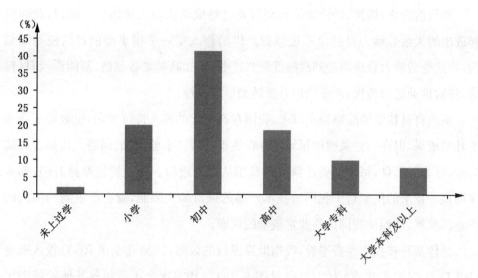

资料来源:Wind。

图 3.17 2019 年全国居民户主文化程度构成情况

过究其本质,这种社会现象的产生,还是由于提供给这些高质量人才的岗位供给不足。如果供给足够多,这些受过高等教育的人肯定会更愿意做一些能够学有所用,支撑我国制造业转型升级,并且能获得更高收入的工作。另一方面,还是应该进一步强化我国人口质量红利的优势,加大教育投入,提升国民整体的受教育水平。产业升级与人口质量红利二者之间是相辅相成、相互促进的关系。产业升级能够吸纳更多的高素质人才就业,而人口质量红利的提升也可以为产业升级提供支撑,从而促进我国进口替代和核心领域自主创新能力的发展。

3.5.2 低端产能出清与高端进口替代

过去国内低端产业的迅速扩张导致低端市场趋于饱和,而高端产业仍然缺位。想要解决高端与低端产业产能的错配,实现从 0 到 1 的突破,解决"卡脖子"问题,继续深化低端产能的供给侧改革,推动高端产业自主创新和进口替代是一个比较好的方法。

供给侧结构性改革旨在淘汰落后低效的过剩产能,但这个过程要循序渐进,如果用力过猛,就很容易引发大量劳动人口失业,这肯定是不可取的。

到目前为止,煤炭、钢铁等传统型行业已经成功去掉大量落后产能,与此同时释放出的大量劳动力自然也不能忽视。供给侧改革一个很重要的目的便是调结构,将这些劳动力合理调动到战略性新兴产业,比如高端装备制造、新能源、新材料等,将对推动进口替代、产业结构升级转型形成支撑。

虽然自科技强国战略提出以来,我国在科技上的投入持续加码,也取得了众多不凡的成果,但在一些关键的领域还存在短板,面临"卡脖子"的问题。比如说高端芯片、核心元器件,每年都要花费很多费用从海外进口。一旦贸易摩擦升温,那些掌握核心技术的国家对于我国高技术产品的进口加大限制,就会严重制约国内的产业链发展,从而使我国面临非常被动的局面。

具体从科技投入经费来看,根据世界银行的数据,2020 年全国 R&D 投入强度(R&D 占 GDP 的比重)为 2.4%(见图 3.18)。其实这个比重相较其他发展中国家,甚至部分发达国家来说都已经算高了,但对比老牌工业化国家,尤其是经历过产业转移的美国、日本、德国、韩国来说,还有很大的差距。

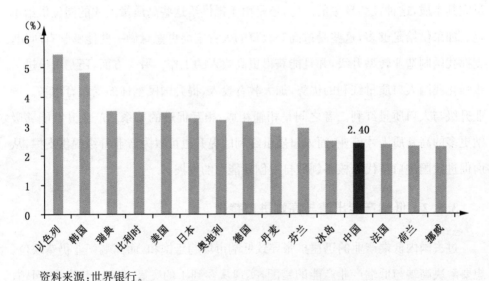

资料来源:世界银行。

图 3.18　各国 2020 年 R&D 投入强度

国家统计局社科文司高级统计师张鹏曾指出,我国企业研发投入的行业分布也与美国相去甚远,2017 年非制造业企业研发投入占比不到 15%,远低于美国

33%的水平。由此可见,未来通过科技的创新实现突破,彻底解决"卡脖子"的问题,我们还有很长的路要走。

其实现在一些激光、光伏、机械等制造业已经出现了大量的进口替代,这些产品具备竞争优势的核心逻辑在于较高的性价比:便宜、好用、售后响应快。做到以上几点,才能够真正让产品在国内市场甚至国际市场站稳脚跟,实现对外国科技产品的替代,不再面临海外技术封锁和贸易限制的被动局面。

我们以光伏产业为例。我国的光伏行业曾经是一个典型的"两头在外,受制于人"的行业,经过国内外市场沉浮,现已成长为一个典型的自主创新行业。下面我们就通过回顾光伏行业的发展历程,来看看它是如何摆脱困境,实现"弯道超车"的。

21世纪初,出于欧美国家对于推广应用可再生能源来保护环境的诉求,欧洲各国陆续颁布了一系列可再生能源的相关法案,给予政策倾斜以及高额的补贴。在这样的背景下,欧洲的光伏发电需求激增,光伏市场快速兴起。彼时,中国作为全球产业链分工中的重要一环,也赶上了这一行业的发展浪潮。

硅原料可以进一步加工为单晶硅棒和多晶硅锭,后续的组件及应用方面差别不大(见图3.19)。两者的区别在于:单晶硅制成的电池转换效率更高且更稳定,因此技术门槛也相对较高,前期需要较大的资本投入;多晶硅虽然转换效率稍稍逊色,但不需要很强的技术,比较容易实现量产,是较为快速且简单形成庞大产能的一种方式。

在光伏行业发展初期,当技术还不算成熟的时候,多晶硅就成了大多数厂家的主流选择,而这种通过密集资本及原料投入的模式,也比较符合当时中国经济追求规模发展的现实。

但和国内的很多制造业类似,我国的光伏产业在全球产业链也是处于加工组装的非核心位置。上游的硅料要从国外买,硅料提纯技术也被美、日、欧的厂商所垄断,用国外的核心技术加工从国外买的原料,这就大大降低了中国光伏产业在国际上的话语权。

上游过度依靠国外的同时,光伏产业下游发电应用的市场也主要是在欧洲,根据欧洲光伏产业协会(EPIA)统计数据,2008年欧洲新增装机容量占全球比重高达

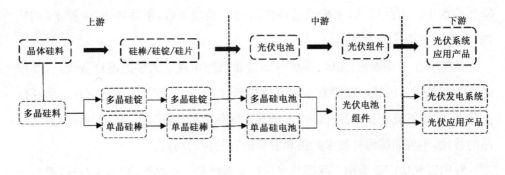

资料来源:根据公开资料整理。

图 3.19　光伏产业链示意图

85.12%,可国内需求却十分匮乏。2008 年我国太阳能新增装机容量仅约 40 兆瓦,然而太阳能电池产量却高达 2 589 兆瓦,位居世界第一,这意味着 98.5%的应用需求都在国外。

　　原料技术在外,市场也在外,这一阶段,中国企业实际上是凭借着欧美国家的政策扶持以及国内廉价的劳动力,以相对便宜的价格取胜,获取了大量制造环节国际市场的份额。

　　由于欧美市场光伏需求的持续扩张,光伏电池供不应求,太阳能级多晶硅等原料价格飙升。根据伯恩鲁特研究公司(Bernreuter Research)的数据,2004—2008 年间由于多晶硅的严重短缺,其现货价格从 30 美元左右/千克推升至 460 美元/千克左右的天文高度(见图 3.20)。

　　只要需求不减,就有利可图,因此吸引了中国越来越多的企业投资多晶硅,甚至出现了"拥硅为王"的局面,产能开始盲目地扩张。

　　这种凭借密集要素资源投入来盲目扩张低端产能的模式,在 2008 年金融危机之后由于需求的萎缩而遭到了冲击。外需的衰减加上国内终端应用需求本就不丰富,过剩的光伏产能无法消化,多晶硅价格又跌回了与 2005 年相当的水平(55 美元/千克)。

　　在技术水平相当的情况下,国内那些不具备成本优势的企业面临严重的财务危机乃至破产清算,很大一部分多晶硅项目、产能被推迟甚至遭到遗弃。不过后续随着经济的修复,需求短暂回暖,硅料价格也经历了短期内小幅度的回升。

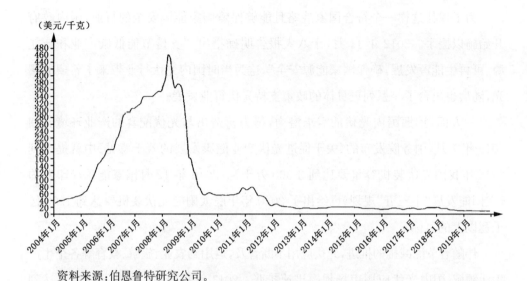

资料来源：伯恩鲁特研究公司。

图3.20　多晶硅价格变化情况

　　然而金融危机之后，贸易保护主义也在一些老牌发达国家为修复经济而提出的"再工业化"战略中逐渐抬头，全球化开始出现退潮趋势。

　　为了保护本国新兴产业，2011年年底起，欧美国家开启了对我国光伏行业的"双反调查"，巨额的惩罚性关税让中国光伏企业再次遭遇重创。国内不少大型光伏企业因前期过度扩张，负债累累而不得不退场。

　　加上受欧债危机的影响，以德国、意大利为代表的欧洲国家开始削减或者停止装机补贴，中国光伏产品的低成本优势不复存在。对欧美的出口占我国光伏总出口的份额由2012年的80%，骤降到2013年的40%左右，缩水近一半。[①] 太阳能电池对全球的总出口额也从2011年的226.7亿美元减少55%至2013年的101.5亿美元。

　　经历危机之后，无论是政府还是企业都意识到，没有核心技术的支撑，仅依赖组装加工的粗放的发展模式是不可持续的，唯有依靠技术创新，同时开辟国内市场的需求，光伏行业才能更加健康地发展。

---

　　① 耿晴晴，石冰竹，柴志宏，王桃桃．欧美"双反"对我国新能源产业的影响——以光伏产业为例[J]．商，2013(20)：306．

　　为了保住这样一个符合国家战略且能够保障国家能源安全的行业,国内政府开始施以援手。2012 年 11 月,十八大报告明确指出,"支持节能低碳产业和新能源、可再生能源发展,确保国家能源安全",这为当时国内光伏行业带来了希望的曙光,随后也出台了一系列更具体的政策支持光伏行业发展。

　　一方面,挖掘国内光伏的需求潜力,努力营造出与光伏配套的产业环境。如2013 年 7 月,国务院发布的《关于促进光伏产业健康发展的若干意见》中就提出到2015 年我国光伏装机容量要达到 3 500 万千瓦;2016 年 12 月国家能源局印发的《太阳能发展"十三五"规划》也给出了 2020 年年底太阳能光伏装机要达到 1.05 亿千瓦以上的目标。

　　伴随着节能减排的推进,光伏应用不断普及,运用到农业、旅游、教育等各个生产生活领域,国内光伏应用市场规模迅速扩张。2013 年我国新增光伏装机容量达到10.95GW,首次超越德国成为全球第一,并连续 9 年稳居全球首位。截至 2021 年年底,我国累计光伏装机容量超过 3 亿千瓦(见图 3.21),连续 7 年稳居全球首位。

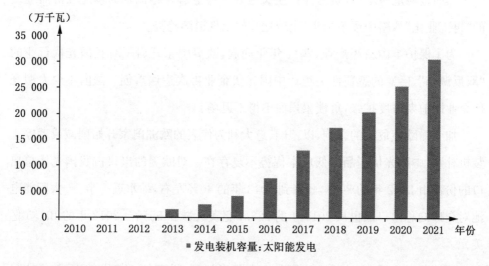

资料来源:Wind。

图 3.21　2013 年以来我国光伏装机容量快速增长

　　另一方面,政策从供给端给予了光伏企业一定的扶持和补贴。由于光伏发电成本相对于传统能源比较高,因此电价补贴也是通常用来打开光伏市场的一种方式,在 2010 年对集中式光伏发电项目的补贴高达 0.9 元每千瓦时。2013 年 8 月,国家发改委出台《关于发挥价格杠杆作用促进光伏产业健康发展的通知》,根据不同地区制定了三类电价标准,并对分布式光伏发电项目给予 0.42 元每千瓦时的电价补贴。

值得注意的是,电价补贴采取的是退坡机制,意在激励企业通过研发创新来降低发电成本,进而扩张产能,最终达到不依靠补贴光伏企业也能够实现盈利的状态,即平价上网。

在一揽子政策的支持之下,光伏企业加大了对研发的投入,部分龙头企业的研发投入占营业收入比重甚至超过了 10%。

在这样的趋势下,整个行业的技术创新取得了一定的成效。硅太阳能电池的实验室转换效率从 21 世纪初的 17%、18% 左右提高到如今的 26% 左右,根据中国光伏行业协会(CPIA)数据,2014—2021 年间我国企业/研究机构硅电池实验室的转换效率打破纪录的次数为 42 次。转换效率提升的同时,成本也在下降,2007—2019 年间光伏发电的度电成本下降超过 90%。

分类型来看,2018 年,国产电子级多晶硅量产,实现了从 0 到 1 的突破,这使国内产业对于上游进口原料的依赖程度大大降低(见图 3.22)。到 2021 年,多晶硅国内产量达 50.5 吨,进口多晶硅占比已由 2001 年的 96.4% 下降至 18.4%。

单晶硅方面,深耕该领域多年的企业凭借更高的电池转化效率以及更先进的工艺一骑绝尘,比如金刚线切割和薄片化工艺的突破与运用大幅降低了原料的消耗,实现了成本的快速下降。性价比的抬升使得单晶硅市场份额快速扩张,根据 CPIA 数据,2021 年单晶硅(N 型+P 型)市场份额高达 94.5%,相较于 2017 年提高了 3 倍有余(见图 3.23)。

伴随着行业的发展,我国光伏产业彻底摆脱了"两头在外,受制于人"的尴尬局面。但长期以来政策的补贴也产生了一定弊端,一些企业只要能够拿到补贴,就能用较低的价格来获取市场份额,像我们在前面所说的一样,赚来的钱更愿意去拼低价竞争、做产能扩张,而不是用于研发以及技术进步,这样,产能过剩将是必然的结果。

此外,光伏行业供给迅速发展的同时,应用却跟不上产能扩张的速度,产能消纳存在瓶颈,导致弃光现象严重,而巨额的补贴缺口也使得财政越发吃力。

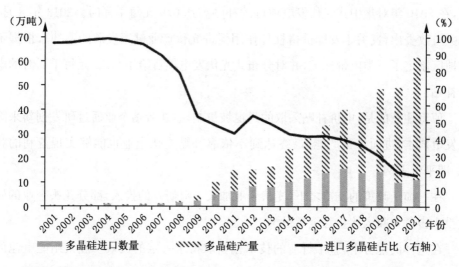

资料来源：Wind。

图 3.22 我国对多晶硅的进口依赖程度大幅降低

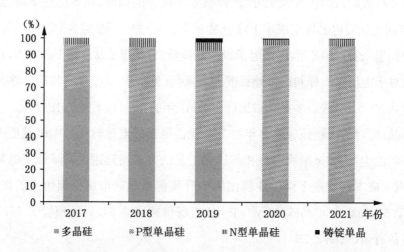

注：铸锭单晶技术于 2018 年取得突破，当年市场份额合并计入多晶硅片中。
资料来源：中国光伏行业协会。

图 3.23 国内多晶硅及各类单晶硅市场份额

因此，"531 新政"应运而生，即 2018 年 5 月 31 日，国家发改委、财政部、国家能源局联合印发了《关于 2018 年光伏发电有关事项的通知》。该通知对光伏发电定价、新增建设规模指标等方面都做出了调整，更是直接表明要加快补贴退坡，这给急速扩张的光伏产业踩下了刹车。

新政出台之后,那些进行低端扩张、低价竞争的企业悄然失色,落后产能被淘汰,行业迎来再一次洗牌,留下来的是那些要么依靠技术进步降低成本,要么精益求精提高产品质量的企业,行业集中度提升,有技术实力和竞争力的企业得以真正被看到。

在 2018 年,长达 6 年多的"双反"结束,中国的光伏企业也得以又一次走上国际舞台。与最初不同的是,此时中国的光伏产业链不再受制于人。在技术与成本优势的双重加成之下,中国光伏制造凭借着极高的性价比,也就是好用、便宜、响应快的优势,再次获得了国际市场的青睐(见图 3.24)。2021 年全国光伏产品出口额达到 284.3 亿美元的新高度,在 2021 年全球光伏企业 20 强中,中国企业占据其中15 席,且囊括前五名。

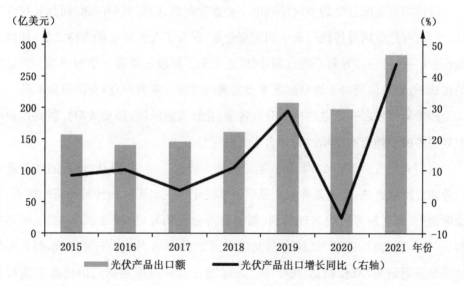

资料来源:中国光伏行业协会。

图 3.24 我国光伏产品出口份额上升

根据国家能源局数据,2023 年 1—6 月我国光伏发电新增 7 842 万千瓦,占新增电源装机的 56%;截至 6 月底,累计装机约 4.7 亿千瓦,已经是我国装机规模第二大电源,仅次于煤电;光伏发电完成投资超过 1 300 亿元,约占全部可再生能源完成投资的 50%,带动固定资产投资效果明显,为经济恢复增长发挥了重要作用。

3.5.3 发挥资本市场的定价功能

在强调人口质量红利和低端产能出清对于调整产业结构的重要性的同时,金融领域服务于实体经济的作用也不容忽视。

我国企业主要通过以银行贷款为代表的间接融资方式融资,2022年,企业债券融资和非金融企业境内股票融资在社融规模中的占比分别为6.41%和3.67%,直接融资占比较小。

而银行在选择贷款对象的时候,往往更愿意把大量资金贷给有政府背书的项目和传统行业,以此来保证贷款资金风险可控,同时也能加强与政府之间的联系。这就导致银行主导的间接融资结构非常同质化,资金的配置效率较低,钱都铺在了规模虽然很大,但在如今看来产能低端过剩的行业。

这样的资金配置结构不仅导致中小企业融资难、融资贵的问题,而且导致像钢铁、煤炭、有色金属等传统行业中的大型企业,在有了庞大资金的支持之后,加剧低端产业扩张,进一步导致产能过剩,同时还带来了环境污染等一系列弊端。在这样的模式下,银行信贷对于那些国家重点发展的战略性新兴产业,支持稍显不足。

随着科技发展和产业结构的升级转型,在新发展阶段,推动战略性新兴产业的发展更多的依赖资本市场。为什么这么说呢?

我们先来看一下2023年上半年的市场走势。上半年,科技、设备制造等新兴产业表现持续火热,无论是涨幅还是估值都处于领先水平。而传统经济的代表,如金融地产、原材料等板块表现偏弱,新旧经济分化明显(见图3.25)。把时间再拉得长一点,我们看一下从2018年年初以来到2023年6月底的行业表现,科技板块依旧是遥遥领先,涨幅高达434.7%,远远领先于涨幅排名第二的设备制造板块(58.5%),金融地产板块是这几个板块中唯一一个下跌的板块,跌幅为13.8%。

这些新兴行业的估值水涨船高,主要受益于当前机构的一致性预期。公募基金资产管理规模自2019年以来快速扩大(见图3.26),截至2022年年末公募基金资产管理规模为25.75万亿元,相比2019年年底增长了约75%。随着机构投资者规模不断扩大,其在市场中的话语权不断加强,公募投资偏好也会影响资本市场的投资风格。

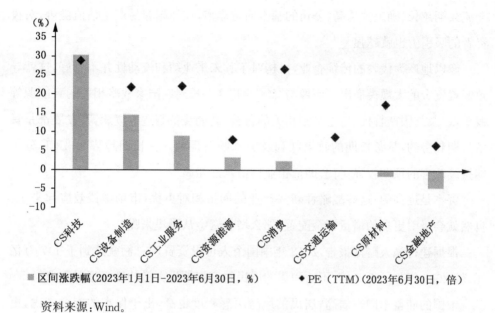

■ 区间涨跌幅(2023年1月1日-2023年6月30日，%) ◆ PE（TTM）(2023年6月30日，倍)

资料来源：Wind。

图 3.25 新旧经济二级市场走势分化明显

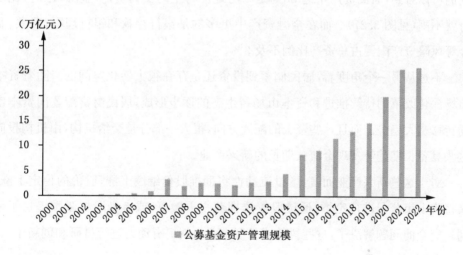

■ 公募基金资产管理规模

资料来源：Wind。

图 3.26 近几年公募基金资产管理规模快速扩大

目前机构一致看好这些高端产业又主要得益于资本市场的价值发现功能。
在投资之前,投资者往往会对投资标的进行估值,根据 DCF 模型,分子端的现金流久期越长、确定性越高、公司的基本面越靠谱，往往越容易产生估值溢价，对投资者的吸引力也就越强。

像以地产为代表的传统企业，机构对于其未来业绩和流动性并不看好，这就导致配置资金的大规模撤出。而像与"碳中和"这一长周期国家战略相关的新能源等概念，以及与国产替代、自主可控相关的科技、高端装备制造等概念，其发展都是具备长期趋势的，具备长期的政策红利及资源倾斜预期。在长期趋势下，DCF 分子端持续改善的预期较强，将会助推企业估值水涨船高。

资本是逐利的，这些战略性新兴产业的回报相对更优，市场赚钱效应起来了，自然就会吸引更多的增量资金配置，那么增量资金从哪里来呢？

根据建行私人财富报告，2018 年中国个人可投资资产总额就达到了 147 万亿元，较 2008 年翻了近 5 倍，不断积累的居民财富将催生大量的投资理财需求。

中国的储蓄率向来居高，居民的风险厌恶程度也高，出于保本的安全考虑，更愿意把钱存到银行。根据央行 2019 年对中国城镇居民家庭资产负债情况的调查，我们可以看到，居民资产中近 80% 是以房地产为主的实物资产，金融资产占比本身就不高（见图 3.27）。而在金融资产中更多的是银行存款和银行理财，股票、基金等风险资产配置占总资产比例不及 3%。

不过从另一个角度看，居民储蓄到投资还是存在很大转化空间的。随着资本市场深化改革的持续推进和资本市场新生态的逐步形成，居民财富配置向资本市场转移是大趋势。而且这些资金的配置方向，很大一部分是交给机构，由机构投向这些具备长期趋势及现金流久期长的新兴产业。

对于这些新兴产业而言，增量流动性将助推股价继续上涨，股价的稳定上涨，又将为上市公司进行定增、通过股权质押获得再融资，或者做股权激励提供了便利。资金的问题解决了，这些科技成长型企业也就更有动力进行科研和创新了，这些都是环环相扣的。

就像现在很多包括芯片产业在内的高科技企业都实行了股权激励，而股权激励的有效性同样离不开资本市场的支持。公司质量和市场预期往往灵敏地反映在二级市场的股价中，从而让好的企业能享受到与其业绩、成长性相匹配的估值溢价。同时，股权激励也需要通过资本市场这个平台来兑现，才能真正调动员工的工

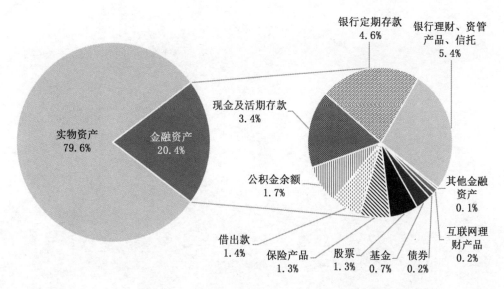

资料来源:中国人民银行调查统计司城镇居民家庭资产负债调查课题组.2019年中国城镇居民家庭资产负债情况调查[R/OL],https://finance.sina.com.cn/money/lczx/2020-04-24/doc-iirczymi8099086.shtml。

图3.27 中国家庭资产配置情况

作积极性,进而转化为促进公司长远发展的内生动力。

银行贷款更看重抵押品,更适合修桥、修路这种大型基建项目,但在新经济发展浪潮之下,这种模式显然不合适了,毕竟很多科技类企业没有足够的抵押品,也就很难获取银行的信贷支持。而资本市场关注的是未来长期的成长性和稳定的预期,这跟银行是有本质区别的,资本市场的这种资金配置功能是银行难以做到的。

资本市场的健康发展最终是为了更好地服务实体经济。根据伍格勒(Wurgler,2000)的研究,一个国家的金融发展水平越高,资本配置促进产业结构升级的效率越高。[1]

金融体系的效率高低决定了资源配置效率的高低,以及对于系统性风险的防范、解决能力。让稀缺的金融资源流向最有战略发展意义的产业,而不是在资产性投机领域空转,才能有效地推动我国实现产业结构转型升级,挖掘出经济增长的新动能。

---

① Wurgler J. Financial Markets and the Allocation of Capital[J]. Journal of Financial Economics,2000,58(1—2):187—214.

第4讲

杠 杆

从土地财政的角度出发，理解政府、企业、居民三者的杠杆。

在这一讲中,我们将分析与探讨我国政府、企业、居民的杠杆问题。

我国宏观杠杆率的高企与土地问题有着千丝万缕的联系。

在以当地经济增长速度为主要考核指标的背景下,地方政府有通过增加基建投资等带动经济增长的动力。但在分税制后,地方财政收支不平衡,收入压力较大,同时1994年预算法又对地方自主发债进行了限制,这使得地方政府开始借道城投,通过将土地划转给城投公司,再由城投公司抵押土地,从而撬动信贷发展基建,最终实现经济增长。

在这个模式下,土地价格和基建投资之间存在正反馈关系。虽然基建项目本身产生的现金流较为有限,但是在基础设施完善之后,当地的地价就有了上涨的空间。当土地不断增值(抵押品涨价)的时候,原有的债务压力就得到了缓解,这实际是一个正向反馈的过程。

具体来看,基建的完善提升了居民的生活质量,带动了人口的聚集和城镇化的发展,进而拉动了经济增长。而当地经济的发展与人口的聚集又能够推升土地价格,这就使得政府能够获得更多的资金来发展基建。

在这种正反馈的模式下,地方政府虽然能够更好地发展当地经济,但也推动了当地政府杠杆率的走高。

这里需要注意的是承担政府性投融资职能的城投平台,本质上是一家企业,在计算杠杆率的时候,债务会被纳入国有企业,这在一定程度上推高了国企杠杆率。除城投之外,国有企业在一定程度上也承担着社会责任。因此在经济下行压力比较大的时候,除了大力发展基建之外,各地政府也会鼓励国企合理加大投资扩产力度。

但是国企往往集中在传统产业,其中部分企业存在产能过剩的现象,国企在经济增速趋缓时期的投资扩产容易导致产出效率走低,进而造成企业部门的宏观杠杆率(企业债务/GDP)攀升。

最后,正如我们前面说的,基建的完善推动了地价的上涨,再加上城市化的推进、中国人对于买房安定生活的执念,共同推升了居民的购房需求,于是房价也变得越来越高。而购房支出是居民的主要支出项目,房价的上涨也就推高了居民部门的杠杆率。

4.1　政府杠杆

这一小节中,我们将阐述政府杠杆率的构成以及演变,并且针对地方政府的债务问题及治理政策进行梳理与探讨。

政府杠杆率定义为政府债务总量与 GDP 之比,由中央政府杠杆率和地方政府杠杆率两部分组成。

政府之所以加杠杆,一来是因为财政政策是跨周期调节的重要工具,在经济面临下行压力的时候,政府需要发挥"有形之手"的作用,通过积极的财政政策推动经济发展。比如在 20 世纪 30 年代的罗斯福"新政"就是通过财政赤字带动美国经济反弹,从"大萧条"中摆脱出来。

二来在以当地经济增长速度为主要考核指标的背景下,地方政府有通过财政推动经济发展的动力。1994 年分税制使得财权上收而事权下放,财政吃紧同时又面临着 GDP 考核的硬指标,这种情况下地方政府想要有所作为,最简单最快速的方式就是加杠杆。我们可以看到 2008 年以后,地方政府财政收入占比只有一半左右,但承担的财政支出占到 85%。

从数据上看,政府杠杆率的变化主要经历了两个阶段,第一个阶段是在 2009 年之前,这一时期是中央政府发债加杠杆的行为主导了杠杆率的攀升。

比如受 1997 年亚洲金融危机的影响,1998 年 6 月财政部提出要增加 1 000 亿元的建设国债来帮助恢复经济,其中 500 亿元由中央出,当年中央的预算赤字从原来的 460 亿元陡然增加到了 960 亿元。另外 500 亿元转借地方支出,当时在旧预算法的框架之下,地方政府自己还不能发债,实际上是中央代地方发行债券。同年,中央政府还新设了特别国债来满足四大行 8% 资本充足率的要求,发行金额高达 2 700 亿元。

所以 1998 年年底的时候,整体政府杠杆率就上升到了 15.9%,半年之内涨了 6.8 个百分点。不过这一轮杠杆率的上升也推动了国内经济的恢复。根据 1999 年政府工作报告的测算,1998 年这一轮积极的财政政策拉动经济增长了 1.5 个百分点。

国际上,美国和日本在经济下行时大多也是通过中央政府加杠杆实施扩张性财政政策的。不过在我国,从2009年起地方政府就开始取代中央政府成为主要加杠杆的部门。

地方政府杠杆率从2008年年底到2015年年初一路上行,可这期间中央政府的杠杆率反而下降了(见图4.1)。显然,这一时期通过实施积极的财政政策来托底经济的任务主体从中央转移到了地方,这便是政府杠杆率变化的第二个阶段。

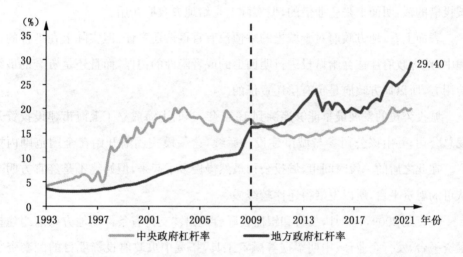

资料来源:Wind。

图 4.1 政府杠杆率(CNBS 计算口径)

不过对于地方政府杠杆率这部分,我们更需要关注的是其隐性债务问题。2019年我国地方政府显性债务的规模是21.3万亿元,而国际货币基金组织(IMF)测算的地方政府隐性债务规模高达42.5万亿元,隐性债务的规模几乎是显性债务的2倍。

之所以叫隐性债务,是因为借债的主体通常不会是地方政府,因此不负有直接偿还责任,隐性债务也不会直接体现在政府的账面上。图4.1中CNBS口径下的地方政府杠杆率也没有将隐性债务纳入计算,因此实际上地方政府的杠杆率可能会更高。

那么地方政府的隐性债务是怎么堆积起来的呢?

这还是要从分税制说起。在分税制改革以后,地方财政收支不平衡,收入压力较大,同时 1994 年的预算法又对地方自主发债进行了限制,这使得地方政府不得不借助别的平台,通常是城投,募集其发展所需的资金。具体怎么做呢?

地方政府先设立城投公司,然后将土地注入平台,城投拿这些地作为抵押品找银行借款,再按照政府的指示投资基建,从而带动经济增长,这也就是我们所说的土地抵押融资模式。

城投平台虽然名义上是一个企业,但实际上则是帮地方政府举债融资的桥梁,城投借的钱,明面上是企业借的,但实际上是给地方政府在用。

表面上看,地方政府对于城投的举债没有直接偿还责任,但实际上在抵押的过程中,地方政府往往会给城投进行明面上的或者隐性的担保,而且还是资金的最终使用方,所以地方政府是负有偿还责任的。

城投公司的发展最早能够追溯到 1992 年,当时上海成立了上海市建设投资开发总公司,并由该公司参与城市建设。后续,这一模式逐渐开始在全国范围内推广。在此之后的一段时间里,城投公司虽然慢慢多了起来,但始终不是经官方明文认可的融资平台,所以发展得还比较缓慢。

一直到 2009 年 3 月,央行和银监会联合提出:"支持有条件的地方政府组建投融资平台,发行企业债、中期票据等融资工具,拓宽中央政府投资项目的配套资金融资渠道。"这才首次认可了城投公司作为地方政府融资平台的功能。

自此,城投平台正式登上历史舞台,而通过城投平台实现的土地抵押融资模式也得以迅猛扩张(见图 4.2)。据统计,2009 年全国新增融资平台 2 000 多家,而在1992—2008 年全国以各种形式成立的融资平台也仅 6 000 多家。从规模来看,2009 年以前,每年城投净融资规模也就几百亿元,而 2009 年城投债净融资规模跳升到了 1 700 多亿元。

这也就不难理解,为什么 2009 年之后地方政府成为加杠杆的主力,城投平台的崛起也为地方政府隐性债务不断增加提供了契机。

地方政府通过城投和土地抵押融资的模式撬动经济增长,这跟中央拉动经济的做法是一脉相承的,区别只在于,中央是通过扩大财政赤字来拉动经济,而到了地方政府,不能直接发债,就变成了借道融资平台。

监管层对于城投平台的认可对助推地方政府债务规模扩大的作用是毋庸置疑

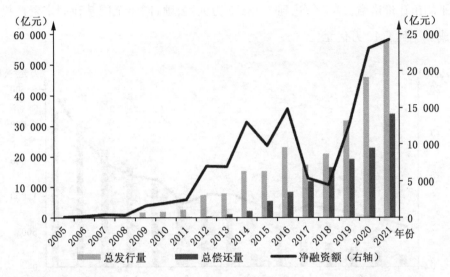

资料来源：Wind。

图 4.2 城投规模变化

的，但隐性债务的规模怎样迅速发展到几乎是显性债务的两倍，对于这一现象的解释，我们还要从土地抵押融资的模式上寻找问题的根源。

地方政府是通过土地融资来带动基建发展的。而根据郑思齐等（2014）的研究成果，土地融资和城市基础设施投资两者之间存在正反馈关系。[①]

具体来看，地方政府依靠土地出让收入和土地抵押借款相结合，使得自身面临的预算约束有所软化，这为城市基础建设扩张提供了大量的资金支持。基建的完善提升了居民的生活质量，带动了人口的聚集和城镇化的发展，进而拉动经济增长。而当地经济的发展与人口的聚集又能够推升土地价格，这就使得政府能够获得更多的资金来发展基建。

这样一来，"土地抵押给银行—获取信贷投资基建—土地增值后继续抵押—换取更多的信贷—更大规模的基建（经济不断向好）"的正向循环模式就使得地方基建发展得非常快（见图 4.3）。根据国土资源部披露的数据，2015 年 84 个重点城市土地抵押贷款总额达 11.3 万亿元，相比于 2009 年翻了 4.4 倍，国有建设用地招拍

---

① 郑思齐，孙伟增，吴璟，武赟 . "以地生财，以财养地"——中国特色城市建设投融资模式研究[J]. 经济研究，2014，49(8)：14—27.

挂平均出让价格增长 65％,达到 1 435.2 万元/公顷;同年全国基建固定资产投资
完成额达到了 13 万亿元。

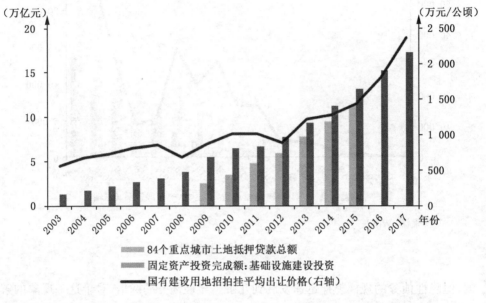

资料来源:Wind。

图 4.3　土地抵押贷款和基建投资规模

　　但是像园林、广场这样的基建项目基本上是不赚钱的,而地铁、高速这种项目
就算有收益,现金流回笼速度也会比较慢,不能用项目现金流偿还的部分就只能依
靠地方政府的财政资金解决了。如果基建投资扩张得太快,财政资金无法弥补这
个缺口,那么杠杆率自然会越来越高。

　　从事实来看,在"四万亿"刺激之后,基建扩张的速度确实很可观,2009 年的城
镇基建投资增速甚至达到了 42％。在部分地区还出现了基建项目过剩的情况,当
时为了托底经济,很多项目是超前建设的,有的甚至比原先规划建设的时间早十几
年,这显然不是短期政府财政资金可以覆盖的。

　　既然地方政府不靠项目自身的现金流和短期内的财政资金还债,那能靠什么
呢?

　　答案就是政府担保和土地增值。在过去的几十年里,因为城镇化的推进、工业化
的快速发展等原因,作为抵押品的土地价格也水涨船高。再加上城投公司是为地方

政府筹资的,背后有地方政府的背书和担保,所以银行很乐意给城投提供贷款。

这里我们通过一个例子来说明。假设城投手上有一块储备土地 A,价格是 1 亿元,银行的抵押率为 60%,城投公司就能拿到 6 000 万元的资金去做基建。三年之后,受益于城市改建更新、基建完善和经济的发展等因素,土地 A 的价格上涨到了 2 亿元,这时候城投公司就可以拿一块跟 A 的性质、地理位置等要素差不多的土地再做抵押,这个时候融到的资金就是 1.2 亿元,这 1.2 亿元不仅能够还掉之前抵押 A 的钱,而且有剩余发展基建。由此循环往复,能够撬动用于基建的信贷资金越来越多。

不过这里可能就有人要疑惑了,基建投资在本身具有巨大 GDP 价值的情况下,还有一些正外部性,政府举债不一定会导致杠杆率攀升。

这就要涉及地方政府举债效率的问题了。基建的正外部性往往具有边际递减的特征,一个地区随着基础设施的不断完善,基建对经济的带动作用会逐渐减弱。

比如在初始阶段 A 地区比较贫穷,基础设施极其不完善,这时候在 A 地区修建了一条对外公路,这一条公路的外部效应是十分明显的。后续如果再修第二条公路,或者第三条公路,公路对 A 地区的正外部性自然会降低,对经济的拉动力也会变弱。

同时,随着经济的不断发展,优质的基建项目逐渐被消耗,剩余的基建项目的正外部性也会不如以前。在这时候发展基建对经济的拉动作用也会降低。

而在基建对经济的拉动效率降低之后,就很容易导致经济效益的外化表现,也就是 GDP 增速追不上政府债务的扩张速度,这也会推动政府杠杆率走高。

这里简单总结一下,土地价格和基建投资之间存在正反馈关系,地方政府本身有通过扩张基建拉动 GDP 增速的诉求,叠加基建效率的降低,这几点共同推动广义政府杠杆率越来越高。

随着广义债务规模的扩张,债务压力也在地方政府部门加速累积。从长远来看,政府赤字只是调控经济的一种方式,不应该成为经济增长的主导力量。

所以,从 2014 年起,中央便开始规范地方政府举债方式,开启了漫长的化解地方政府债务风险之路。不过由于要兼顾经济增长,因此政策上也曾出现一些反复。

2014 年 8 月底新《预算法》出台,首次放开了地方政府自主举债的权利,开始将地方政府债务管理纳入预算体系。同年 9 月,国务院下发 43 号文,正式开启了规范地方政府举债行为的大幕,其中有几条规定为后续若干年的地方债务监管建立起了基础性的框架,影响深远(见表 4.1)。这也就是我们常说的"开正门,堵偏门"。

表 4.1　　　　　　　　　　　　　43 号文的核心要点

43 号文核心要点	
1	划清政企界限,明确剥离城投的政府性融资职能,融资平台不得新增政府债务
2	赋予地方政府适度举债的权限,明确地方政府债券是地方政府唯一的融资渠道,在国务院确定并经全国人大批准的额度内,地方政府可以发行债券,并纳入预算管理
3	对城投所举借的存量债务进行甄别,被甄别为地方政府负有偿还责任的债务,可以发行地方政府债券置换
4	鼓励推广 PPP 模式,撬动社会资本参与基础设施和公共服务的提供

资料来源:国务院。

但随着 2015 年稳增长压力显著增大,在不违背"划清政企界限"这一大前提下,后续新出台的政策略有松动。

比如说 PPP 模式。此前规定:"社会资本方不包括本级政府所属融资平台公司及其控股国有企业。"这一点很好理解,因为 PPP 模式的核心目标是通过引入社会资本,提高基础设施和公共服务的效率。

随着稳增长压力加剧,2015 年 5 月下发的 42 号文,对 PPP 社会资本方认定有所放松:

对已经建立现代企业制度、实现市场化运营的,在其承担的地方政府债务已纳入政府财政预算、得到妥善处置并明确公告今后不再承担地方政府举债融资职能的前提下,可作为社会资本参与当地政府和社会资本合作项目,通过与政府签订合同方式,明确责权利关系。

这一松动,给地方政府提供了借助融资平台,以明股实债、大股小债的 PPP 项目为载体,进一步扩张债务的机会。

这里我们简单地说一下明股实债的 PPP 产业基金模式。一般来说先是由社会资本(通常是建筑类的央企中标较多)和政府共同成立 PPP 项目企业,而企业要投的基建项目涉及资金规模都很庞大,光是靠政府和社会资本出资肯定是不够的,因此项目企业肯定还要额外融资。不过社会资本方多是央企,央企或者子公司(PPP 中是项目企业)自身不能大规模举债,因为有资产负债率红线的监管问题。

所以常见的做法就是,社会资本方引入像银行、信托、券商这样的金融机构作为股东,与社会资本方一起成立一只 PPP 产业基金,通过产业基金间接投资 PPP 项目。

这里的金融机构只是名义上的股东,所以在融资的过程中,通常会通过抽屉协议等方式将股权转让给社会资本方,同时约定好回购协议和固定回报。这个事先的回购安排能够保障金融机构安全退出,所以金融机构才会愿意充当名义上的股东。并且这个事前约定好的回报跟产业基金的投资收益以及项目企业的经营绩效都是不相关的。所以很明显,这就是一种债务融资。

我们举的这个例子里面,社会资本是回购的主体,回购是明股实债模式得以进行下去的核心环节(见图 4.4)。而现实中,回购的主体还可以是项目公司、政府,当政府对金融机构、社会资本负有回购责任时,政府的兜底和隐性债务责任问题便体现出来了。

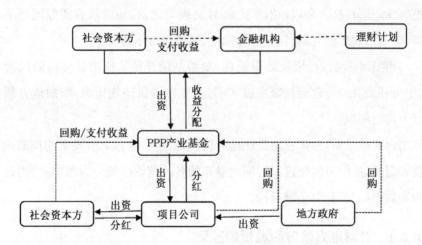

资料来源:黎毅,邢伟健,魏成富.PPP 项目资本金"明股实债+小股大债"模式研究[J].金融与经济,2018(6):78-83。

图 4.4 PPP 明股实债模式

因为早前对 PPP 项目企业的认定是明确不包括城投企业的,但 42 号文又放松了这一限制,这就导致原来很多城投企业改头换面,以 PPP 项目公司的名义卷土重来,还是承担着为政府融资的职能。

从地方政府的角度来看,允许发行地方政府债券虽然开了正门,但限额和预算管理与稳增长目标之间难以平衡,因此地方政府利用城投或其他方式进行债务扩张的冲动一直存在。

从金融机构的角度来看,资产有了地方政府的担保后,提供了安全垫,能获得相对确定、收益率更高的回报,因此,金融机构在 2015 年后也借着各种"金融创新"将资金输送至城投领域。

本来 43 号文的初衷是为了切割地方政府债务和城投债务,让地方债务变得更加透明以便于监管,并通过地方政府债务限额管理控制地方债规模,同时在基础设施和公共服务领域,通过 PPP 模式引入社会资本来提高基建项目和公共服务的运营管理水平。

但实际上,在 2015—2016 年稳增长的压力下,地方政府对城投企业频繁的担保和增信措施导致地方债务与企业债务并未完全切割,金融创新也加剧了底层资产穿透识别的难度,明股实债类型的产业基金和 PPP,在结构化融资和会计处理过程中更容易隐匿杠杆。所以,相比于 43 号文推出之前,地方政府债务问题不仅没有化解,反而结构更加复杂、杠杆更加隐匿、债务更加不透明。

2016 年四季度后,稳增长效果显现,政策基调开始从稳增长转向防风险和严监管,中央开始对地方政府频繁突破 43 号文底线提供违规担保,增加地方债务负担的行为进行纠偏。

从出台的政策看,总体思路是让地方债问题重回 43 号文所要求的框架内。根据被监管对象,我们可以把这段时间内发布的各种监管措施分为两类:一类针对地方政府和城投,一类针对金融机构。

4.1.1　针对地方政府和城投的监管

2017 年 5 月,财政部、发改委等六部委联合发布了 50 号文,主要是再次明确了地方政府债券是地方政府举债的唯一合法手段,禁止地方政府对城投公司提供各种隐性担保,禁止明股实债类项目。

与之前一系列文件相比,50 号文更具指导性意义(见表 4.2),因为后续一系列监管政策都是以43号文和50号文的思路为核心展开,在细节上做出了更明确的规定。

表4.2　　　　　　　　　　　　50号文的核心要点

	核心要点
1	地方政府不得将公益性资产、储备土地注入融资平台公司,不得承诺将储备土地预期出让收入作为融资平台公司偿债资金来源,不得利用政府性资源干预金融机构正常经营行为
2	融资平台公司在境内外举债融资时,应当向债权人主动书面声明不承担政府融资职能,并明确自2015年1月1日起其新增债务依法不属于地方政府债务
3	金融机构为融资平台公司等企业提供融资时,不得要求或接受地方政府及其所属部门以担保函、承诺函、安慰函等任何形式提供担保
4	地方政府举债一律采取在国务院批准的限额内发行地方政府债券,除此以外地方政府及其所属部门不得以任何方式举借债务。地方政府及其所属部门不得以文件、会议纪要、领导批示等任何形式,要求或决定企业为政府举债或变相为政府举债
5	地方政府不得以借贷资金出资设立各类投资基金,严禁地方政府利用PPP、政府出资的各类投资基金等方式违法违规变相举债
6	除国务院另有规定外,地方政府及其所属部门参与PPP项目、设立政府出资的各类投资基金时,不得以任何方式承诺回购社会资本方的投资本金,不得以任何方式承担社会资本方的投资本金损失,不得以任何方式向社会资本方承诺最低收益,不得对有限合伙制基金等任何股权投资方式额外附加条款变相举债
7	允许地方政府结合财力可能设立或参股担保公司(含各类融资担保基金公司),构建市场化运作的融资担保体系,鼓励政府出资的担保公司依法依规提供融资担保服务,地方政府依法在出资范围内对担保公司承担责任

资料来源:国务院。

当然,除了PPP以外,政府购买服务是典型违规增长隐性债务的方式。

因为相对于PPP模式,政府购买服务省去了物有所值、财政承受能力论证等诸多评估环节,且不受PPP相关支出不超过前一年度一般公共支出10%的红线限制。金融机构出资后也无需运营项目,而且有政府信用担保,风险更小。这就导致实际执行过程中违规的政府购买服务盛行,甚至有超越PPP的趋势。

财政部在2017年7月出台的87号文,便是以负面清单的方式来规范政府购买服务,也可以看作50号文的补充。具体来看,87号文明确了政府购买服务的"基本服务""先有预算,后购买服务"和"纳入指导性目录"三个基本原则,并对服务范围列出了负面清单:铁路、公路、机场、通信、水电煤气,以及教育、科技、医疗卫生、文化、体育等领域的基础设施建设不得列入政府购买服务。

这些被列入负面清单的基础设施建设项目(铁路、公路、机场等),通常具有稳定的现金流回报,是可以尝试采用PPP模式建设的。因此,从某种程度上讲,87号文在倒逼地方政府在这些领域推广正规的PPP模式。

这一时期还出台了很多其他类似的文件,比如2018年2月,国家发改委联合财政部印发的194号文也明确表示严禁地方政府将公益性资产及储备土地使用权计入申报企业资产,对于已将上述资产注入城投企业的,在计算发债规模时,必须从净资产中予以扣除。

总的来说,与43号文"开正门,堵偏门"的思路一样,2017年以来的这一波债务监管,在围堵地方政府违规举债的同时,也在开正门,明确了未来的转型思路:推动城投剥离为政府融资的职能,向公益性或商业性国企转型,依靠企业自身的经营收益来偿还债务,也就是追求项目收益与融资的平衡。

证监会2018年发布的89号文中,中央明确表明支持地方政府在专项债券额度内,项目收益与融资自求平衡的领域试点发行项目收益专项债券,可以单个项目发行,也可以同一地区多个项目集合发行,偿债资金来源包括政府性基金收入或者项目的专项收入。所以我们可以看到2017年以来政府的专项债务持续扩张,到2021年年末规模达到了16.7万亿元,是2017年年末的2.7倍,而投资无收益的公益性事业与以公共预算偿还的一般政府债务规模没有太大变动(见图4.5)。

4.1.2　对金融机构的监管

2015—2016年大资管扩容时期,以银行理财、券商资管为代表的广义基金具有刚性兑付特性,有高成本压力,以资金池模式运作,对信用风险的承受力较强,对票息的依赖具有刚性。所以,中低等级长久期信用债具有很强的配置盘,此时不少融资平台,包括区县一级融资平台是不愁融资问题的。

但从2017年起,持续一年多的金融强监管对同业业务进行规范,加之资管新规要求公募型产品向净值型转型,高成本要求的刚性兑付资金开始萎缩。

而存量资金以及新增的净值型产品在开放式申赎压力下,去资金池后会加强对产品的流动性管理,更偏爱高等级与短久期债券,对低评级城投的债券融资相当不利。

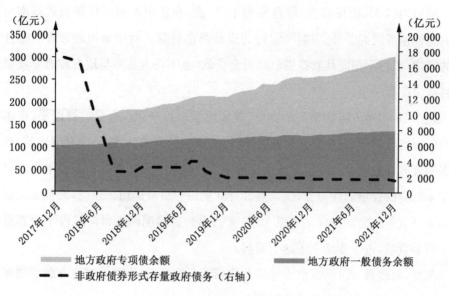

资料来源：Wind。

图 4.5 地方政府显性债务

在非标领域,城投同样受到较大的打击。包括但不限于 2017 年 12 月底的银信 55 号文,中基协禁止集合类资管投资信托贷款、禁止私募基金从事借贷活动,委贷新规等政策,直接使信托贷款和委托贷款出现断崖式下跌。

而在银行贷款领域,在去杠杆的大环境下,控制银行信贷额度是紧信用的不二选择。在有限的额度内,信贷资金通常会向央企和国企等大客户倾斜,因为这些客户具有抵押品足、风险低的特征,可为银行带来存款、中间业务收入及维系与政府关系等诸多利益,不少区县一级平台,在此背景下也面临获取表内信贷难度上升的压力。

结构化产品方面,资管新规和八条底线对优先级份额/劣后级份额做了杠杆约束,中间级计入优先级份额,固定收益类产品的分级比例不得超过 3：1,权益类产品的分级比例不得超过 1：1,分级资管产品不得直接或者间接对优先级份额认购者提供保本保收益安排。

这意味着在政府参与的产业基金中,地方政府或城投公司对优先级做财政贴息保障或差额补足等条款不再合规,而且杠杆比例大为降低。

　　2021 年 7 月,银保监会[①]联合发布 15 号文,在重申不得以任何形式新增地方政府隐性债务的同时,还限制了银行的流动资金贷款:"对于承担地方政府隐性债务的客户,银行不得向其新提供流动资金贷款,也不得为其参与地方政府专项债券项目提供配套融资。"

　　这个"承担地方隐性债务的客户"其实就是城投平台。自受监管以来,很多城投在向市场化转型,开展多元化业务,对流动资金的需求高,这是没有问题的,而且过去的确有许多银行给城投发放大量流动资金贷款。但如果这些城投本身还具有一定未结清的存量隐性债务,流动资金贷款就很容易被挪用去还债,而且流动贷款资金本身就不好监测去向。所以 15 号文的出台直接明确不得向城投平台新提供流动资金贷款,进一步堵上了这个漏洞。

　　至此,财政部、央行、发改委等部委从两端双管齐下,形成了对地方政府债务监管的密网,有效遏制地方政府违规债务的增长。

　　当然,除了严控新增隐性债务之外,存量债务置换也是化解地方政府债务风险的一大发力点。

　　前文提到,早在 2014 年的 43 号文中就提出要进行存量隐性债务的甄别与置换。2015—2018 年,中央推出 12 万亿元的地方政府债券置换额度,在财政部对存量债务加以甄别的基础上,让地方政府把原来有偿还责任的短期、城投债、信托融资等高息债务,置换成 3 年及以上的低利率地方政府债券。

　　地方政府通过债务置换,将表外的隐性债务由"加杠杆"转化为表内的法定债务,由此隐性债务得到显性化、合规化,从而降低了政府债务成本。财政部 2015 年的数据显示,存量债务融资平均成本在置换后下降约 6.5 个百分点。同时,政府化解债务的期限得到延长,这也就提升了地方政府债务的可持续性。

　　归根到底,地方政府举债的最终目的是促进经济增长,过去预算软约束、单纯追求 GDP 增长、监管政策缺位等原因导致形成了大规模的隐性债务,这一方面使得目前政府面临沉重的化债压力,尤其是一些社会资本不足、经济发展相对落后的地区;另一方面庞大债务背后蕴含的风险以及政府投资效率不足则让一部分社会

资本望而却步。这两者均阻碍了社会有效投资的形成。

投资始终是拉动经济增长的三驾马车之一,所以在化解地方政府债务风险的过程中,不能只是盯紧遏制新增隐性债务,还要提升政府投资的有效增量。2022年5月,国务院印发《关于进一步盘活存量资产扩大有效投资的意见》(下称《意见》),《意见》提出要通过包括不动产投资信托基金(REITs)、PPP 等在内的多种方式盘活存量资产。

经过多年的投资发展,各地已然积累了庞大的基建资产存量,有一部分并未得以高效利用,或被限制或利用效率低,而这其中也不乏收益潜力和增长潜力不错的资产。对于这部分资产而言,引入社会资金,既能分担政府的财政压力,又能促进转化为有效投资。

就拿 REITs 来说,这是通过引入市场机制吸引社会资本,将有稳定收益的存量项目现金流打包进行证券化,通过发行标准化的证券募集资金。收益性和规范化也赋予了基建 REITs 不小的吸引力。

此外 REITs 不是债务,通过 REITs 盘活存量资产可以置换出部分资金偿还债务,降低杠杆率,REITs 回收的资金也可以用于新的有收益项目的建设,从而扩大有效投资。

目前我国的公募 REITs 还在试点中,试点的范围相对较窄,截至 2023 年 6 月底,公募 REITs 的市场规模尚不足,远不及 19 万亿元的专项债。不过根据北大光华管理学院的研究,我国的基建存量超过 100 万亿元,只要将其中的 1% 进行证券化就能形成一个万亿元级的 REITs 市场。

最后我们对地方政府债务规模进行一个简单的测算。

前文提到,我们一般将地方政府债务分为显性和隐性两类。显性债务是明确列在政府资产负债表中的债务余额,这部分数据可以在财政部预算司每月统计的披露文件中获得。

截至 2022 年 12 月末,地方政府显性债务余额为 35.06 万亿元(见图 4.6),其中地方政府债券余额为 34.9 万亿元,以非债券形式存在的债务为 0.16 万亿元(2015 年前形成的未置换的地方政府负有偿还责任的债务)。

对于隐性债务,目前没有明确清晰的定义,也没有直接公开的数据。这里我们

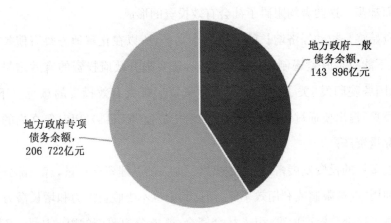

资料来源：Wind。

图 4.6　地方政府显性债务组成

可以从举债主体的角度考虑地方隐性债务的规模。一般而言，隐性债务主要是非政府主体举债所得，其中主要有两大主体，一是政府投资基金和 PPP 项目公司，二是城投平台。

对于政府投资基金和 PPP 形成的隐性债务规模，测算难度较大。一方面，我们很难知道政府给 PPP 项目公司或政府投资基金的债务做了多大比例的担保，明股实债的规模有多大；另一方面，PPP 绩效考核是否到位很难评判，需要具体到每个 PPP 项目的合同条款。

市场上也有一些比较粗略的方式，比如忽略产业基金，采用系数乘以 PPP 投资额的方法做测算，系数的选择自行设定，比较主观。这些方法往往存在数据缺失、不确定性大等缺陷，我们这里暂时按下不表。

对于城投平台，现在已有诸多文件明确，2014 年后城投所借的债务不列入地方政府债务，不承担融资功能，但一方面城投是基建项目的重要载体，是金融机构信贷类、非标类、债券类资产的重要主体；另一方面城投的债务存量高，到期规模大，资产端公益性项目多，创造现金流能力差，还款能力不足。

此外，如果城投出现大规模的实质性违约，则基建可能陷入"资金荒"，金融机构可能出现较多的坏账资产。在这种环境下，地方政府可能主动或被动出面调解，或以偿还应收账款或其他应收款等方式代替部分城投公司出资。

实际上,从 2014 年开始规范城投融资行为以后,地方政府举债转向的那些 PPP、产业基金,其背后基本都要经手城投企业,也就是说城投平台只是在以项目公司的名义为政府举债。

因此,我们将城投公司的有息债务(具体见表 4.3)算作地方政府的隐性债务。

表 4.3 城投有息债务构成

短期 有息 负债	短期借款	向银行或信托等机构借入的期限在 1 年以内的债务
	应付票据	签发的商业汇票,或以保证金形式让银行代为签发的银行承兑汇票
	交易性金融负债	为了短期获利进行融资所形成的负债
	1 年内到期的非流动负债	在 1 年以内到期的应付债券、长期借款等(部分城投也将短融、超短融纳入此项)
	其他流动性负债	发行的短融、超短融等短期负债
长期 有息 负债	长期借款	向银行或信托等机构借入的期限在 1 年以上的债务
	应付债券	发行的企业债、中期票据、非公开定向债务融资工具(PPN)等期限在 1 年以上的债券
	长期应付款	融资租赁、信托贷款、委托贷款等非标债务及其他,部分城投将向地方政府偿还的置换债资金也纳入此项
	其他权益工具:永续债	尽管永续债在会计核算中计入权益,但近年来其发行期限越来越短,其收益也更偏向债券,所以在此被看作债务

资料来源:根据公开资料整理。

以万得口径下的城投平台(剔除子公司)为样本,将上面的几项负债指标加总来看,截止到 2022 年 12 月,城投平台可能形成的隐性债务规模大约是 49.86 万亿元(见图 4.7)。再加上之前 35.06 万亿元的显性债务,地方政府债务总规模在 84.92 万亿元左右。

当然,仅计算城投平台,数据频次低(半年/年),口径偏窄;并且不是所有的有息负债都能形成政府的隐性债务,简单将各个债务指标加总计算,也略显宽泛,所以上述的测算只是一个大致结果,仅供参考。

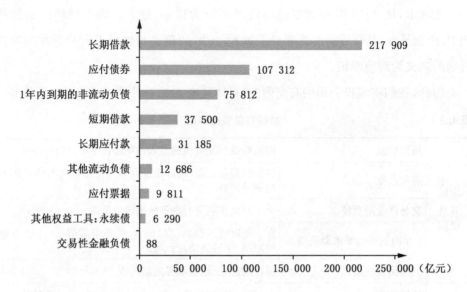

资料来源：Wind。

图 4.7　城投平台各项有息负债可能形成的隐性债务(2022 年 12 月末)

4.2　企业杠杆

　　承担政府性投融资职能的城投平台,本质上是企业,所以在计算杠杆率时其债务会被纳入企业杠杆,这就导致国内企业杠杆率偏高。

　　说到企业杠杆,我们最先想到的指标就是企业的资产负债率(总负债/总资产)。该指标反映的是企业的举债情况,资产负债率越高,表示企业背负的债务压力越大;资产负债率越低,则表示企业的负债压力越小。

　　但这是从企业的角度出发来考虑的杠杆情况,如果从宏观角度看,就不一样了。宏观上的企业杠杆率指的是非金融企业债务余额/GDP。

　　宏观杠杆率指标与微观杠杆率指标的不同之处在于前者分母是 GDP,后者分母是总资产。如果简单将 GDP 理解为总产出,就意味着微观杠杆率与宏观杠杆率的区别在于宏观杠杆率还考虑到了企业举债的效率问题。

　　为了更好地理解,这里我们不妨先对企业宏观杠杆率进行简单的数理转化。

$$非金融企业宏观杠杆率＝非金融企业债务余额/GDP$$

$$＝\frac{企业债务余额}{企业总资产}\times\frac{企业总资产}{GDP}$$

$$＝微观负债率\times\frac{1}{总资产产值率}$$

从上述等式我们能够看到,如果企业能够通过举债提高总资产产值率(比如通过技术改造、设备更新等方式提高产出),那么举债之后,企业宏观杠杆率的涨幅会低于微观杠杆率。而且,如果总资产产值率涨幅明显,甚至还能够压低宏观杠杆率;反之,如果企业的举债是低效率的,举债筹集的资金并没有提高企业的产出效率,甚至使得总效率降低了(比如重复建设等),这就会使得社会的总资产产值率恶化,并进一步推高宏观杠杆率。

这里不妨举一个简单的例子,假设全社会企业的总资产为100,总债务为90,1单位的资产能够获得1单位的产出。在初始阶段,宏观杠杆率为90%,微观杠杆率为90%。

如果企业举债100,并通过技术改造的方式提高了投入产出率,1单位的资产投入能够获得1.2单位的产出,这时候宏观杠杆率为79.2%(下降),微观杠杆率为95%(上升)。

如果效率提升没有那么明显,比如这时候1单位的资产投入仅能够获得1.05单位的产出,那么宏观杠杆率为90.4%(上升,上升幅度低于微观杠杆率),微观杠杆率为95%(上升)。

但是如果企业之间存在重复建设、恶性竞争等现象,导致投入产出率下滑,1单位的资产仅能够带来0.9单位的产出,这时候宏观杠杆率就达到了105.6%(上升,涨幅大于微观杠杆率),微观杠杆率为95%(上升)。

在过去的一段时间里,企业宏观杠杆率的变动是由企业举债驱动的,还是由于投入产出效率下滑导致的呢? 这里我们不妨来看一下目前国内的企业杠杆情况。

目前,市场常用的企业杠杆率指标有两个,一个是社科院国家资产负债表研究中心(CNBS)按季公布的数据,开始于1995年;另一个是国际清算银行(BIS)公布的数据,开始于2006年。这两个数据因为统计口径不同,存在一定的差距,不过从走势上看是一致的。

从杠杆率结构上看,非金融企业是国内主要的加杠杆部门,按照 BIS 口径,中国 2021 年年末的杠杆率达到了 152.8%(见图 4.8),占实体杠杆率的 53.3%,另外居民部门和政府部门的杠杆率分别为 61.6%和 72.2%,合计占实体杠杆率的 46.7%。

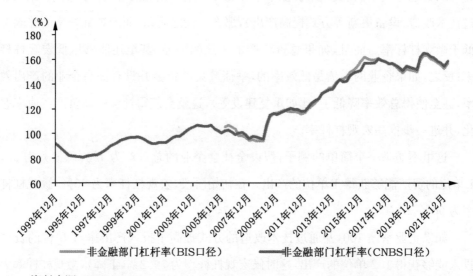

资料来源:Wind。

图 4.8　1993 年 12 月以来我国企业部门杠杆率的变化

横向对比世界其他国家,中国非金融企业部门的杠杆率也是偏高的(见图 4.9)。2021 年年末,中国非金融企业杠杆率在 BIS 统计的 43 个国家和地区中位居第七,明显高于新兴市场经济体和所有报告经济体的均值(分别是 110.9%和 100.9%)。

更重要的是看国内企业杠杆率的演变,按照增速的不同,我们大致可以将国内企业杠杆率的变动分为三个阶段:

第一个阶段是在 2008 年金融危机之前。这一时期企业杠杆率震荡上行,但是涨幅较小。根据 CNBS 口径[①],在 1996—2008 年间,企业杠杆率从 1995 年年末的 81%震荡上行到了 2008 年的 95.2%,上行了 14.2 个百分点。

---

① 此处使用 CNBS 口径,因为 CNBS 的时间跨度更长。

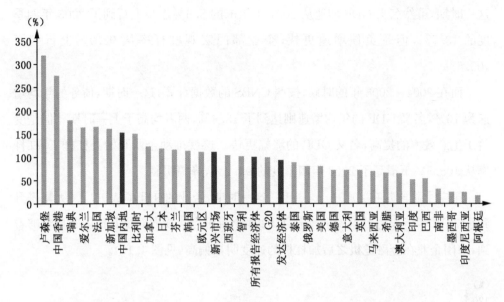

资料来源：Wind。

图 4.9 中国非金融企业部门杠杆率偏高

这里引出的一个问题是国内经济运行情况对于企业杠杆率到底会产生怎样的影响。总的来说，在这一时期，中国的经济运行态势良好，特别是在加入 WTO 之后，中国经济更是迎来了一轮快速发展期，但是杠杆率的变动则有起有落。

一般来说，在经济运行态势良好的时候，企业的举债需求和举债能力都会提高。一方面，因为经济运行态势良好，企业往往会有主动补库存和投资扩产的动力，对资金的需求自然会比较高；另一方面，企业的规模扩张也会提高企业的融资能力（比如有了更多的抵押品）。叠加在经济向好的时候，银行的风险偏好也会比较强。在这样的情况下，企业的负债增速自然会比较快。

但是，从另一个角度来说，在经济上行的时候，企业的产能利用率、投入产出比等也都处于较高的水平。效率的提高，在一定程度上则会压低企业的宏观杠杆率。

所以，经济周期对于企业杠杆的影响并不是确定的，具体还是要看到底是债务增长得快，还是产出效率提高得快。

比如在 2002—2003 年的时候，受益于中国加入 WTO 等因素，中国经济进入了一轮上行期，企业纷纷开始加大资本开支，投资扩产，从而推动债务增速走高。

这一时期,虽然名义 GDP 增速从 2001 年年末的 8.6％逐步上行到了 2003 年四季度的 13.7％,但是负债增速更快,企业部门宏观杠杆率从 92.9％上行到了 105.5％。

而在 2004—2008 年的时候,按照 CNBS 的数据计算,这一时期,债务的年均增速为 16％,名义 GDP 的年均增速则达到了 18.4％,两者均高于上一时期。但是受益于生产效率的提高,名义 GDP 的涨幅更快。这就推动企业开始去杠杆了,杠杆率从 105.5％下滑到了 2008 年四季度的 95.2％,降幅明显。

第二个阶段是在 2009—2016 年。这一时期,企业的杠杆率从 95.2％大幅攀升到了 2016 年年末的 157.6％,增长了 62.4 个百分点。横向对比其他国家也能够看到,中国企业在金融危机之后加杠杆的速度明显偏高(见图 4.10)。

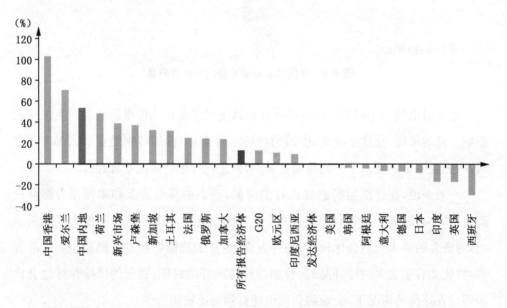

资料来源:Wind。

图 4.10   BIS 口径下,2009—2016 年各经济体非金融企业部门杠杆率的变动情况

这一时期企业为什么会大幅加杠杆呢?

要知道一般在生产经营环境恶化的时候,企业都会开始收缩产能。同时,因为资产负债表恶化(比如企业资产价格的下跌),企业杠杆会先出现被动上升,后续就会开始主动降负债、去杠杆。

比如美国企业部门杠杆率在 2007 年到 2008 年四季度就出现了明显的上升。此后,受益于美国财政货币政策的刺激,经济环境有所好转,企业开始主动去杠杆,杠杆率从 2008 年年末的 72.5％下降到了 2012 年 6 月的 65.8％。

但中国企业杠杆率的变化则完全不一样。在 2008 年之后,中国企业杠杆率开始明显攀升,在 2009 年杠杆率就上涨了 23 个百分点。之所以会出现这样的情况,是因为中国企业杠杆率是以国有企业为主,从数据上可以看到,2009 年国有企业(不包含金融企业)的宏观杠杆率达到了 90.5％(见图 4.11),占非金融企业部门杠杆率的 78％。

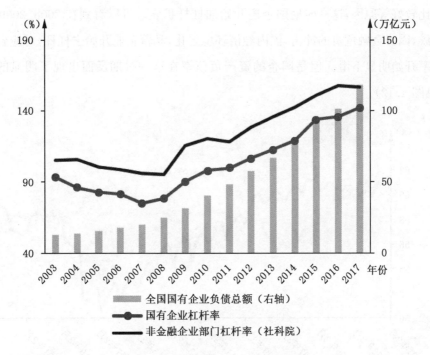

注:国有企业杠杆率＝国有企业的负债总额/名义 GDP。
资料来源:中国财政年鉴、Wind。

图 4.11 企业部门中,国企是主要的加杠杆部门

不同于一般的民营企业,国企很大程度上还承担着社会责任,是地方政府进行宏观调控的重要载体之一。正如我们在前面说到的,2009 年,为了应对次贷危机带来的经济冲击,我国推出了以“四万亿”为代表的财政刺激计划。但是财政资金更多的是发挥引导和撬动作用(在基建投资资金来源中,政府预算内资金占比仅有10％左右),为了更好地撬动投资,这一时期开始放松对地方政府的监管,鼓励地方政府组建投融资平台,拓宽中央政府投资项目的配套资金融资渠道。

在监管放松之后,以城投为代表的地方国企就开始了扩张之路。这一时期,基建投资的累计同比增速从2018年年初的3.56％一路上行,在2009年6月甚至达到了50.78％。

除了城投企业之外,在经济下行的时候,国企为了更好地承担社会责任,在这时候并不会通过裁员、缩小生产规模等方式来降杠杆。而且因为政策鼓励、货币环境比较好等原因,这一时期国企还开始加杠杆扩表。可以看到在2008、2009年的时候,因为金融危机的冲击,国内经济环境恶化,私营企业开始去杠杆,对应资产负债率开始明显下滑。但是国企的资产负债率在这一时期反而出现了明显的上涨(见图4.12)。

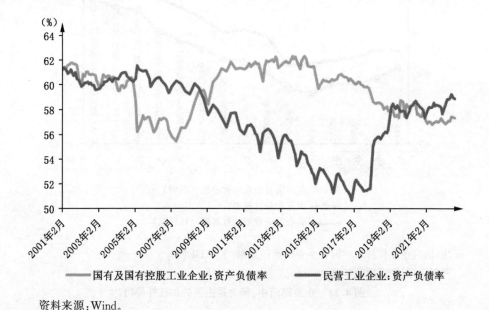

资料来源:Wind。

图4.12 2008年后国有企业加杠杆

但是这时候的投资扩产不仅不能够改善企业的生产效率,反而因为盲目扩产,使得市场出现产能过剩,并推动国有企业的生产效率进一步下滑(见图4.13)。而正如我们前面提到的,企业投入回报率的下滑还会推动宏观企业杠杆率上行。

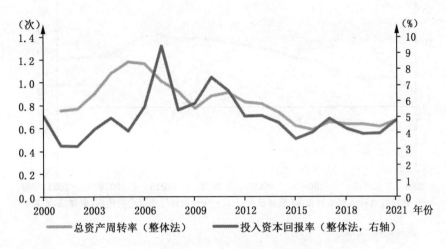

资料来源:Wind。

图 4.13 A股非金融企业的投入产出效率在下滑

而且投入产出率下滑还意味着企业用于偿还有息负债的资金减少。为了维系资金链的正常运转,企业就只能通过"借新还旧"的方式维持经营,这又进一步推高了企业的杠杆。

以产能过剩的钢铁行业为例,在 2007 年的时候,上市钢铁行业的投入资本回报率达到了 8.7%,而资产负债率则只有 56.1%,但是到了 2015 年,资本回报率降低到了-5.5%,而资产负债率则达到了 67.5%(见图 4.14)。资本回报率为负意味着企业很难获得充足的利润,只能通过拆东墙补西墙的方法维系现有的债务,并推动杠杆率上行。

总的来说,企业负债规模的上升以及生产效率的下滑,共同推动着这一时期非金融企业杠杆率的快速攀升。

而不断上涨的企业杠杆率给实体经济带来了巨大的潜在风险,也引起了中央的关注。因此,中央财经领导小组 2015 年首次提出了供给侧结构性改革。此后在2015 年年末的中央经济工作会议进一步强调了要推进供给侧结构性改革,要去产能、去库存、去杠杆、降成本、补短板,提高供给体系质量和效率。这也推动着企业逐步进入去杠杆阶段,也就是我们说的第三阶段。

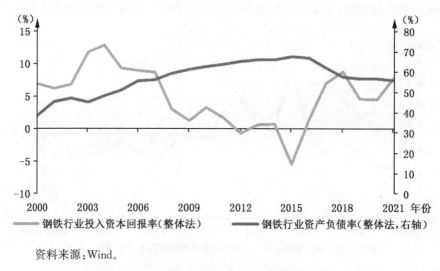

资料来源：Wind。

图 4.14   钢铁行业杠杆率上行但投入产出率在下行

第三个阶段是 2017 年之后。虽然最早在 2015 年就开始提出了供给侧结构性改革，但是企业杠杆率一直到 2016 年年中的时候才达到顶峰，之后才开始逐步下滑。因此，我们以 2017 年为界进行划分。

正如我们前面说的，上一轮非金融企业杠杆率的走高是以国有企业为主要载体，企业加快举债以及生产效率走低共同导致的。因此，这一时期政府的供给侧结构性改革也主要是从这一角度入手的。

一是中央加大了对地方政府举债行为的规范，比如对于城投企业出台了一系列监管规定，通过剥离城投公司作为政府融资平台的方式，划清政府和城投的边界。这一点我们在前面分析政府杠杆的时候已经说明了，这里就不再重复了。

二是要提高国企的生产效率，也就是我们常说的供给侧结构性改革。2016 年年底的中央经济工作会议明确定调 2017 年是供给侧结构性改革的深化之年，要继续深化供给侧结构性改革，深入推进"三去一降一补"，要减少无效供给、扩大有效供给，着力提升整个供给体系质量。

在政策的指导下，国企改革加速推进，通过兼并重组、国企混改、淘汰落后产能等方式，国企的效率得到了提升，资产情况也有所好转。比如在 2017 年的时候，政策表示要压减钢铁产能 5 000 万吨左右，压减目标相比于 2016 年（4 500 万吨）再次上涨。比如出台了《中央企业公司制改制工作实施方案》,要求央企改制为有限责任公司或股份有限公司,加快形成有效制衡的公司法人治理结构、灵活高效的市场化经营机制。

受益于供给侧改革,国企的盈利能力明显提升。可以看到,在 2015 年的时候,国有企业的营业收入和利润总额同比都是负增长的,但是从 2016 年年中开始,随着供给侧改革的深入推进,国企的营业收入和营业利润得到了明显的改善(见图 4.15)。在 2017 年的时候,国企利润总额同比增速超过了 20%,营业收入同比增速也超过了 13%,表现亮眼。

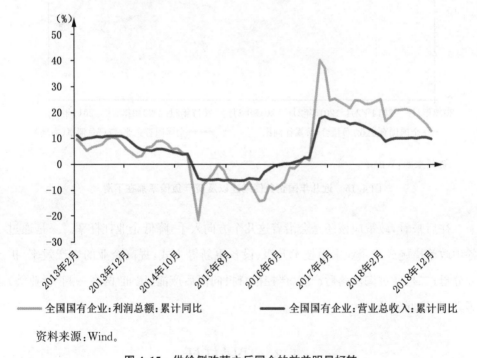

资料来源:Wind。

图 4.15 供给侧改革之后国企的效益明显好转

三是要降低国企的负债。比如在 2018 年 9 月,中共中央办公厅、国务院办公厅印发的《关于加强国有企业资产负债约束的指导意见》明确提出,到 2020 年年末国企平均资产负债率要比 2017 年年底下降 3 个百分点。

在国企改革的背景下,不少经营绩效差的国企开始逐渐退出市场,同时很多国企开始通过改革重组的方式提高自身的经营能力,降低对负债的依赖度。在这样的情况下,我们也能够看到近几年来国企的负债增速以及资产负债率出现了下滑(见图 4.16)。

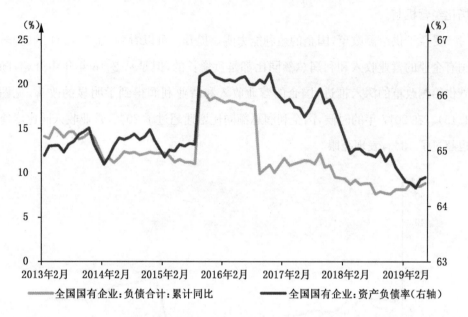

资料来源:Wind。

图 4. 16　近几年国企负债增速以及资产负债率都在下滑

往后来看,政策应该还是会沿着这几个方向入手,降低企业杠杆率。一是通过各项政策措施鼓励企业采用技术升级、设备更新等方式,提高企业的生产效率,扩大分母;二是通过淘汰落后产能,严控信贷投向落后产能(比如"两高一剩"行业等)等方式,降低分子。

4.3　居民杠杆

说完政府杠杆和企业杠杆,最后我们看一下居民杠杆。

正如我们前面说的,基建的完善等推动了地价的上涨,住宅用地价格在过去快速上涨,而地价上涨无疑会推动房价上涨(见图 4.17)。再加上城市化的推进、中国人对于买房安定生活的执念,又共同推升了居民的购房需求,于是房价也变得越来越高。而购房支出是居民的主要支出项目,房价的上涨也就推动了居民部门杠杆率的上行。

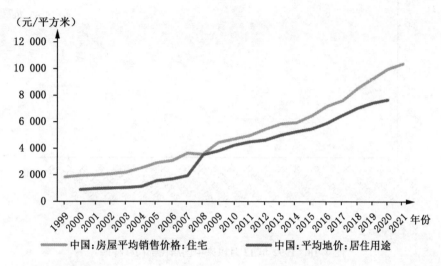

资料来源：Wind。

图 4.17　1999 年以来居住用地价格和房价明显上涨

　　我国的居民杠杆为居民部门债务与 GDP 的比值。[1] 根据 CNBS 口径,在 2008 年以前,我国居民杠杆率整体维持缓慢上行,居民杠杆从 1993 年年末的 8.31％提升至 2008 年年末的 17.9％,15 年间提升了不到 10 个百分点。

　　2008 年之后,居民杠杆率出现明显上升(见图 4.18)。2008 年金融危机后,国家启动了大规模刺激计划,我国居民部门的杠杆率迅速由 2008 年年底的 17.9％上升至 2009 年年底的 23.5％,一年之内提升了 5.6％。2008—2015 年,居民杠杆率提升了 21.3％,年均增幅约 3％。

　　2015 年年底,中央开启供给侧改革,调整经济结构,优化要素配置,非金融企业的杠杆水平在 2016—2019 年稳步下行。尽管 2020 年以来由于疫情的冲击,非金融企业杠杆水平有所回升,但整体来看杠杆率直线上升的势头自供给侧改革以来得到了显著的遏制。可是,居民部门杠杆率却依旧攀升,甚至加速上行,2015 年年末至 2020 年年末,居民杠杆率提升了 23％,年均增幅约 4.6％。

----

　　①　花呗、白条等消费金融,以及民间借贷等其实都是居民的负债。考虑到国际可比性和数据可得性,我们仅以住户贷款来衡量居民部门的杠杆情况,住房公积金中心、小额贷款公司等类金融机构的信贷未纳入统计口径。需要明确的是,居民部门的实际债务规模将大于纳入统计的值。

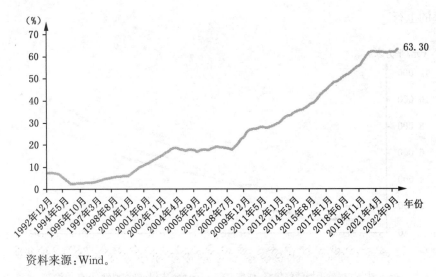

资料来源：Wind。

图 4.18　1992 年 12 月以来中国居民部门杠杆率

为什么在过去几年里居民杠杆率一直在上行呢？这可以从居民杠杆的结构说起。

居民杠杆的提升主要是受负债拉动的，从构成上看，居民部门的负债主要包括消费性贷款和经营性贷款，截止到 2021 年年末，这两项贷款余额合计为 71.1 万亿元。在这两类负债中，消费性贷款处于绝对优势，占比接近八成（见图 4.19）。

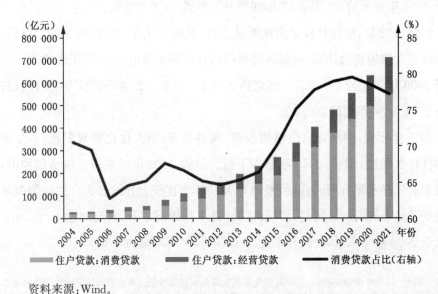

资料来源：Wind。

图 4.19　2004 年以来我国住户贷款变化情况

而消费性贷款根据期限又可以进一步划分为短期消费贷款和中长期消费贷款。短期消费贷款期限在1年以内，主要用于消费。中长期消费贷款可用于房贷和其他用途，在消费贷款中占比超过80％，中长期消费贷款在住户贷款中所占比重自2013年以来整体呈现上升趋势，2021年年末这一比重为64.03％（见图4.20）。

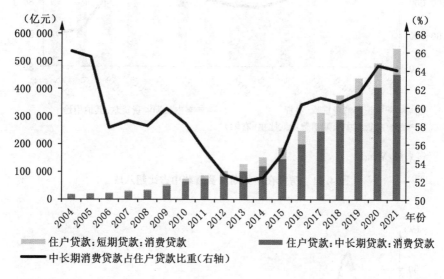

资料来源：Wind。

图4.20　2004年以来中长期贷款占住户贷款比重

而在中长期消费贷款中，住房贷款是主体，它在中长期消费贷款中的比例达到了八成以上（见图4.21）。从个人住房贷款余额和中长期消费贷款的增速走势也可以看出，二者有着较高的相关性（见图4.22）。

这就意味着过去一段时间里，居民杠杆率的上升很大程度上就是居民房贷的规模在不断增加。

在了解了住户贷款构成和持续上升的原因后，下面我们将从居民部门杠杆率和偿债负担两个角度，分析当前中国居民部门的债务压力。

根据国际货币基金组织（IMF）的认定，居民部门杠杆率超过65％时，将会影响金融稳定。2022年年末，国际清算银行（BIS）口径下的中国居民部门的杠杆率是61.3％，CNBS口径下的中国居民部门的杠杆率是61.9％，尽管两者的统计口径略

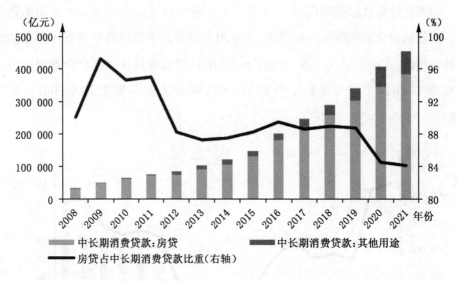

资料来源：Wind。

图 4.21　房贷在中长期消费贷款中占比超八成

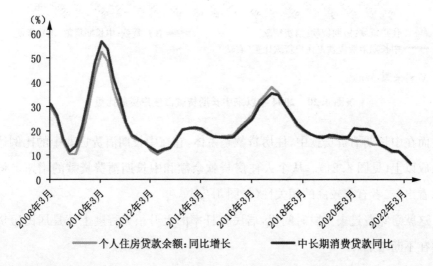

资料来源：Wind。

图 4.22　个人住房贷款余额与中长期消费贷款增速走势趋同

有区别,但是差别较小,走势整体也较为一致(见图 4.23)。从数据上看,我国的杠杆水平已经十分接近 65% 这个红线了。我国这样的一个杠杆率水平,在国际上处于怎样的位置呢？

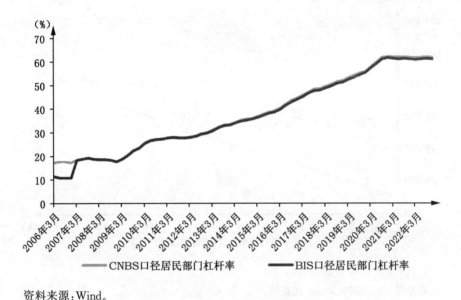

资料来源：Wind。

图 4.23　BIS 和 CNBS 两个口径的中国居民杠杆率

从存量水平来看，在 2022 年年末 BIS 公布的 43 个国家和地区中，中国居民杠杆率为 61.3%，排在第 20 位，处于中等水平。

但国际经验显示，居民杠杆率整体会随着经济水平的发展而提高（见图 4.24）。2022 年年末，发达经济体的居民杠杆率为 73.3%，明显高于同期新兴市场的 47.7%。

因此，我们在做国际对比时，选取与我国目前发展阶段相近的国家和地区的居民杠杆率，同中国目前的居民杠杆进行比较，对比结果更具参考价值。

以世界银行发布的人均美元 GNI（图表集法）为比较基准，2022 年中国该指标为 12 850。由于 BIS 公布的各个国家和地区居民杠杆率起始时间不一，在 BIS 公布居民杠杆的其他 43 个国家和地区中，与中国目前处于近似发展年份（即人均 GNI 接近 12 850 美元）且该时期有居民杠杆率数据的国家和地区一共有 26 个。加上中国，27 个国家和地区的居民杠杆率均值为 34.1%。处于相同发展阶段时，中国 61.3% 的居民杠杆率位列第二，仅有马来西亚排在中国前面，为 66.8%（见图 4.25）。也就是说，从世界其他国家的历史发展经验来看，中国目前的居民杠杆水

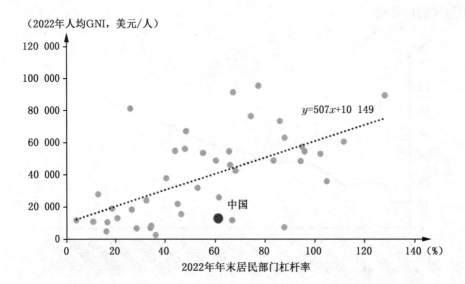

（2022年人均GNI，美元/人）

$y=507x+10\ 149$

中国

2022年年末居民部门杠杆率

注：部分人均 GNI 数据为 2021 年。
资料来源：世界银行、Wind、同花顺。

图 4.24　国际经验显示，居民杠杆率整体随着经济水平发展而提高

平是比较高的。

考虑了经济体所处的发展阶段之后，我们再看中国杠杆率的上升速度是怎样的水平。

一些研究，如马勇和陈雨露（2017）认为，相比于杠杆率水平的高低，杠杆率上升速度更值得关注。[①] 而卡门·M. 莱茵哈特（Carmen M. Reinhart）和肯尼斯·S. 罗杰夫（Kenneth S. Rogoff）对 36 个国家和地区 1951—2010 年的债务和经济危机进行了研究，138 次危机中由家庭部门杠杆率上升过快引发的危机占到了 100 次，而由企业部门杠杆率快速上升引起的只有 38 次，家庭部门杠杆率快速上升的风险比企业杠杆率快速上升更大。[②]

2008 年以来，我国居民杠杆增长较快，目前已接近欧元区和日本的水平。而且 2008 年金融危机后，发达经济体居民部门整体是在去杠杆的（见图 4.26）。

---

① 马勇，陈雨露. 金融杠杆、杠杆波动与经济增长[J]. 经济研究，2017，52(6)：31—45.

② Reinhart M. Carmen and Kenneth S. Rogoff. From Financial Crash to Debt Crisis[J]. American Economic Review，2011，101 (5)：1676—1706.

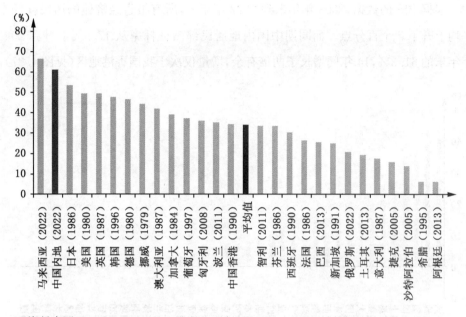

资料来源：BIS、Wind。

图 4.25 相同发展阶段，中国居民杠杆率在 27 个经济体中排第二

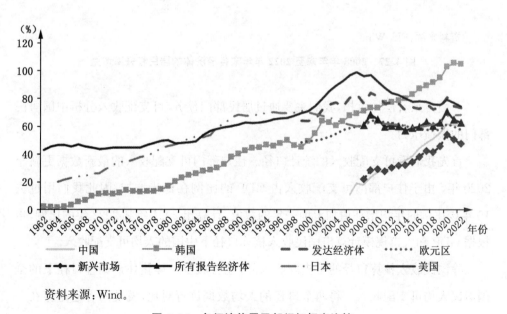

资料来源：Wind。

图 4.26 各经济体居民部门杠杆率比较

根据 BIS 的数据,2008 年年末到 2022 年年末,所有报告经济体的居民杠杆率平均上升了 2 个百分点。而同期中国内地居民部门杠杆率从 17.9% 上升到 2022 年年末的 61.3%,14 年间增长了两倍有余,增量仅次于我国香港地区(见图 4.27)。

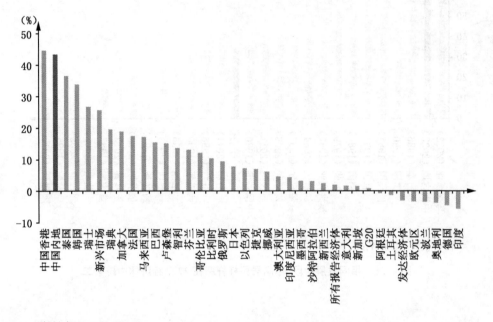

资料来源:BIS、Wind。

图 4.27　2008 年年末至 2022 年年末各经济体的居民杠杆率增量

下面再来看偿债负担,我们主要通过居民部门债务/可支配收入分析中国居民部门的偿债压力。

首先我们看可支配收入的统计口径。住户部门可支配收入的最新数据更新至 2020 年,由于住户部门可支配收入占 GDP 的比例在稳步增加,因此我们用过去 10 年该比例的年均增加值加上前一年的数值,计算出 2021 年和 2022 年的比例,再根据 GDP 和人口规模计算出国民收入核算口径下中国的人均可支配收入。

除国民收入核算口径的可支配收入外,还有城乡一体化住户调查口径下的全国居民人均可支配收入。将两个口径的人均数据进行对比,发现两者还是存在一定差距,且近几年的差距有所扩大(见图 4.28),后者占前者的比重从 2013 年的 73%,缩小到了 2022 年的 68%。

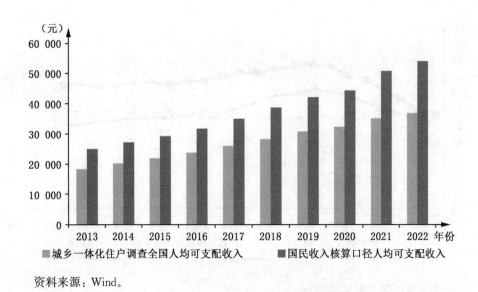

资料来源：Wind。

图4.28 两个口径下的人均可支配收入

由于差异较大,我们分别用这两种口径的住户部门可支配收入估算中国居民的偿债负担。但因为住户调查口径的数据与公众的直观感受更为接近,我们认为用住户调查口径下的可支配收入计算,更能反映居民部门的实际偿债压力。

考虑到数据可得性,我们主要对比中国与OECD成员国的居民偿债压力,这些发达国家的数据来自OECD数据库,目前OECD数据库大部分数据仅更新至2021年。

通过对比可以发现,金融危机后,美国和英国的居民部门债务/可支配收入都出现下降,法国居民部门债务/可支配收入基本保持平稳,而中国两个口径可支配收入衡量的偿债负担都出现了快速上升(见图4.29)。2007—2022年间,国民收入核算口径下的居民部门债务/可支配收入由33.4%上行至98.4%,城乡一体化住户调查口径下的数据则由44.8%上行至143.9%。

进一步将中国的偿债压力与OECD成员国进行横向对比,此处中国也采用2021年数据以保证可比。2021年住户调查口径下的中国居民债务/可支配收入为143.4%,超过了大多数OECD成员国(见图4.30),包括日本的121.6%、美国的101.8%、德国的101.5%,不过低于丹麦、挪威、瑞士等11个国家。

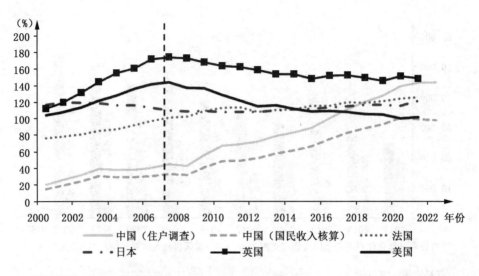

资料来源：OECD 数据库、Wind。

图 4.29　中国与部分发达国家居民部门债务/可支配收入衡量的偿债负担

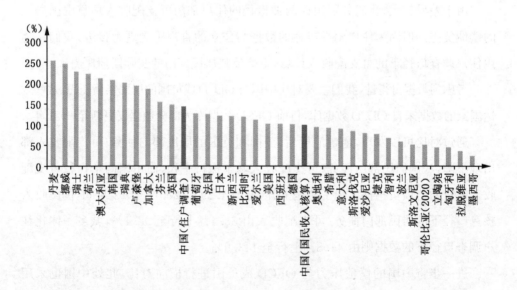

资料来源：OECD 数据库、Wind。

图 4.30　2021 年中国与部分发达国家居民部门债务/可支配收入衡量的偿债负担

综合以上数据,如果单纯从存量角度进行国别对比,目前中国的居民杠杆率处于国际平均水平。但考虑到中国目前所处的发展阶段,以及近几年居民杠杆率的快速攀升,还是需要重视居民杠杆快速上行的风险。而且对于偿债负担的测算表明,当前中国居民的整体债务压力已经高于美国等多个发达经济体,其中所隐藏的风险也需要引起重视。

我们已经分析过,居民杠杆的提升和房价上涨密不可分,因而,想要降低居民部门杠杆率,释放内需潜力,保持房地产市场的平稳发展是比较合理的做法。

自 2013 年以来,城镇居民家庭的人均年可支配收入同比增幅放缓,而房价收入比却在快速提升,居民的收入增速其实是赶不上房价的涨幅的(见图 4.31)。

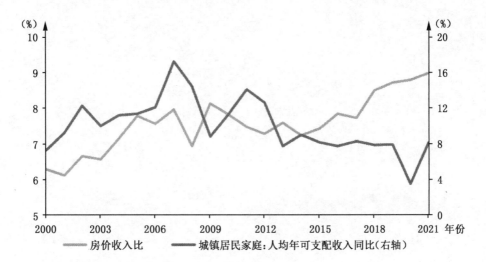

资料来源:Wind、国家统计局。

图 4.31 城镇居民人均年可支配收入同比与房价收入比

一般来说,如果房价上涨的预期比较强烈,无论是出于财富保值增值的需求还是住房刚性需求,居民都倾向于趁早买房,这就带动了居民杠杆的提升。而且房价越高,居民的购房成本就越高,在自有资金一定的情况下,购买同一套房,居民需要举借的债务就越多,这就进一步提升了居民的杠杆水平。

因此,近年来国家坚持"房住不炒"的政策,通过多种手段稳定房价,降低居民对房价上涨的预期,从而减少投机性和恐慌性的加杠杆需求,控制居民部门杠杆率上升的节奏。

　　同时,近年来我国还通过一系列支持手段优化企业营商环境,鼓励技术创新和产业转型,同时对符合国家战略方向的企业增加投资。在加速经济转型的过程中,用调整结构的方式增加 GDP。这样一来,在居民杠杆的计算公式中,就可以通过"增分母、减分子"的手段,从结构上降低居民的债务率,从而有效减少稳增长诉求下对居民加杠杆的路径依赖。

　　我国宏观杠杆率高企与土地问题有着千丝万缕的联系。那么除了杠杆问题之外,高房价还会产生怎么样的外部性呢? 后续我们又应该从什么角度入手,建立房地产长效机制呢? 对此,我们将在下一讲中详细分析。

第5讲

房地产

建立房地产长效机制，平抑房地产市场的波动，让房子回归居住本质。

我国宏观杠杆率的高企与土地问题有着千丝万缕的联系，在上一讲中，我们已经对我国政府、企业、居民这三个杠杆问题进行了深入的分析与探讨。除了杠杆问题之外，这种通过土地财政带动经济发展的模式还产生了一些其他的影响。

5.1　土地财政的外部性

毫无疑问，在中国的经济发展过程中，土地财政作为 GDP 的转化机制，通过拉动基建投资促进经济增长的模式是具有正外部性的，虽然表面上基建类项目的现金流回笼速度比较慢，但是从长远看基建设施的完善有利于企业成本的下降以及全国大市场在地理上的联通。比如，运输网络的建设降低了企业的运输成本，互联网的普及降低了企业的信息沟通和交易成本等，而成本的下降有助于企业盈利的改善，让企业获得更好的发展。

但同时，为了便于招商引资，政府往往以较低的价格将土地出让给工业部门，而为了获取土地收入，又会以高价出让居住和商业用地，并依靠基建的完善，进一步提高居住用地和商业用地的价格。不过随着地价的不断上涨，房价也水涨船高，高房价带来的挤出效应就要开始重视起来了。

首当其冲的就是高房价使得居民的购房压力加大了，钱都用在了住房上面，最终导致挤出日常消费，削弱了需求。在需求减弱的同时，由于高房价等因素的影响，企业的生产成本也会上升，制造业的利润空间受到压缩。另外，高房价还会导致资源错配，引导更多的资源向利润更高的房地产及相关产业链聚集，进一步挤占制造业的发展空间。

同时，商业用地价格的上涨，也使得城里这些依托人群集聚的高端服务业背负了更高的成本，压缩了生存空间，抑制了经济的转型升级。

下面，我们就从正外部性和负外部性两个方面分别展开论述。

5.1.1　土地财政的正外部性

基础设施被经济学家们称作"间接社会资本"，这主要是出于其自身的产业特性。根据李振军（2017）的研究成果，基建的产出通常是其他行业生产成本的重要组成之一,所以基建的快速完善与发展,可以通过降低成本的方式促进其他相关产业的发展。[①]

过去围绕着土地财政模式而大量建设的这些基建类项目,虽然从表面上看没有什么现金流,但通过释放正外部性,在拉动周边经济发展、降低实体企业投入成本、打造全国统一的要素和产品市场等方面,做出了积极贡献。叠加基建的完善能够提升当地招商引资和对于居民居住的吸引力,进而推动房价进一步抬升,使得该地后续信贷创造变得更加容易,各地对于完善基建的热情还是十分高涨的。

就以地铁项目为例,修建地铁往往存在前期投资巨大、回收周期长等特性,除中国香港等少数城市外,多数地铁项目是不赚钱的。但是修建地铁的目的更多的不是项目本身能带来多少收益,而是通过修建地铁带动沿线的经济发展,方便居民的工作与生活。而且在修建了地铁以后,地铁周边的房产也会增值,地铁不盈利没关系,能够通过拉动周边房价上涨从而撬动更大规模的信贷就可以。

细数过去十几年来的基建成就,中国已经具备非常发达的交通、物流网络,以及普及率超高的电信设施。

2022 年,中国高铁里程达到了 4.2 万千米,占世界高铁总里程 2/3 以上,位居世界首位,对全国百万以上人口城市的覆盖率超过 95%,50 万以上人口城市的覆盖率达 93%。高速公路网络覆盖了 98.9%的城区人口在 20 万以上的城市和地级行政中心,连接了全国约 95%的人口,民营运输机场覆盖了 92%的地级市。运输网络的发达、城际交通的便利使得人们的时间成本进一步降低,居民的工作效率和企业的经营效率都得到了极大的提升。

物流方面,2022 年全国规模以上快递业务量高达 1 106 亿件,是 2006 年的 400多倍。在 10 年前,我们网购从下单到收货可能需要一周多的时间,而物流发展至今,快的话次日,甚至当日就能收到。

不少中国互联网企业在过去十多年里的迅速崛起,除了依赖中国庞大的人口优势、科技的进步以外,也与前期的基建投资有关。这些企业搭上了基建扩张的便车,充分享受到了基建带来的正外部性。

---

① 李振军.基础设施产业发展重在"补短板""降成本"[J].人民论坛,2017(5):90—91.

以电商行业为例,中国的电子商务行业其实在 2000 年前后就已经萌芽了,但电商正式进入居民的视野,实现规模的快速扩张其实是在 2010 年左右,这段时间也是 2008 年"四万亿"带动的那一大批基建项目的竣工时期。

在这一时期,手机支付、网络购物、外卖等逐渐渗透到居民的日常生活中,极大地改变了人们的生活方式。从数据来看,2008 年以来中国电商交易额逐年增长(见图 5.1)。2008 年,中国电商交易额只有 2 万亿元,而 2011—2015 年间电商交易额的平均增长率甚至高达 37%,之后电商行业进入了一个稳步增长的时期。到了 2022 年,交易总额已经达到了 43.8 万亿元。

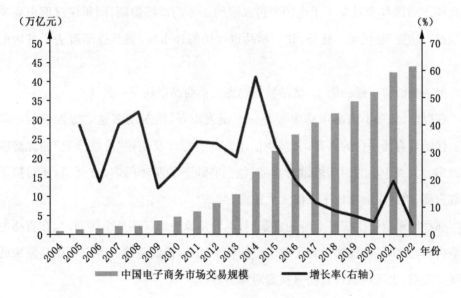

资料来源:Wind。

图 5.1 中国电子商务交易变化

而诸多电商平台的发展,除了依靠网络基础设施建设外,也跟发达的物流体系,以及深入基层的公路网络密切相关。如果物流很慢,买个东西得等很久,网购相对于实体店的优势就得大打折扣。而且对于企业来说,如果没有发达的物流和信息网络,光是高额的运输和信息采集成本就可能提升企业的经营壁垒,让企业陷入经营困境。

尤其是对于相对欠发达的地区而言,基础设施的快速普及打破了原来信息封闭和不对称的境遇,让原本相对闭塞的地区开始与全国市场接轨,进而带动这些地区的经济发展。也让当地的居民就如何改善生活有了更多的选择。除了背井离乡到大城市打工,还可以通过电商平台为家乡特色产品联系销路,并通过发达的物流体系把这些产品送到买家手中。

一度受到网络热议的曹县就是一个很好的例子。

早些年间,曹县还只是一个贫困县,其贫困人口占全市的 1/3,全省的 1/9,区位优势不显著,经济增长基本依靠当地农牧业、小商业发展以及居民外出务工收入。[①] 但就是这么一个小县城,借助电商行业迅猛发展的东风,其禀赋优势得以充分发挥。2019 年曹县拿下了全国平价汉服约 1/3 的市场份额,同年仅汉服电商销售额就高达近 19 亿元。此外,其木制品也远销海外市场,曹县逐渐脱去了贫困的帽子。

另一个值得一提的例子,就是我们熟悉的小商品市场——义乌。

在以前,义乌小商品市场主要是一个批发市场,面对的多是二级批发的中间商。伴随着直播平台的兴起,义乌凭借丰富的货源以及快递"价格洼地"的优势脱颖而出。大大小小的门店里做着直播,他们有线下的实体门店,有网店,还对接了网红直播,销售渠道相比于以前大大拓宽。

那些原来位于供应链上游的卖家们,不管是源头工厂还是个体商户,在直播电商平台兴起之后,已经渗透到了供应链的各个环节,他们对接的客户可以是原来的二级批发商,也可以通过直播直接面对零售客户。

在这些例子中,我们可以看到基建发挥的作用是非常大的。正是有了高效的通信和物流网络,信息匹配才会快、物流运输效率才会高,企业的库存周转、回款速度也得到了大幅提升,整个供应链的效率才得以提高。

所以,我们现在提倡发力新基建,也是想要通过其正外部性,降低社会成本。而且,新基建是面向未来的,更符合中国经济转型的需要,所带来的正外部性也更显著,比如新基建的完善能够促进科技创新和新兴产业崛起,而新技术反过来又将赋能传统产业,提升经济的整体效率。比如在 5G 技术推广及应用过程中,5G 基站

---

① 许加宏 . 农村电商的扶贫强刺激效应:菏泽"淘宝镇"案例[J]. 金融发展研究,2017(1):82－85.

的建设是不可或缺的前期投入基础;再比如,提高新能源汽车充电桩网络的建设密度,有助于释放新能源汽车的消费需求。

5.1.2　高房价的挤出效应

就像我们前文所述,围绕土地财政而大量建设的这些基建项目,在降低实体企业投入和交易成本、提升实体企业经营效率方面的确起到了积极作用。

但随着土地发动机的不断转动,基建与城镇化之间的正反馈作用使得地价及附着在土地上的房屋价格飞速上涨,高房价所带来的挤出效应在近10年来越发凸显。

正如我们在第2讲中阐述的,地方政府为招商引资所提供的低价工业用地,实际上是以抬高商住用地价格换取的。换言之,商服(尤其是高端服务业)、住宅承担了更高的用地成本,本质上是商住、高端服务业在不断补贴大项目和地方大型国企等资本密集型行业,这无疑会造成效率损失。

一是挤出居民消费。过去房价上涨能够促进居民收入增加和财富增长,进而促进居民消费。一方面是因为土地发动机带动制造业、基建等各部门快速发展,推动经济高速增长,经济增长带动就业增加,居民收入尤其是工资性收入也会实现增长。另一方面,房价上涨会带来财富效应,即以房产为主的实物资产估值提升带动居民财富增加,而且房价的上涨还会带动居民租金收入的增加。

在经济高速发展的时候,居民收入的增长较快,能够覆盖房贷成本的增加,还贷压力还可以接受。但是2010年以后,土地发动机的功能开始减退了(见图5.2)[①],可以看到尽管2010—2013年,国有建设用地供应面积出现了明显的增加,但这一阶段的经济增速依旧持续下滑,而且在2013年之后,国有建设用地的供应量明显减少,通过增加土地供应带动经济发展的动力明显削弱。

经济增速在放缓,可房价依旧在继续走高。根据百城住宅平均价格,2010年以来,一线城市的房价翻了一倍还多,二、三线城市的房价也翻了接近一倍,这主要是因为购房需求不断增长。居民热衷于配置房产,原因一是出于住房刚需,城镇化

---

① 刘守英,王志锋,张维凡,熊雪锋."以地谋发展"模式的衰竭——基于门槛回归模型的实证研究[J].管理世界,2020,36(6):80—92,119,246.

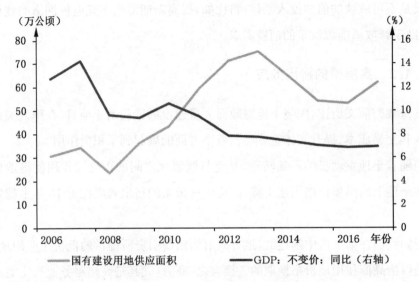

资料来源:Wind。

图 5.2 国有建设用地供应面积与 GDP 变化

使得越来越多的人涌入城市,这些新市民有在当地购房安定的需求;二是在房价上涨的预期之下,居民急于上车,将未来的需求前置;三是房价上涨预期下越来越多的人开始投资房地产。

近 20 年以来,房产快速增值极大地催生了居民购房需求,使得房产在家庭财产配置结构中的占比持续提高。《中国家庭财富调查报告 2019》显示,我国城镇居民家庭房产净值占家庭人均财富的 71.35%,农村居民家庭中这一比重为 52.28%,超过九成的居民家庭拥有 1 套住房。

但随着经济增速的放缓,居民的收入增长也放缓了,可以看到,自 2013 年以来,城镇居民家庭的人均年可支配收入同比增速在下降的同时,房价收入比却在快速提升,很显然居民的收入增长赶不上房价的涨幅(见图 5.3)。房价上涨对居民消费的影响也开始由此前的财富效应逐渐转变为挤出效应。

对于想购房的人来说,若此前没有什么积蓄,且收入增长的速度赶不上房价的涨幅,就得靠更多的贷款来买房,而且房价涨得越高,负债压力就越大。为了买房透支了大量的未来收入,自然也就没有多余的钱去消费,甚至为了攒首付可能还会节衣缩食、削减开支。

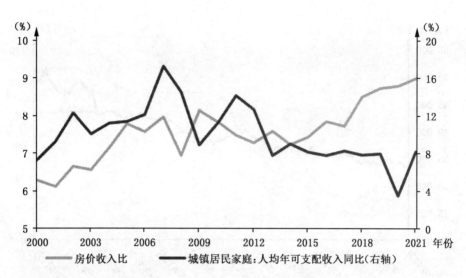

资料来源：Wind、国家统计局。

图 5.3 城镇居民人均年可支配收入同比与房价收入比

而对于那些没有房子，要靠租房来居住的居民群体而言，房价的上涨也会导致租金的上涨。以上海为例，2022 年年末的住宅平均租金和住宅平均价格分别较 2010 年年末增长了 100％和 139％，两者走势正相关（见图 5.4）。在工资不变的情况下，房租的上涨会导致租房者的租房成本上升，进而挤占他们在其他方面的消费需求。

更进一步来看，刚需买房、需要租房的往往是年轻人，尤其是刚刚毕业参加工作的年轻人，而年轻人的边际消费倾向更高，也更愿意超前消费。但如果高房价制约了年轻人的消费能力，打击了他们的消费意愿，显然是不利于提振内需的。

二是挤出高端服务业。从需求端来看，高房价下居民没有多余的消费能力，制约了消费升级，导致对高端服务业的需求不足。从供给端来看，高房价则抬升了高端服务业的经营成本。

根据梁文泉和陆铭（2016）的研究成果，服务业是"密度经济"，服务业的聚集依托的是城市中高密度的人群所在地。[①] 越是发达地区，越是人多的城市中心，地价

---

① 梁文泉，陆铭. 后工业化时代的城市：城市规模影响服务业人力资本外部性的微观证据[J]. 经济研究，2016，51(12)：90－103.

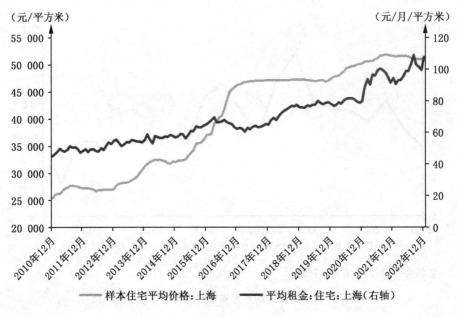

（元/平方米）　　　　　　　　　　　　　　　　　（元/月/平方米）

——样本住宅平均价格：上海　　——平均租金：住宅：上海（右轴）

资料来源：Wind。

图 5.4　上海住宅的平均价格与租金

就越贵，导致很多高端物业、高端服务业不得不承担更高的成本。100 个大中城市商服用地成交楼面均价数据显示，2012 年以来商服用地价格出现了加速上涨，尽管自 2017 年以来价格上涨速度放缓，但 2022 年的价格较 2012 年的 1 337 元/平方米也已经翻了一倍多（见图 5.5）。

制造业要素成本高了可以外迁，但服务业不行，服务业对于商业中心的依存度极高，不太可能迁移到虽然房价便宜但是人口密度相对较低的区域。这样的特点就导致企业想要继续经营下去，就只能被动接受不断抬高的租金价格，而且房价上涨也会提高房租成本，间接地推动劳动力价格的上涨，进一步抬升服务业企业成本。[①]

三是挤出制造业生存和发展空间。从需求端来看，高房价挤出了居民消费，不利于制造业企业开辟国内市场。全球经济增速的普遍放缓叠加"逆全球化"浪潮的

---

① 余泳泽，李启航．城市房价与全要素生产率："挤出效应"与"筛选效应"[J]．财贸经济，2019，40(1)：128—143.

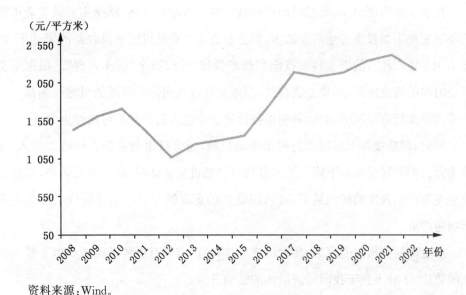

资料来源：Wind。

图 5.5　100 个大中城市商服用地成交楼面均价

兴起,外需面临着很高的不确定性,内外需双双走弱不利于制造业企业的扩张。

从供给端来看,随着经济的发展,我国制造业原本在国际分工中生产要素成本低廉的竞争优势逐步削弱。

自 2000 年以来,我国制造业就业人员平均工资逐年上升,已经由 2000 年的 8 750 元提升至 2022 年的 97 528 元,22 年间翻了 10 倍多。而根据陆铭等(2015)的研究,高房价正是推动我国劳动力成本提升的重要原因之一。房价上涨会推动生活成本上升,并通过阻碍劳动力流动,减少劳动力供给增速来推升工资水平,成本的上升使得制造业的利润空间受到了压缩。[①]

此外,房价上涨带来的可观收益还会导致资源错配,吸引更多的资源过度向房地产及相关产业链聚集。

从资本的角度来看,资本趋利会主动流向投资回报率更高的房地产市场,挤占了一部分原本用来支持实体经济的投资,这就会导致实体企业尤其是创新型和中小型制造业企业缺乏资金的支持,导致融资难、融资贵等一系列问题。

---

① 陆铭,张航,梁文泉. 偏向中西部的土地供应如何推升了东部的工资[J]. 中国社会科学,2015(5):59—83,204—205.

从企业的角度出发,既然房地产领域投资回报率这么高,踏踏实实做实业可能几年下来还不如投资房地产赚的多,部分制造业企业就可能在高收益的驱动下,将原本用于生产经营的资金转而投向房地产领域,导致资金"脱实入虚"。根据王文春(2014)的研究成果,房价上涨越快,当地企业进入房地产领域的可能性越高。出于改善企业经营状况的动机,利润率较低的企业进入房地产的可能性更大。[①]

同时,制造业对于房地产高回报率的追随,还会挤出企业创新和研发投入,导致企业长期发展竞争力下降。王文春(2014)通过实证证明,房价上涨越快,当地工业企业新产品开发的倾向越弱,进入房地产的企业的专利产出受房价上涨的负面影响越严重。

从上面的分析我们可见,高房价之下,房地产市场对于各类资源产生了显著的虹吸效应,十分不利于我国经济结构的转型升级。

十八大报告明确指出,推进经济结构战略性调整。十九大报告指出,我国经济已由高速增长阶段转向高质量发展阶段,正处在转变发展方式、优化经济结构、转换增长动力的攻关期。二十大报告强调,加快构建新发展格局,着力推动高质量发展。中国经济进入转型发展的新阶段,确立了加快构建以国内大循环为主体、国内国际双循环相互促进的新发展格局。但是随着房价越来越高,高房价的负外部性开始超过正外部性,提高了企业成本,导致资源以及内需等被挤出,同时还引发了人口出生率下降等一系列社会问题。在这样的背景之下,如何有效地控制房价上涨,维持房价的稳定,进而刺激内需,实现经济转型升级就成为经济发展过程中不得不关注的问题。

5.2　解决措施:建立房地产长效机制

所谓的长效机制,可以理解为通过供需的结构性调整,推动房地产市场供求长期平衡,坚持稳地价、稳房价、稳预期,保持房价稳定或促进房价合理回归,平抑房地产市场的波动,满足居民的住房需求,让房子回归居住本质。

---

① 王文春.区域房价差异与工业企业创新行为[D].西南财经大学,2014:91—92.

5.2.1 土地供给:控制总量,结构与节奏合理化

要解决房价的问题就要先从土地入手,房屋建筑是附着在土地上的不动产,土地价格的上涨必然带动房价的上涨。

分税制改革后,地方政府可以通过卖地来增强财力,所以在过去城镇化加速的进程中,地方政府很乐意出让大量的土地,地价越高,土地出让金带来的财政收入也就越多。并且土地出让采用的是拍卖机制,这样的机制能够保障土地出让的公平、公正,但也会诱导房产开发商叫出他们所能承受的最高价格,地价就会越拍越高。

不过光靠卖地给地方政府带来的净收入还是不够的,一方面,征地和拆迁补偿要消耗卖地所得的很大一部分,再加上其他的支出,土地出让的盈余可能所剩无几;另一方面,在耕地红线的限制之下,地方政府也不可能无限供应土地。

从总量上来看,过去十几年我国为城镇化建设及房地产开发提供了大量的城市建设用地(见图 5.6),尤其是在 2008 年之后土地成为经济增长的新动能,在2013 年国有建设用地的供应面积达到了 1 126 万亩的顶点。可土地的总供应面积是有限的,土地剩余已经不多了。

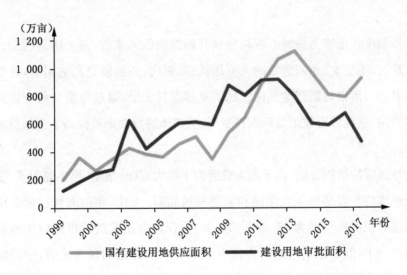

资料来源:Wind。

图 5.6 城镇化加速的过程中提供了大量的土地

为了支持城镇化,我国平均每年还有 800 万亩耕地转化为城市建设用地,导致耕地的数量不断减少。在人口总量不断增加的趋势之下,为保障人民粮食安全,国家定下了 18.24 亿亩耕地的底线。2022 年我国的耕地面积是 19.14 亿亩,其实已经非常接近这一耕地红线了,2012 年以后每年的土地计划供应面积便开始下降,往后土地供应量逐步减少的趋势大概率也不会变。房地产开发可用土地供给少了,地价房价自然会上涨。

在面临耕地红线限制的时候,缓解土地供应总量不足目前也有一个比较好的尝试,就是地票制度。这一制度的试行实际上是建立在人口由农村不断向城市流动的基础上,人口从农村流出以后,农村就会闲置出很多宅基地以及相关的建设用地,人口流入的城市用地面积也需要增加。

从整体上看,农村的人均面积大于城市的人均面积。如果将农村由于人口流出而闲置出来的土地复垦为耕地,城市新批的建设用地面积小于复垦的耕地,就既能够守住耕地红线,又能够扩大城市建设用地的供给。

重庆是最先采用地票交易制度的城市,根据统计,实施地票制度以来,重庆每年房地产开发的土地供应量多了一倍,这也提高了政府对重庆房地产调控的能力。[①]

地票制度还能够为进城的农村居民开创新的收入来源,过去闲置的房产土地为集体所有,不能卖,而新进城的人安居买房、租房,还面临更高的消费,这都是很大一笔开销。所以地票制度允许农民工复垦农村土地,通过地票交易来弥补一定的安家费用,这能够有效地盘活农村资产,从整体的角度来看提高了土地资源的利用效率。

土地供应的结构方面,由于地方政府为了做大 GDP 增量,要招商引资,所以过去的土地供应一直是向工业用地和基建领域倾斜。2017 年的时候这两类用地的计划供应面积占比分别为 35.03%、11.06%,合计占比接近城市建设用地计划供应总量的一半,但是住宅用地的占比不足 20%。从存量的角度来看,中国城市建设用地中工业用地的占比也在 22%、23% 左右,部分东部大城市甚至超过了 30%,

---

① 黄奇帆. 结构性改革:中国经济的问题与对策[M]. 北京:中信出版集团股份有限公司,2020:256—257.

这要远远高于欧美工业国家 5%～15% 的水平。

显然,工业用地占比太高就会挤压房地产开发用地的份额,挤压城市居民的居住空间。除此之外,地方政府为招商引资还向企业以较低的价格提供大量工业用地,为了补贴这些低价的工业用地,本来数量就不足的商服、住宅用地的价格就要提高。人多地少地价还高,房价上涨也就可以理解了。

过高的工业用地占比和住房用地供给不足的结构显然是有些失衡的,土地供给结构应当根据城市的人口及流动趋势,以及该城市的产业和创造 GDP 的能力合理规划。工业用地太多而产出太低必然是一种浪费。

土地供需结构失衡还表现在地理区位上,像一些核心的大城市,人口流入量大,购房需求也多,本身土地已经被开发得差不多了,住宅用地的供给本身就少,如果政府还要逆向调控,供给可能更紧张。

而中小城市,特别是人口净流出的城市,住宅用地的供应原本就是比较充足的,逆向调控下指标还可能有所增加,这就会导致中小城市的住宅用地乃至商品房过剩,之前供给侧改革说的房地产去库存去的也是三、四线城市的库存。

因此未来的土地供给结构应当要根据城市的产业布局及其人口流动的趋势来规划,一、二线大城市可以适当扩大住宅用地的土地供应量,在房屋供给方面配合保障性住房建设、发展租赁市场等措施。像上海、北京这样土地供应实在不多的城市,还可以考虑利用政策优势(如给予税收优惠)引导空置房、闲置厂房转化进入租赁市场,盘活存量房等。三、四线城市则要控制房地产用地供给量,同时加速去商品房库存。

在土地供给政策上,光是总量和结构调整还不够,供给节奏也要合适。

2021 年年初,包括北、上、广、深四个一线城市和南京、苏州、杭州等在内的其他 18 个二线城市开始推行双集中的供地模式。其具体表现为集中规划和集中挂牌,原则上一年之内不能超过三次,供地数量不低于过去五年的平均完成量。

双集中政策的推出旨在给土地市场降温。之前的土地都是零零散散放出来的,房企本来周转就快,节奏快的时候可能几个月就能完成销售回款,再去拿地。在高杠杆、快周转之下,拿地能力大幅提升,拿的地也越来越多,在实际土地拍卖的过程中更不乏出现争地王的现象。

举个例子,假设开发商本来看中了三块地,每块地 20 亿元,而他也恰好只有 20 亿元的资金。如果这三块地都隔开几个月分开拍卖,那么他可以先用 20 亿元买完第一块地,再通过加快开工销售等操作回款,在第二块地开拍之前筹集到 20 亿元就可以,第三块地也是同样的操作。

这种时候由于买不同地块在时间上存在差异,房企有时间筹集资金,在拍卖的时候为了拿到中意的地,价格会越叫越高,过去有的一线城市全年的土拍溢价率甚至超过了 100%。

但如果土地在某一段时间内集中放出来拍卖,房企就很难一下子有充足的资金把所有想要的地都拍下来。

新模式下房企就必须好好规划其资金的用途,并且在拍卖时也无法随意叫高价,尤其是对于一些资金实力不强的房企来说,就不能再盲目地拿地了。同一块土地上竞争的企业数量将会减少,也有利于降低土地市场的热度,限制土地成交溢价的高企。

同时新的政策还要求房企拿地的资金必须是自有资金。因为土地成交溢价率高企、地王不断出现的背后少不了金融信贷资源的支持,如果拿地的钱可以借,那么房企可以更加肆无忌惮地争高价、争地块,甚至出现恶性竞争。只要地价一直涨,房企就能够通过抵押土地换取更多的贷款,再去拿更多的地,由此杠杆越加越高。

可是高杠杆下,一旦大规模的房企现金流出现问题,资金链断裂,就很容易引发系统性风险。此外,房地产行业杠杆的不断累积滚动也攫取了本应流入实体经济的金融资源,承担经济转型任务的一些中小创新型企业就更难拿到钱了。

集中供地以及对拿地资金来源的严格限制对于房企的现金流肯定是有一些挑战的,一些资金实力强的房企能够脱颖而出,更多地拿到他们想要的地,而资金压力大、实力弱的房企则会面临艰难处境,很可能拿不到地,这样有助于加快市场的出清,不过也不排除出现抱团拿地的可能。

不过土地拍卖不仅有竞价,而且有竞自持、竞配建,这带给房地产开发商的压力也不小。出让土地的时候一般会设置一个溢价率上限,成交价格是不能超过这个上限的,一旦竞拍的价格超过了上限,参与出价的开发商就将在其他方面展开竞争,来决定土地最终的归属。

比如说自持配比,就是一块土地中开发商自己持有使用不能用来盖房出售的部分。还有自持年限,拿地之后多少年不能卖,但是可以自己开发用于租赁业务。哪家开发商承诺的自持比例越高,自持年限越长,竞争优势就越明显。同样的,配建就是与商品房开发配套的一些道路、绿化之类的设施。这样的做法实质上让土地最终归属并不完全依赖于成交价格,这对于抑制地价过度上涨理论上是有一定效果的。

但自持配比、配建这些对于开发商来说都是成本,实际上也是变相地推高了商品房的土地价格。有的竞争激烈的地方自持比例高达 40%,自持年限长达 70 年。开发商拿了地之后,近一半都不能卖,虽然可以用来出租,但是肯定没有售楼赚钱,而且售楼在预售模式之下现金流回款还快。为了保障利润,开发商自然就要把自持、配建的成本摊在商品房上。

这样一看土地成本本来就高,不仅集中供应要求充足的资金,还要拼自持、拼配建,而且近几年银行融资难度加大,卖房又有各种限制,利润比起以前大幅摊薄,于是有的房企就干脆躺平。

我们可以来看看实行集中供地第一年(2021 年)22 城的土拍市场成交情况。首轮集中供地由于开年各大开发商资金比较充足,以及部分城市土拍规则比较宽松(如溢价率上限较高、保证金比例较低)等原因,土地市场成交还是比较活跃。根据中指研究院数据,第一轮集中供地成交的土地数量占推出土地数量的 94%,成交溢价率达到 14.7%,比 2020 年全年高出 3.4 个百分点,而流拍率仅有 2.9%,相较 2020 年的 4.2% 还有所下降。

新政的降温效果似乎不佳,因此在二轮供地时不少城市对出让规则进行调整优化,给土地供应制度打上了补丁。如下调溢价率上限,禁止以提高起拍价的方式提高溢价率,改"竞自持"为竞品质、摇号或一次性报价等。具体分城市来看,天津、南京、合肥等城市将土地溢价率限制在 15%;杭州取消自持竞争,改为竞"无偿移交政策性租赁住房"和竞建筑品质;济南、天津、无锡等部分城市则规定,拍卖报价达到最高限价后,将采用摇号的方式决定地块归属。

政策的加码导致二轮供地遭遇了"速冻",流拍率加撤牌率超过了三成,成交土地宗数占推出土地宗数的比重不超过 60%。土地成交的溢价率也明显下降,仅有

4%,具体来看,杭州的成交溢价率从首轮的 26% 降至二轮的 4.6%,济南和长沙的全部拍出地块都以底价成交,两城的溢价率降至 0。此外,二轮土供的成交溢价率相较一轮降幅超过 10% 的城市有 11 个。

经过二轮供地房企的齐齐躺平,三轮供地时政策相对有所放松,如部分重新上架的地块下调起拍价、放松或取消配建要求,再加上不少央企、国企、城投开始托底,土拍市场成交有所回暖,768 块推出土地中最终成交了 607 块(见表 5.1)。不过流拍率仍然较高,达到 15.7%。同时由于多数是底价成交,溢价率相比二轮集中供地时进一步降低至 2.57%。

表 5.1　　　　　　　　2021 年 22 城三轮土供情况

	推出土地宗数(块)	成交土地宗数(块)	成交溢价率(%)	流拍率(%)
一轮	997	936	14.67	2.9
二轮	1 209	719	4.01	11.89
三轮	768	607	2.57	16.57

资料来源:中指研究院。

综合来看,22 城 2021 年全年土地成交溢价率为 8.2%,相较 2020 年下降 3 个百分点,流拍率为 8.4%,较 2021 年上升 4 个百分点。不难看出,实行集中供地以后,土地拍卖市场的热度显著减退。

5.2.2　金融系统:银行房贷集中度+房企三道红线

房地产市场的过热同样离不开金融系统的推波助澜。在土地财政时期,如果没有银行不断地给城投公司提供抵押贷款,地方政府就无法通过负债撬动巨额资金开展基础设施建设,基建和地价之间的正反馈作用也许就没有那么强。房地产开发商同样也可以通过抵押土地换取大量的银行资源。

这样的融资模式可行的根本原因在于地价和房价的不断上涨,而我国的融资体系一直都是由银行主导的间接融资,在社会融资结构中占比超过 70%。对银行而言,土地、房子这样的不动产是优质的抵押品,尤其在上涨预期较为强烈的时候,银行非常乐意把信贷资源拨给拥有这样抵押品的城投、房企。当然了,城投公司的背后还有着地方政府的背书,对风险偏好极低的银行来说毫无疑问是锦上添花。

这就导致过去几十年房地产行业累积了太多的金融资源(见图5.7),2005年的时候房地产贷款余额在人民币贷款余额中只占14.2%,房地产行业对GDP的贡献度则为4.5%。2013年以后房地产贷款余额占比开始持续超过20%,到了2019年甚至达到了29%,但此时行业对GDP的贡献度只有7.1%。从增量来看,2016—2018年间更是有42%的新增人民币贷款均来自房地产。

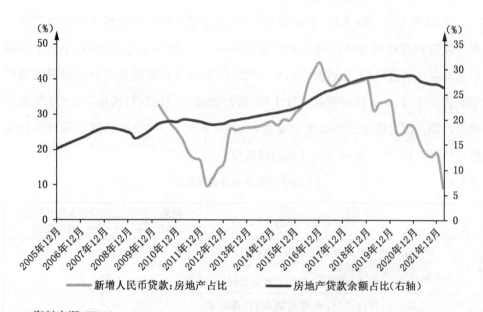

资料来源:Wind。

图5.7 房地产行业累积了太多的金融资源

房地产行业对金融资源的攫取力度在十几年中翻了一番,但对产出的贡献度跟不上,融资结构出现了明显的失衡。

一方面行业借助日渐高企的杠杆盲目扩张,助涨了房价的泡沫;另一方面房地产透支过高的金融信用,也导致资金脱实入虚,银行的总贷款额度是有限制的,钱要是都给房地产了,其他部门得到的信贷资金就会变少,中小企业的融资环境就会受到影响。

此外,银行信贷过度向房地产行业倾斜还提高了国家对经济的调控难度,比如像2012年以后监管放松、大资管时代来临,各种资管理财产品层出不穷,政策的本意是想引导居民储蓄投入实体经济,结果发现资金经过各种金融创新、层层嵌套,最后还是流向地产和基建。

　　为了控制房地产行业的过度融资,国家对地产杠杆的双方——银行和房企——分别实行了新政策,对银行则采取房贷集中度管理,避免银行信贷资源向房地产集中,对房企则通过设定三道红线压降其过高的杠杆。

5.2.2.1　银行:房贷集中度管理

　　2020年12月底,央行、银保监会发布《关于建立银行业金融机构房地产贷款集中度管理制度的通知》,对7家中资大型银行、17家中资中型银行、中资小型银行和非县域农合机构、县域农合机构、村镇银行,共5档机构分类分档设置房地产贷款占比上限、个人住房贷款占比上限,并对超出上限的银行给出了2~4年的过渡整改期。出台房地产贷款集中度管理制度(见表5.2),目的是通过限制银行放贷,从银行供给端上削减房企外部融资规模。

表5.2　　　　　　　　　　房地产贷款集中度管理要求

	银行业金融机构分档类型	房地产贷款占比上限	个人住房贷款占比上限
第一档:中资大型银行	中国工商银行、中国建设银行、中国农业银行、中国银行、国家开发银行、交通银行、中国邮政储蓄银行	40.0%	32.5%
第二档:中资中型银行	招商银行、农业发展银行、浦发银行、中信银行、兴业银行、民生银行、光大银行、华夏银行、进出口银行、广发银行、平安银行、北京银行、上海银行、江苏银行、恒丰银行、浙商银行、渤海银行	27.5%	20.0%
第三档:中资小型银行和非县域农合机构	城市商业银行、民营银行、大中城市和城区农合机构	22.5%	17.5%
第四档	县域农合机构	17.5%	12.5%
第五档	村镇银行	12.5%	7.5%

　　注:(1)农合机构包括农村商业银行、农村合作银行、农村信用合作社。(2)不包括第二档中的城市商业银行。

　　资料来源:中国人民银行。

　　打个比方,如果某中资中型银行的房地产贷款占总贷款的比重超过了27.5%,

并在 2 个百分点之内,就需要在 2 年的过渡期内整改,多于 2 个百分点,就要在 4 年内降低房产贷款集中度,这家银行就算有意愿也没法再给房企提供贷款。

由此来看,房贷集中管理制度能从供给端降低银行向房地产行业的放贷意愿。与此同时,从房地产市场空出来的信贷资金就多了,一些符合国家战略部署的科技创新、绿色金融、制造业企业,还有之前"融资难、融资贵"的中小微企业都可以从中受益。信贷结构得到进一步优化,在降低金融风险的同时让信贷资源真正活起来,流向实体经济。

我们以 2022 年 12 月 31 日及之前上市的银行为样本进行具体分析,剔除数据缺失的银行后,样本数量为 41 家。可以看到在 2020 年年末房贷集中度实行之后,银行的个人房贷占比和涉房贷款占比均出现了下降,2022 年年末较 2020 年年末,个人房贷占比降低了 2 个百分点,而涉房贷款压降力度更大,为 3.8 个百分点,这主要与 2021 年以来房企风险加速暴露有关(见图 5.8)。

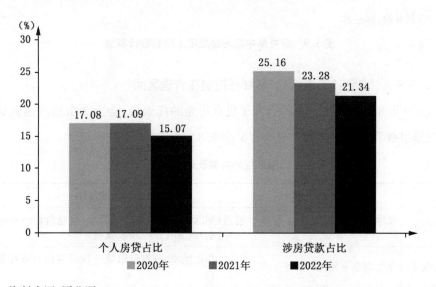

资料来源:同花顺。

图 5.8 2020—2022 年上市银行房贷集中度变化(平均值)

集中度指标超过监管上限的银行家数也有显著的减少,2022 年年末,个人房贷占比超过上限的家数为 5 家,较 2020 年减少了 8 家;涉房贷款比重超过上限的为 8 家,较 2020 年减少了 6 家(见图 5.9)。总体而言,新规实施之后,银行展现出积极控制涉房贷款的态度。

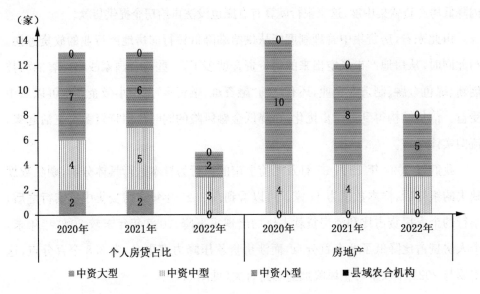

资料来源：同花顺。

图 5.9 房贷集中度超过规定上限的银行家数

5.2.2.2 房企："三道红线"将杠杆控制在合理区间

2020 年 8 月住建部和央行召开了重点房企的座谈会，会上为房地产融资划定了"三道红线"监管要求，其主要内容见表 5.3。

表 5.3 三道红线的内容及计算口径

	内　容	计算口径
红线 1	剔除预收款的资产负债率不超过 70%	剔除预收款的资产负债率＝(总负债－预收款项)/(总资产－预收款项)
红线 2	净负债率不超过 100%	净负债率＝(有息负债－货币资金)/所有者权益
红线 3	现金短债比不得小于 1 倍	现金短债比＝货币资金/短期有息债务

资料来源：根据公开资料整理。

根据"三道红线"的触线情况，将房企分为红、橙、黄、绿四档。若三条红线均触及，则企业为红档，不得新增有息负债；若触及两条红线，则为橙档，负债年增速不得超过 5%；若只触碰一条红线，则为黄档，企业年负债增速不得超过 10%；若三道红线都没有触及,则为绿档,年负债增速不得超过15%。

为什么会针对房企出台这样一个看上去十分强硬的举债限制呢,这就要回到我们前面提到的房企快周转的经营模式了。

快周转的策略实际是在2015年左右开始被房企广泛应用的,具体表现为房企通过拿地,加快新开工使得项目达到预售条件,然后上市预售。在拿到预售款之后,因为那时候对预售款的监管还不严格,一些房企能够提前支取预售款。

这时,房企一般不会选择加快施工完成交付,反而是会开始新一轮"拿地—新开工—预售"的流程。所以在过去的几年里房地产的新开工和新竣工面积曾一度出现背离。

房企通过这样的方式迅速增加公司规模,有了规模就可以冲排名、冲业绩,也有利于进一步获取更大规模的融资。

不过快周转策略的前提是居民愿意购买期房,这是因为大家都有着房价上涨的预期,然而这个预期在当前已经发生改变了。

此外,不少大型房企借棚改的政策利好开始大规模布局三、四、五线城市房地产,品牌房企的入驻带来了品牌效应。大家也相信品牌房企交付房子问题不大,交付的房子质量也属上乘。

如果说现房销售模式是通过1个房的销售对应1个工地款项支付,那期房销售的模式可以通过1个房的销售对应好几个工地的新开工,房企并没有实际支付给施工方工程款项。这相当于房企拿居民的预售款加了杠杆,扩大了新开工面积、施工面积和自身的规模。

在快周转的模式下房企的杠杆究竟有多高呢?2018年,A股上市的房地产开发商平均资产负债率(整体法)达到了80%。从房企一整套经营的流程来看,就可以发现其每个环节都有加杠杆行为。过去土地拍卖对于拿地资金来源还没有限制时,房企可以通过借钱争地,拿了地再向银行抵押继续加杠杆,达到预售条件之后又通过居民预收款回款再加一层杠杆,由此循环往复,杠杆越加越高。

由于房企经营中的每一个环节都很依赖信用和杠杆,就会导致一旦资金链出现问题,比如说销售端不景气,资金周转不起来,预售回款补不上前期盲目开工项目所需的完工资金,就可能引发一系列的经济和社会问题。尤其是这几年三、四线城市房屋供给过剩、销售额持续下滑,再加上外部融资也在不断收紧,信用风险频繁暴露,房企拖欠工程费、房子延期交付、烂尾的情况频发。

房企杠杆过高影响的不只是房企,还会波及金融系统。由于房地产贷款在整个金融信贷中的占比过高,房企信用风险的集中爆发会导致银行信贷资产质量受损,很可能引发系统性风险。

这个时候,设定"三道红线"来限制房企过度举债的重要意义不言而喻。

接下来我们以中国房地产业协会和上海易居房地产研究院联合评选的 2022 上市房企百强为样本,对样本内企业的这三个指标进行分析,剔除缺失数据后最终样本企业数量为 96 家。

"三道红线"要求提出后,在 2021 年的时候房企部分指标得到了一定程度的改善,不少企业成功实现降档(见图 5.10)。

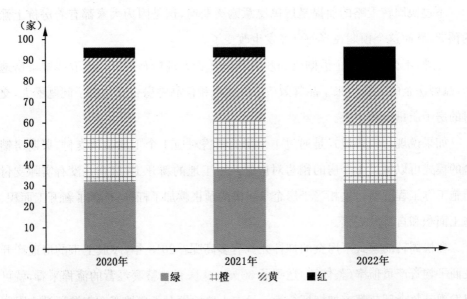

资料来源:Wind。

图 5.10　2020—2022 年百强上市房企各档数量情况

具体来看,2021 年剔除预收款的资产负债率、净负债率的触线家数较 2020 年分别下降了 10 家、2 家,不过现金短债比的触线家数却上升了 6 家(见图 5.11)。

这样的变化主要缘于,一是在"三道红线"限制政策实施以来,房企纷纷主动压

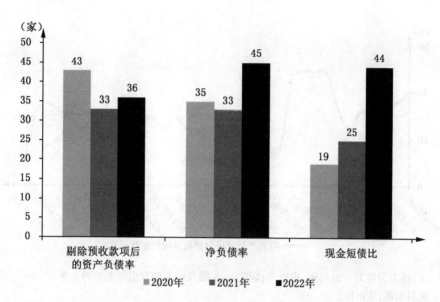

资料来源：Wind。

图 5.11 百强上市房企"三道红线"触线家数

降负债规模，二是从 2021 年下半年开始房地产行业风险持续暴露，房企外部融资进一步收紧，资金供给大幅减少，现金流迅速恶化。

即便外部融资收紧了，房企对规模增长的极度渴望也不会发生变化，既然外部融资收紧，就要更加依靠销售回款和其他无息负债（比如应付票据）了。所以 2021 年上半年的时候房企应付票据及应付账款的同比增速出现了明显的攀升。可见房企是通过暂缓工程款结算、开具商票等方式，占用下游建筑商、材料商等的资金，来应对外部融资收紧和维持规模增速的（见图 5.12）。

不过票据这个漏洞也在 2021 年 6 月被堵上了，根据媒体报道，央行开始要求试点"三道红线"的房企每月上报商票数据，房企票据规模也在 2021 年三季度开始回降。

通过 2021 年"三道红线"相关指标出现的短暂改善，我们还是可以看出这一限制确实能够倒逼房企将业务重心从拿地和新开工转移到竣工环节，以改善现金流。

因为房企收到的预售款在资产负债表上算负债，计入"预收账款"或者"合同负债"。只有房企竣工交付之后，这笔收入才能够正式确认销售所得，计入主营收入，

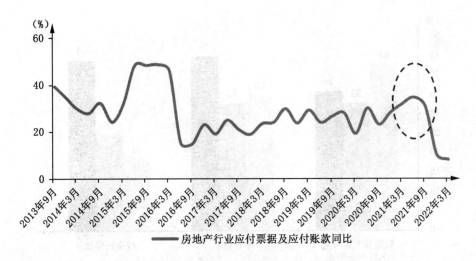

注：样本为申万一级行业：房地产；剔除非 A 股及样本期数据不完整的企业。
资料来源：Wind。

图 5.12　房企更加依靠销售回款和应付票据应对外部融资收紧的压力

并结转主营业务成本，最后计算毛利润。而结转利润能够改善房企的"剔除预收账款的资产负债率"。同时，前期堆积着的项目也让房企现在有足够的空间竣工，回笼资金。

然而这一情况在 2022 年又发生了变化，剔除预收款的资产负债率、净负债率、现金短债比的触线家数均出现了上升，房企资金流压力再度加大。

2022 年以来地产行业进入低谷期，居民对于房价持续上涨的预期发生改变，叠加居民的资产负债表仍需修复以及房企信用风险的持续暴露，房屋销售回款不畅。根据同花顺数据统计，上半年房企信用债①违约规模已达到 947.8 亿元，占上年总违约规模的 58.9%，信用风险影响房企外部融资能力，上半年来源于国内贷款资金累计同比下滑 11.1%，降幅较 1—5 月继续扩大 0.6 个百分点，加剧了房企的资金压力。

在资金压力之下，房企投资拿地的意愿及能力均有所减弱。2023 年上半年全国房地产开发投资同比下降 7.9%，降幅较前值扩大 0.7 个百分点。前后端投资建设分

---

①　此处信用债统计口径包括公司债、短期融资券、中期票据及非公开定向债务融资工具(PPN)。

化程度加大(见图5.13),"保交楼"压力推动竣工面积同比增长19.0%,而新开工面积和施工面积分别较前值下降1.7和0.4个百分点,至−24.3%和−6.6%,土拍市场景气度也较低,全国住宅类用地成交规划面积同比下滑38.3%。

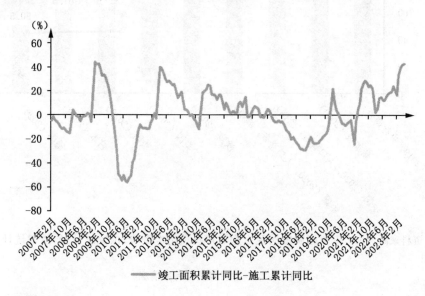

资料来源:Wind。

图5.13 地产投资前后端分化程度加大

"三道红线"失效了吗?

实际上,融资约束在市场情绪高涨,出现一些非理性(如盲目扩张)行为的时候确实是有用的,硬性指标能够直接限制企业加杠杆。但是当市场走弱的时候,这一约束有可能起反作用,这一点我们将在5.3节中具体分析。

5.2.3 租售并举:发展完善租赁市场,构建多层次住房供给体系

过去我国的租赁市场可以说基本上被忽视,根据央行2019年的调查,我国城镇居民家庭的住房拥有率高达96%。房屋自有率要远高于新加坡(87.9%)、欧盟(70%)、美国(65.8%)以及日本(61.2%)(见图5.14)。这也正好能够说明,相比租房,中国人更倾向于买房。

96%这一数据我们直观感受可能觉得太高了,毕竟像北、上、广、深等大型城市

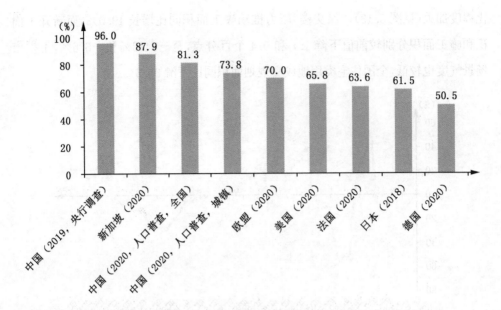

资料来源：2019 年中国城镇居民家庭资产负债情况调查、国家统计局、欧盟统计局、Wind。

图 5.14　各国房屋自有率情况

及一些大中型城市还存在大量租房的人。这可能一是由于抽样调查存在误差，二是央行在统计时没有考虑到户籍和常住地不同的情况，比如说城市中的很多租房的打工人实际上在老家有住房，很多农民工在农村拥有宅基地。

如果我们用 2020 年的人口普查披露的数据来计算房屋自有率，结果会更加符合我们的实际感受。根据第七次人口普查结果，中国城镇居民家庭户中有 73.8％居住在自有住房中，而租房的占比达到 21.1％。如果将农村家庭户也纳入计算，住房自有率会更高，达到 81.3％，远高于美国、日本和欧盟。

不过由于我国各地区之间的人口流动较大，比如一些在一线城市读书的人在老家有房子，如果毕业之后选择在当地就业就需要租房，因此实际上需要租房的人群比重可能要高一些。

为什么过去我国的房屋租赁市场容易被忽视呢？

第一，对于中国人来说房子是一种生活稳定的象征，中国人对于买房有一种深深的执念。并且过去几十年房价的持续上涨也让居民把更多资产配置到房地产中,享受资产的保值增值。

第二,房地产企业并不愿意开发租赁住宅。因为房企要的是快周转,建完房子之后肯定是希望赶紧把房子转手,要么去还钱,要么拿到预收款再开发新的项目。但是租金的现金流入是小额的、缓慢的,光是回本可能就要很长一段时间。而且房企做租赁运营也就意味着要重资产,自持地产经营带来的利润率肯定是不如卖房子的。

第三,租房者没有产权,可能无法享受与买房者同等的教育、医保等社保和福利,同时存在"不稳定"风险。因为租赁市场中专业化运营的机构较少,绝大部分出租房源掌握在个人房东手中,市场比较分散。从实际情况来看,住户其实是弱势群体,可能面临着房东随意涨租金、临时决定要出售房子等问题。

这样一来,租房本身就是租房者生活中一个非常不稳定的因素,这就造成很多年轻人不愿意长期租房,即使背上巨额的负债也想买房。住房需求被更多显现化成了购房需求,尤其是在核心大城市,这就导致房价越来越高,居民的债务压力越来越重,而消费也越加被压缩。

但这并不意味着现实生活中,尤其是核心城市的租房需求不高。实际上,中国城市居民中还存在一大批"夹心层",主要是指负担不起大城市的高房价,而收入水平又超出政府保障范围的这一群人,他们的租房需求是很高的。因此,房地产市场的调控,既要把控购房市场,还要兼顾租房市场,保障居民的刚性住房需求。

党的十九大报告和二十大报告均提到,"坚持房子是用来住的、不是用来炒的定位,加快建立多主体供给、多渠道保障、租购并举的住房制度"。这足以看出高层对于这一问题的重视。

从海外经验来看,新加坡的组屋制度就很值得借鉴。组屋起源于 1964 年新加坡的"居者有其屋"政策,是一类由新加坡建屋发展局(Housing Development Board,HDB)统一建造的公共房屋,HDB 成立的目的是让 90% 的新加坡人民都能够住进公共房屋,10% 的居民住私有房屋,也就是商品房。这一数字目标的设定和其土地属性是相吻合的,新加坡的土地九成是公有制属性,为政府所有,只有一成是私人所属。

所以新加坡的住房市场实际上是由组屋和商品房构成,组屋主要是针对中低收入阶层,其价格非常低廉,而商品房则更多面向富裕人群。组屋不以营利为目的,其价格也由政府而不是市场制定。

听上去性质有一点像国内的公租房、廉租房,但实际上它并不单纯是出租房,而是采用政府分配和市场出售相结合的方式,根据不同收入来制定差异化的分配和购买政策。低收入阶层可以租赁一房或者多房的组屋,中等收入阶层可以直接购买组屋,而对于月薪收入超过一定水平,比如说 14 000 新元(2022 年)的家庭则可以去商品房市场购房。当然,这个政策也是随着新加坡人民的收入水平变化而改变的,以达到惠及大部分人的目的。

组屋制度实行到现在已经近 60 年了,新加坡政府到目前累计为其居民提供超过了 100 万套的组屋。截至 2020 年,新加坡居住在组屋中的家庭户数达到 108 万户,占全国家庭比重为 78.7%,成为真正的普惠政策。

对于我国来说,推动租售并举最首要的是要扩大租赁房的供给,这里主要指两个方面:

第一,要靠政府完善公租房、保障性租赁住房体系,保障刚性住房需求。

我们要区别公租房和保障性租赁住房这两个概念,公租房是由政府兜底的,由政府建造提供,主要针对收入困难的家庭;而保障性租赁住房则是在市场自发供给不足的情况下,政府来引导建造的,比如说像上海的人才公寓,针对的主要是新市民、新青年,如应届毕业生。

一般而言,这两类租赁住房的租金相对同类房屋的市场价格要低一些,从而减轻租房者的住房负担。

租赁房屋自持肯定会给政府带来一定的资金压力,或者对租赁企业的资金实力有着很高的要求,所以扩大公租房和保障性租赁住房供给可以结合房地产信托投资基金(REITs)来做。发行 REITs 来募集建造租赁住房所需要的款项,等到出租后每年的租金可以用来支付 REITs 利息,实际上就是将租金现金流打包然后进行资产证券化。2021 年 7 月,国家发改委将保障性租赁住房纳入公募 REITs 试点,2022 年 9 月,首批保障性租赁住房 REITs 项目正式上市交易,截至 2022 年年末,已有 4 只保障性租赁住房 REITs 产品成功发行,合计金额达到 50 亿元。

第二,培育专业化的房屋租赁运营企业。这样的企业又分为两种:

第一种是不拥有房屋产权,只提供租房及住房服务的房屋中介机构。针对目前存量房较多而又分散的情况,专业化的房屋中介能够将个人房东分散的出租房源等资源整合,从而扩大租赁市场的多元化供应,提高租房效率,降低房屋空置率。如果还是过去以个人房东为主的租赁格局,那么对于租房者来说可能很难找到合适的住房,短租和长租的需求供给很可能形成错配,导致房屋使用效率降低、居民租房体验感不佳。有的机构甚至可以把房子直接承租过来,统一装修后再加以出租,同时还提供日常清洁、修理等简单的生活服务。这就相当于中介机构分别和个人房东及租房者对接,租房者面对专业化的企业,房租、租期等相应的权利和义务都以合同来约束,不稳定性大大降低。

第二种就是房企开展商品房租赁业务,这也是房企未来可以转型的方向。如中国香港、美国的房企业务中就有很大一块是住宅租赁,甚至用于出租的房屋比重比用于出售的还要大。房企的租赁业务也可以配合 REITs 的推行,REITs 不是负债,不会推高房企的杠杆。

租赁经营还有一点好处就是,出租几十年后,房子还是企业的,企业还能享受房屋增值带来的收益。

就现阶段看,我国租赁市场上的专业经营机构少,整体规模也不大。贝壳研究院数据显示,我国租房市场上由专业机构提供的租房市场份额仅有 10%。而从国际上来看,日本的机构化为 83.0%,法国为 71.2%,英国为 66.0%,美国为 54.7%,德国为 45%(见图 5.15)。中国专业化运营机构的发展与崛起,还有很长一段路要走。

此外,租售并举还有一个重要的关注点是要推行租售同权。

租售不同权意味着很多租户不能正常享受到社会福利与社会保障,有的还因为户籍问题面临子女无法在大城市顺利入学的困境,这都反映出租房的不稳定特征。要让租房者也能够实现"安居",就必须要让他们在公共服务方面享有同等的待遇,让他们觉得房子是租的还是买的没有太大的差别,通过租房也能实现"安居梦"。不过不同城市的社保和福利是不一样的,租售同权推行的过程中还需要注意因城施策的问题。

总的来看,租售并举能够使房屋回归居住的根源属性。

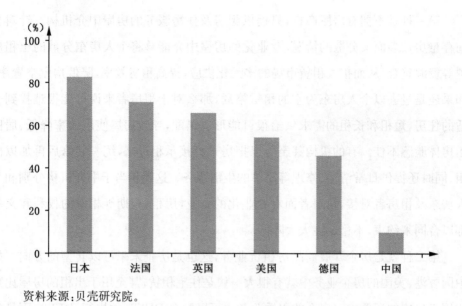

资料来源：贝壳研究院。

图 5.15　各国租房市场机构化情况

过去很长一段时间房屋的资产属性尤其突出，引导了一大批人投机、炒房，导致房价越来越高。从事实来看，炒房的人其实不缺房子，但他们的投机行为导致房价日渐高企，将一些迫切买房的人逐渐挤出市场。而租售并举正是强调、突出了房屋的居住属性，很好地满足了"房住不炒"的要求。

在租售并举的制度下，居民可以根据自身的收入及生活需求，在租房和购房之间灵活选择。购房和租房之间是替代关系，各类长租房、公租房发展起来会带来多元化的供给，能够满足居民不同层次的居住需求。对于刚进入社会的工作者来说，买不起房还可以去租，进行过渡。等到收入提升、财富积累到一定程度之后，再去商品房市场自由选择，这样生活压力就会小很多，也有多余的财力消费。

而且租房相比于购房也有自身的优势，租房门槛低，居住的时间和地点都相对灵活，不会因为房子的问题就把年轻人绑在一个地方。当前年轻人工作的流动性很高，可能经常变换工作地点，所以房屋租赁市场的扩大能够很好地满足这类新生劳动力的住房需求。

长期来看，租售并举能够有效地将部分过早的购房需求转化为租房需求，有利于平衡房地产市场的供需水平，房价就不会涨得过快。但这里要强调的一点是，租售并举的目的并不是要让所有人都买得起房,而是让居民以较低的成本实现有房住,有能力的购买商品房,收入暂时不足的可以选择住出租房,从居者有其屋到真正的住有所居。

5.3　不一样的房产周期

"房住不炒"定调后我国房地产长效机制逐步搭建了起来,"三道红线"、土地集中供应、房贷集中度等调控政策,以及租售并举等多渠道扩大房屋供给的政策相继落地。与此同时,中国房地产市场也进入了一个不一样的周期,在这个周期中,政府政策的调控、销售端市场的起伏与房企信用风险演绎相互交织。

为什么说这次不一样呢? 我们可以先回顾一下历史经验,从过往的数据我们可以明显看出,地产销售市场的景气程度与政府政策息息相关,如果放松购房限制、降低房贷利率,房地产市场就会回暖;如果出台或收紧限购限贷等政策,市场就会走弱。比如 2008 年四季度,在降息降准、降低购房契税税率、下调公积金贷款利率等系列政策的刺激下,房价和销售面积同比迅速触底回升(见图 5.16)。再比如 2013 年新国五条的发布,强调房价调控目标,明确稳定房价工作考核问责机制,体现了楼市调控不放松的方向之后,房价和销售面积同比增速就开始快速下滑。

本轮地产周期初期时也是如此,2020 年下半年随着疫情得到良好的控制,经济开始企稳,以"三道红线"为代表的一系列调控政策出台之后,房地产市场也确实有所降温,房价和销售面积同比增速下滑甚至开始转负。

但自 2021 年下半年起,经济下行压力加大了,加上房企信用风险持续发酵。为了稳住经济,房地产调控开始出现边际放松。

需求端方面,各个地区"因城施策",如降低房贷利率、降低首付比例、放松或取消限购限售、提高公积金贷款额度、放宽落户乃至购房门槛等。供给端方面,提出并推动"保交楼"工作,推出信贷、债券、股权"三支箭"为房企提供流动性支持,缓解房企资金压力。

可这一轮的放松后,市场并没有迅速企稳回升,整个 2022 年的房价和销售数据还是维持在负增长区间,这是为什么呢?

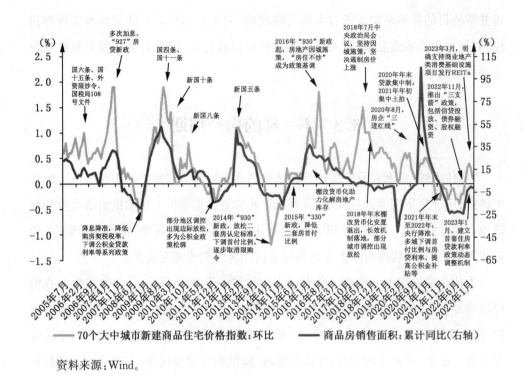

资料来源：Wind。

图 5.16　房地产销售数据与政策变化

我们先来看看居民这次为什么"不买账"。

一是居民的钱袋子变紧了。随着经济修复速度放缓，许多企业尤其是中小企业陷入经营困境，盈利能力大打折扣，2023 年 1—6 月，全国规模以上工业企业利润总额累计同比下滑 16.8％，制造业企业利润总额同比下滑 20％。

叠加就业不稳定，使得不仅居民当下的收入受到影响，而且动摇了未来的收入预期。居民减少当下消费，增加预防性储蓄以备不时之需。数据显示，2022 年年末金融机构的居民存款增加了 17.8 万亿元，2022 年四季度央行的调查也显示居民的储蓄意愿达到了历史新高。

居民支出偏谨慎的时候，加杠杆消费的意愿不会很高，因为不确定未来能不能还得起，就更不用说像买房这种巨额且需要背负很多贷款的支出了。

毕竟在房价高企的当下，一般人买房往往都需要背负 10 年以上的房贷，比如可以看到一线城市的房价收入比已经超过了 12 年（见图 5.17）。这也意味着居民要对未来比较乐观,认为自己不会长时间失去收入来源,才会愿意背上动辄十几年以上的负债。

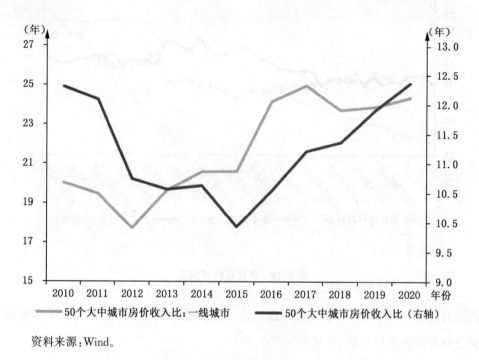

资料来源:Wind。

图 5.17 一线城市房价收入比

而且我国居民部门的债务已经处于一个比较高的水平了,2023 年 3 月末居民部门杠杆率为 63.3%,创出新高(见图 5.18)。疫情以来虽然居民部门杠杆率的上升速度有所减缓,但由于收入来源大幅减少,而每月要还的房贷等债务支出是刚性的,居民的还款压力加剧。根据我们的测算,2019 年时居民的还本付息支出占可支配收入比重为 10.8%,而 2022 年则提高到了 12.2%。

当就业和收入预期受到了冲击时,居民并不敢轻易贷款买房。

二是开发商的信用风险事件激起了居民浓厚的避险情绪。2021 年以来开发商债务问题甚嚣尘上,外部融资的收紧和销售情况低迷进一步加剧了房企的资金压力,导致部分项目交付出现了延期。在信用风险事件之下,居民对房企的信任降至冰点,要么不买房或者说推迟当下的购房需求,要么持观望态度。而对于那些乐意购房的群体,也更愿意买现房,而不是几年之后才交付的期房,因为怕开发商不

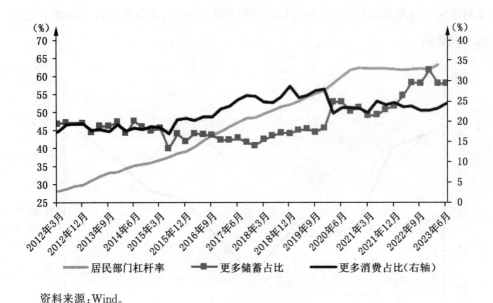

资料来源：Wind。

图 5.18　居民杠杆率偏高

能按时交付，2021 年下半年以来期房销售占比快速下降（见图 5.19），二手房的成交量修复明显要好于新房（见图 5.20）。

三是房价的上涨预期不再，这也是更为重要的一点。从短期因素来看，房企信用风险、政策调控、经济下行压力加大交织在一起，共同冲击了居民对房价上涨特别是三、四线城市房价上涨的预期。可以看到从 2022 年 4 月开始 70 个大中城市新建商品房住宅价格指数同比涨幅已经由正转负了（见图 5.21），彼时提前购房或者说买房投资的收益大打折扣。

而且房贷压力也不小，首套房利率仍在 4% 以上。尽管近两年央行多次调降贷款市场报价利率（LPR）以减轻实体经济的付息压力，但是对于居民而言，虽然当下大部分房贷利率锚定 LPR，实际上却不能随 LPR 变动而及时调整。

因为个人按揭贷款合同有着"重定价日"的规定（通常每年 1 月 1 日），只有在重定价日时房贷利率才能根据当时的 LPR 调整，并且在之后的 1 年内保持不变。也就是说，2022 年 5 月 5 年期 LPR 下调了 15 个基点，但这次的调降对于已经背了房贷的居民来说，只能等到 2023 年 1 月 1 日之后才能享受到相应的利率优惠。

重定价日与政策利率变动之间存在时间差，央行又多次下调 LPR，疫情以来 5

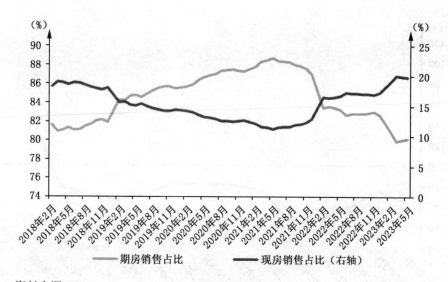

资料来源：Wind。

图 5.19　期房与现房销售比重变化

年期 LPR 累计调降了 60 个基点,这就导致新旧房贷利差加大,居民为避免存量的高额利息提前还贷,甚至会出现房贷转经营贷的操作。作为银行高收益且稳定的优质资产,房贷出现收缩会直接影响银行的盈利情况,进而影响其信贷投放的能力和意愿,从这个角度来看,通过银行体系传导的货币政策有效性就会降低。

从中长期因素来看,偏老龄的人口结构、低迷的出生率以及城镇化的放缓,意味着往后我国购房人口数量和需求减少,房价自然也失去了继续快速上涨的动力。

2016 年到 2022 年,我国人口出生率从 13.57% 降到了 6.77% 的历史最低值,2022 年总人口较 2021 年减少 85 万,是除 20 世纪 60 年代初三年困难时期外第二次,也是改革开放以后首次下降。2021 年,我国 65 岁及以上的人口比重达到 14.2%,标志着我国开始进入老龄社会,2022 年这一比重提高到了 14.9%,老龄化正在提速。

城镇化进程也有所放缓,2022 年城镇化率为 65.22%,仅比上年提高了 0.5 个百分点,而 2000—2020 年的年均增速为 1.4 个百分点,且 2022 年北京、上海、广州和深圳四个核心一线城市常住人口都出现了下降。

历史经验已经无数次告诉我们,与基本面偏离的资产泡沫终将会破灭。如果这一资产还在国民经济中具有举足轻重的地位,可能进一步引发危机,20 世纪 80

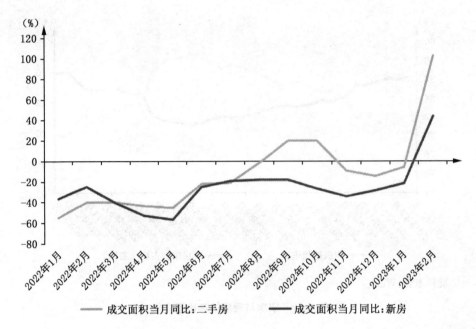

注:统计口径包括上海、天津、北京、武汉、重庆、广州、西安、合肥、南京、杭州、郑州、东莞、深圳。

资料来源:克而瑞。

图 5. 20 二手房成交修复明显好于新房

年代末的日本、21 世纪初的美国就是先例。分析完居民的购房需求情况之后,我们再来看看房企存在哪些问题。

本轮房企信用风险的根源在于之前的快周转策略把房企杠杆抬得很高,规模也铺得很大。这轮周期最初对房企的调控,对房企融资的约束也正是旨在降低杠杆以化解风险。但是引发房企风险的导火索是地产销售的下行,销售回款不畅加剧房企资金链压力,进而导致债务无法清偿和拖累项目交付进度。

当内源性融资出现问题的时候,若外部融资也在收紧,无疑会让资金流本就紧张的房企雪上加霜。比如"三道红线"限制房企举债,踩中红线越多的能够允许的增量债务就越少,但踩中红线越多,也同时意味着资金压力越大,需要更多的资金支持来化险。

而且政策的收紧加速了房企信用风险的暴露,2022 年房企信用债违约的数量比此前四年加起来还要多(见图 5.22),这导致金融机构和其他投资者更不敢借钱

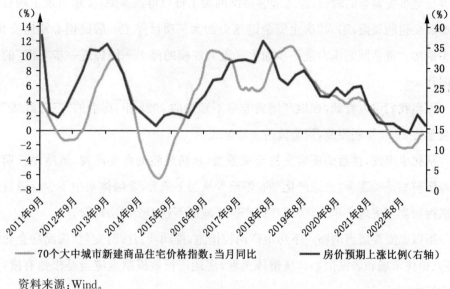

70个大中城市新建商品住宅价格指数：当月同比　　　房价预期上涨比例（右轴）

资料来源：Wind。

图 5.21　房价下行压力凸显

给房企了。

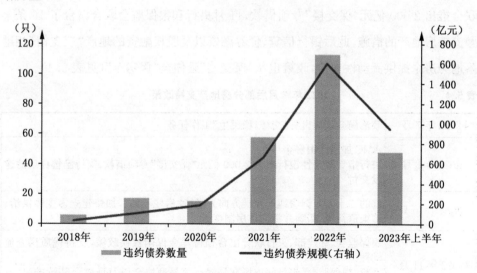

违约债券数量　　　违约债券规模（右轴）

资料来源：同花顺。

图 5.22　近几年房企信用违约数量与金额

过严的房地产调控措施，在民生层面上也冲击了正常的房地产交付行为。房企资金链极度紧张的时候,原先能够持续的竣工难以得到保障,多地出现了项目停工难以交付的局面,陷入"房企资金链压力加大—项目停工—居民担心期房交付,减少购房—资金回笼压力进一步加大—更大规模的停工—销售进一步下滑"的恶性循环。

因而我们可以看到,在地产销售非常不理想的 2022 年,房企的"三道红线"情况甚至比 2020 年还要差,资金流进一步恶化。

从民生出发,楼盘的正常交付至关重要,从防风险的角度出发,虽然说长期中国经济转型是要逐步"去地产化"的,但至少从当下来看,金融体系中不少存量资产和抵押物都与房地产相关,房地产资产过快减值不利于金融防风险。

所以也需要适当调整一下房地产调控措施,推动项目按时交付、帮助房企化解风险、稳住市场和居民信心。从整体上看,房地产长效机制也应当是松弛有度,相机而行的。

2022 年 7 月,政治局会议提出了"保交楼,稳民生"的工作任务,之后全国性的金融资产管理公司(AMC)以及地区 AMC 开始参与房企纾困,8 月住建部等部门联合推出 2 000 亿元"保交楼"专项借款,11 月央行和银保监会联合出台了 16 条金融支持房地产的措施,此后银行信贷、债券融资以及股权融资的地产"三支箭"相继落地为房企提供流动性支持,政策也从"保交楼"延伸至"保房企"(见表 5.4)。

表 5.4　　　　　　　　　　2022 年 7 月后部分房地产支持政策

2022 年 7 月	政治局会议提出"保交楼,稳民生"工作任务
2022 年 8 月	AMC 加速纾困房企 央行指导政策性银行出台 2 000 亿元"保交楼"专项借款,支持已售住房的建设交付
2022 年 10 月	党的二十大定调房地产发展方向为坚持"房住不炒",加快建立多主体供给、多渠道保障、租购并举的住房制度
2022 年 11 月	银保监会、住建部、央行联合出台预售基金保函置换政策,支持优质房企流动性 央行、银保监会、银行间市场交易银行交易商协会以及证监会陆续推出"三支箭"政策,为房企提供信贷、债券、股权三方面的融资支持
2022 年 12 月	中央经济工作会议定调,满足行业合理融资需求,推动行业并购重组,有效防范化解优质头部房企风险,改善资产负债状况,确保房地产市场平稳发展

续表

2023 年 1 月	人民银行、银保监会通知建立首套住房贷款利率政策动态调整机制 住建部强调"抓两头、带中间"防范化解房企风险
2023 年 3 月	国家发改委发布《关于规范高效做好基础设施领域不动产投资信托基金（REITs）项目申报推荐工作》的通知，首次明确支持商业地产类消费基础设施项目发行 REITs，帮助拓宽融资渠道

资料来源：根据公开资料整理。

2023 年在其他地产指标未见起色的情况下竣工面积出现同比高增（见图 5.23），说明"保交楼"确实取得了一些进展。不过房企的资金压力并没有明显好转，上半年信用债违约规模还有将近 1 000 亿元（2022 年全年是 1 606 亿元），风险还在继续出清。因为债务压力仍存，新房销售还是不景气，房企经营投资都非常谨慎，拿地、开工意愿不强，相应地，地方土地使用权出让收入也同比下滑。

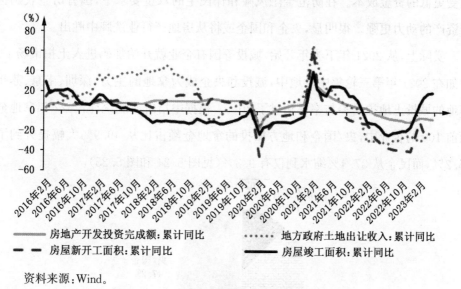

资料来源：Wind。

图 5.23　2023 年地产竣工走强，投资、开工走弱

目前地产正处于一个风险出清、行业洗牌的时期，后续房地产行业会怎么走呢？我们认为：

第一，快周转策略未来将难以为继，现房销售将成为未来的主要销售方式。

期房销售模式对于此前的快周转模式意义是十分重大的。期房销售模式下，房企能够快速回笼资金，叠加当时对预售款的监管存在一定的不足，房企存在挪用、提前支取预售款等行为。

　　而现在监管对于预售资金不断收紧,其目的就是保交付。监管层希望预售款专款专用,希望房企将预售款都用在项目正常交付上,这在很大程度上能够避免项目停工无法交付的情况。这也就意味着此前的快周转模式很难再继续下去了,未来房地产市场将逐步转变为现房销售为主的模式,"拿地—新开工—施工—竣工"周期将会被拉长。

　　第二,房地产市场将迎来央企、国企主导的时代。

　　受信用风波影响的房企多为民营企业,以高杠杆撬动高周转和高增长的模式难以为继后,折价抛售资产意味着民营房企不得不退出房地产市场。

　　而央企和国企由于有国家信用背书,再加上房企融资边际放松后,国有房企能享受更低的资金成本。在防范金融风险和保民生的双重要求下,国有房企收购折价资产的动力更强。很明显,央企和国企或将从房地产行业洗牌中胜出。

　　实际上,从 2021 年下半年开始,城投等国有企业就开始加码进入土拍市场了。比如在 2021 年第三轮集中供地中,城投和央企成为拿地的主力,深圳、南京、苏州等地的城投土地拍卖参与率都超过了 70%。根据中指研究院统计,2022 年拿地金额前 100 的企业中,央/国企和地方城投的拿地金额占比从 49.9% 大幅提升到了85.2%,而民企从 37.4% 缩水到仅有 9.3%(见图 5.24 和图 5.25)。

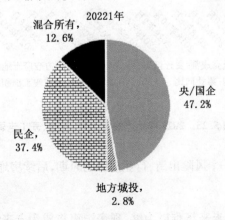

资料来源:中指研究院。

图 5.24　2021 年拿地金额前 100 企业占比

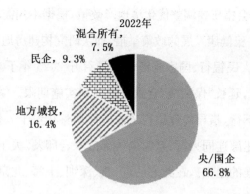

资料来源:中指研究院。

图 5.25　2022 年拿地金额前 100 企业占比

当然,在地方隐性债务监管收紧时,城投进入土拍市场一方面可以托底当地土地出让市场,确保地方政府的土地出让收入不会在房地产企业退出后出现断崖式下跌;另一方面以较低的价格拿地,鼓励城投发展新的业务也有利于城投转型。

但我们也要看到相比于房地产企业,城投在地产运营能力方面会弱一些。以往城投主要是负责基建等公益类项目,项目大多数直接来源于政府,且城投对项目的盈利能力等要求并不高。这也意味着很多城投的市场化程度并不高,在房地产项目的运营能力、人员配置等方面存在一定不足,这可能会拉长从拿地到开工的时间。

2022 年以来的地产政策重心一直是"保交楼"、化风险,但市场反应并没有以往那么迅速,2023 年的销售和投资数据仍然不理想。如果新开工一直保持负增长,随着当前项目的逐渐交付,后续竣工端就难免出现压力。

因此,市场上就有关于是否会出台一些重磅的放松政策来稳住信心,刺激经济增长的讨论。

2023 年 7 月的中央政治局会议,无疑是给市场注入了一剂强心针。会议指出,要切实防范化解重点领域风险,适应我国房地产市场供求关系发生重大变化的新形势,适时调整优化房地产政策,因城施策用好政策工具箱,更好满足居民刚性和改善性住房需求,促进房地产市场平稳健康发展。

政治局会议之后,央行、国家金融监督管理总局、住房和城乡建设部等部门积极响应,我国房地产政策得以进一步优化。

7 月 31 日,国常会指出要调整优化房地产政策,根据不同需求、不同城市等推出有利于房地产市场平稳健康发展的政策举措,加快研究构建房地产业新发展模式。

8 月 1 日,中国人民银行、国家外汇管理局召开 2023 年下半年工作会议,要求落实好"金融 16 条",延长"保交楼"贷款支持计划实施期限。继续引导个人住房贷款利率和首付比例下行,指导商业银行依法有序调整存量个人住房贷款利率。

8 月 25 日,住建部连同央行、金监局等部门联合印发《关于优化个人住房贷款中住房套数认定标准的通知》,在此之后,广州、深圳、上海、北京这些一线城市的认房不认贷政策纷纷落地。

8 月 31 日,央行和国家金融监督管理总局接连发布《关于调整优化差别化住房信贷政策的通知》《关于降低存量首套住房贷款利率有关事项的通知》,降低首付比例以及贷款利率下限,降低存量房贷利率。

在高层的定调之下,各个城市对于房地产的边际放松政策也陆续出台,比如重庆放松公积金置换贷款住房套数认定标准,郑州发布 15 条楼市调控新政,包括落实"认房不认贷"政策、暂停执行限售政策、有序下调存量房贷利率等。

表 5.5 　　　　　　　　2023 年 7 月后部分城市的房地产支持政策

发布时间	城市	政策名称	政策内容
2023 年 8 月 3 日	深圳	《关于调整我市住房公积金租房提取有关的事项通知(征求意见稿)》	该通知拟普惠提高住房公积金租房提取额度,并重点加大对新市民、青年人、多子女家庭、承租公共租赁住房职工的支持力度
2023 年 8 月 11 日	重庆	《关于进一步优化住房公积金使用政策的通知》	包括提高缴存人家庭租房提取额度,加大对多子女缴存人家庭租房支持力度,放宽城镇老旧小区加装电梯提取范围,支持提取住房公积金直接支付贷款购房首付款,支持新市民、青年人申请住房公积金个人住房贷款,优化住房公积金置换贷款住房套数认定标准,统一新购住房套数认定标准七项扶持政策

续表

发布时间	城市	政策名称	政策内容
2023年7月26日		《广西区直住房公积金管理中心关于提高租房提取住房公积金额度的通知》	加大力度支持新市民、青年人租房提取住房公积金解决住房问题，更好满足缴存人租赁商品住房资金需要。提高租房提取住房公积金额度并鼓励房屋租赁登记备案
2023年7月27日	南宁	《广西全面统筹推进城镇市政基础设施建设与融资工作助力新型城镇化高质量发展三年行动方案》	重点围绕城市更新、县域城乡融合发展、产城融合和职住平衡、城乡历史文化保护传承、建筑节能和绿色建筑发展、新型城市基础设施建设等领域，鼓励各地以"保障性租赁住房＋新型城镇化""棚户区改造＋城市更新"等模式，整体打包推进项目建设与融资工作
2023年8月14日		老旧小区和既有建筑改造的适老化对策	对老年群体高质量人居环境建设的关注和落实，将成为当下城市更新行动的重要内容。聚焦社区适老化体系及其设施体系的保障；提升住区更新与适老化复合设施的建设水平；加强居住环境层级适老化方面的统筹等
2023年7月29日	合肥	全市房地产工作专题会议要求，以创新举措促进房地产市场平稳健康发展	会议指出，要适应房地产市场供求关系发生重大变化的新形势，坚持规建治一体化推进，加大统筹谋划和推进力度，更好落实"一城一策、因城施策"，更好满足居民刚性和改善性住房需求，促进房地产市场平稳健康发展
2023年7月31日	西安	西安市住建局召开全市住建工作形势分析会	会议提到要促进房地产市场平稳健康发展。大力支持刚性和改善性住房需求，探索现房销售模式，促进市场企稳回升；持续扩大保障性租赁住房供给，着力解决新市民、青年人住房问题
2023年7月31日	贵阳	《贵阳市住房公积金管理中心关于实施住房公积金阶段性政策的通知》	支持首次住房公积金贷款"既提又贷"；降低第二次住房公积金贷款最低首付款比例；缩短两次住房公积金贷款时间间隔限制；取消异地贷款的户籍地限制
2023年8月3日	郑州	郑州市房管局、财政局等八部门联合发布《关于进一步促进我市房地产市场平稳健康发展的通知》	支持青年人才在郑安居；对多子女家庭购房实施补贴；实施购房契税补贴政策；落实"认房不认贷"政策，更大限度满足刚需和改善性住房需求；降低住房交易税费；推进商品房现房销售；加快推进租购并举；稳妥推进城中村改造和城市更新；鼓励在郑各商业银行依法有序调整存量个人住房贷款利率，引导个人住房贷款利率和首付比例下行等
2023年8月4日		《郑州住房公积金管理中心关于住房公积金贷款有关事项的通知》	通知表示，为进一步支持新市民、青年人解决住房问题，更好满足缴存职工刚性和改善性住房需求，调整公积金贷款最低首付比例

　　但从长远来看,十九大以来"房住不炒"的政策定力还是比较强的,"走老路"的可能性并不高。

　　一方面,如我们前面分析的,短期来看,对期房销售的不信任、居民收入端不确定性加强以及处于高位的居民杠杆率水平等都使得居民部门加杠杆购房的需求有所回落。中长期来看,中国适龄购房人口增速逐渐下滑、城镇化进程放缓等也使得潜在的新增购房力量存在一定的上限。另一方面,过去我国多次把房地产当作刺激经济的手段,经过多年的开发和建设,当前的房屋供给量在很大程度上已经能够满足大部分人的居住需求了。尤其是2016—2018年间的货币化棚改极大地刺激了居民购房和地产投资需求,也在一定程度上透支了未来的潜力,货币化棚改后一些人口净流出的三、四线城市甚至由于过度开发导致现在还有大量的库存商品房卖不出去。

　　从数据上也可以明显观察到,从2017年开始我国商品房销售就进入了高基数、低增速的阶段,房地产销售进入存量时期(见图5.26)。当然,购房除了居住需求之外还有投资和投机需求,但这大部分也可以被现有的存量房屋和物业所满足。

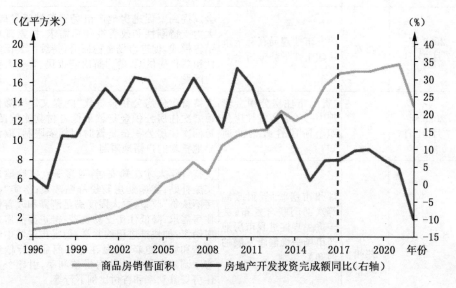

资料来源:Wind。

图5.26　房地产销售进入存量时期

如果用理论解释,这就是边际投资效益递减的体现,当前房地产存量规模已然非常庞大,增量投资的回报率已经递减到一个比较低的水平了(见图5.27),对经济增长的拉动有限,政策刺激或许很难再取得以往的良效了。

资料来源:Wind。

图 5.27 房地产投资回报边际递减

不过我们仍需认识到,房地产是国民经济的支柱产业,与居民、地方政府、银行体系等绝大多数领域紧密相连,地产的不稳定容易牵一发而动全身。因此,房产行业未来的调控方向,应该将着力点放在保障经济和房地产市场双双平稳运行,既要控制房价无序上涨,也要避免市场大幅波动,这就要求我国建立与完善促进房地产市场平稳健康发展的长效机制。

第6讲

金 融

金融体系需要重塑，发挥金融市场引导社会资金和居民储蓄向国家重点发展领域聚集的作用，为经济增速换轨与转型升级注入新的动力。

随着房地产长效机制的设立,土地财政的信用创造功能将逐步弱化。房地产与信用创造脱钩之后,经济要想健康稳定发展,还得依靠新的融资和财富创造机制。这时就需要重塑金融体系,更好地发挥金融市场引导社会资金和居民储蓄向国家重点发展的领域聚集的作用,为经济增速换轨与转型升级注入新的动力。

那么资本市场又是如何发挥这一作用的呢?下面我们就跟随金融市场改革的步伐,详细探讨一下资本市场该如何助力经济高质量发展。

6.1　2012 年以前:利率管制时代

在 2012 年之前,中国的利率整体是受到管制的。由央行设定存贷款利率水平,或者再加上一个较窄的浮动区间,这样就会存在比较固定的利差。

回溯历史,1996 年银行间同业拆借利率上限的放开就已经被视为利率市场化的开端,但为何直到 2012 年前中国还处在利率管制当中,而且在利率管制的阶段,中国还取得了巨大的经济成就,这又是怎么做到的呢?我们将在下文逐一阐述。

在第 1 讲中我们曾经论述过,中国能够取得跨越式发展可以归功于为增长而竞争的制度因素。在为增长而竞争的模式之下,利率管制就是其中一个比较显著的特征,而且利率管制也的确在当时的大环境下为推动经济发展发挥了重要作用,为什么这么说呢?

在当时,银行是最主要也是居民心中认可度最高的金融机构,其他的投资品种除了股票、债券之外并不丰富,尽管存款利率低,但居民也愿意把钱存到银行。聚集了大量的居民财富之后,银行会怎么做呢?

银行有着扩大利润的意愿,但利率管制限制住了它负债端的成本和资产端的收益,息差是固定的,所以对银行来说最优的决策就是冲量、做大贷款规模。

打个比方,根据央行数据,2012 年居民 1 年期存款的基准利率为 3%,企业 1 年期贷款的基准利率为 6%。假设现在银行有 100 亿元存款,存款利息是 3%,银行再按 6% 的贷款利息把这 100 亿元贷给企业,从中就可以获得 3 亿元的稳定息差收益。而这一数字如果扩大到 1 000 亿元,利润规模也会直接扩大 10 倍。

对于银行来说,这种收益模式是十分稳定的,做大规模就意味着扩大利润。当然，这种模式有一个前提，就是要确保不良贷款率可控，放出去的钱能收得回来。

那么，银行该如何把不良贷款率控制在安全红线之下呢？

答案是，银行会倾向于将贷款放给具有预算软约束的国有企业或者地方政府融资平台。在预算软约束下，即使借款人到期无法偿还贷款，地方政府往往也不会放任其破产清算，也就鲜少发生违约的情况。银行把贷款放给这些有政府背书的企业和融资平台，能够十分有效地控制风险。

并且，这些企业在申请银行贷款时往往会以土地、房产作为抵押品，只要土地能够持续增值，就算最后企业真的还不上钱，银行还可以通过卖地收回贷款，这也就大大降低了银行出现坏账的可能。

这种发展模式本质上是以较低的成本组织居民储蓄，并将这些居民储蓄集中投入经济发展需要的领域，在短期内迅速建立起完善的工业化体系，实现城镇化。而这种模式也是与当时的经济发展现状相适应的，在追求经济增长速度的阶段，工业化及城镇化的迅速推进在过去很长一段时间内确实带来了巨大的经济增量。

看到正面作用的同时，利率管制的弊端也是不容忽视的，首当其冲的就是资金利用效率低下的问题。

资金利用效率低下体现在两个方面，一是大量银行信贷资金流向了国企和城投平台，对它们来说，在预算软约束和隐性担保的加持之下，获得资金很容易，就不会珍惜，从而加剧了道德风险。

而且国企本身就存在规模导向，会盲目扩张规模而忽略项目本身的回报率，也不太会考虑扩张的产能是不是低端产能，是不是已经存在过剩的情况，这就最终导致国企部门经营效率低下，产能过剩。

二是对于民营企业、中小企业而言，由于大部分银行资源流向了国企和城投平台，能够留给它们的资源就有限了。

银行的风险偏好比较低，而中小企业尤其是新兴产业的中小企业风险是很高的，本来就与银行偏好存在一定的偏差。当时的利率还受到了管制，即使在民间借贷市场，这些企业的借贷利率可能达到百分之十几，但银行还是得按6%的利率水平收取中小企业的利息。银行既享受不到正常的风险溢价，还要承担更高的信用风险，因此缺乏为中小企业贷款的动力。

同时,利率管制也引发了中小企业融资难、融资贵等问题。因为银行风险偏好低,要控制不良贷款率,所以那些高效、创新发展不确定性较高的中小企业通过银行渠道不太容易借到钱。

其他的融资方式呢?当时 A 股上市的门槛比较高,即使是创业板,也有着对盈利的硬性要求,很多中小微企业或者初创企业并不满足条件。就算满足条件的企业要想上市也要排队,从申报到 IPO 成功,短则需要一年多时间,长则可达三四年。

而且当时资本市场的活跃度与目前也有所差距,2012 年全部 A 股的成交规模仅有约 31 万亿元,这个规模大约只有 2022 年全年的 14%。居民财富主要配置在房地产和银行存款方面,流入资本市场的较为有限,对那些已经上市的中小企业支持也是微不足道的。

银行和资本市场的融资渠道都不太好走,没有办法,中小企业只能去找民间借贷,但民间借贷利率普遍偏高,这也就造成了中小企业融资贵的问题,2011—2012年温州民间融资利率最高甚至超过了 25%(见图 6.1)。

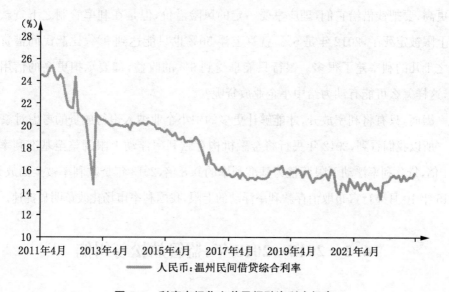

图 6.1 利率市场化之前民间融资利率极高

这些弊端在过去重点追求经济增速时尚可以忍受,毕竟尽管资金使用效率低,但是投资目标,比如说传统行业、房地产、基建的体量摆在那里,对经济的拉动作用还是十分突出的。而且从个体来看,国企的规模更大,对经济的拉动和抵御风险的能力都要强于中小企业。

不过随着我国经济由高速增长阶段转向高质量发展阶段,旧的经济增长模式已经不够适应当前的现实情况了,需要质量变革、效率变革、动力变革,需要推动供给体系质量提升、促进全要素生产率提高、建立消费和创新的双引擎驱动。

根据企业生命周期,中小企业的科技创新动力是最强烈的,毕竟它们需要通过科技进步才有机会在激烈的市场竞争中胜出,而很多大企业已经进入发展的平稳期,在经营战略选择上也会偏好于更为稳定的打法。而且任何企业都要经历从小到大的发展过程,如果没有源源不断的中小企业发展与竞争,就不会在大浪淘沙中出现更多具有国际竞争力的大企业。

因此,在向高质量发展的过程中,要想孕育新的经济增长动能,就必须重视中小企业的发展,中小企业在经济转型升级过程中的作用日益凸显。

既然要支持中小企业的发展,首要解决的就是融资问题。中小企业的风险相对更高,要把钱借给它们,理应享受一定的风险溢价,但是在利率管制之下贷款利率上限被定死了,2012 年是 6%,就算上浮 50% 也只能达到 9%,比起民间借贷百分之十几的利率差了很多。银行只能享受到 9% 的收益,却要承担更高的信用风险,这样怎么可能有动力给中小企业放贷呢?

因而,只有将利率放开,才能够让更多的中小企业纳入银行放贷的考虑对象。

所以我们看到,2012 年央行将金融机构存款利率浮动上限调整至基准利率的 1.1 倍,贷款利率浮动下限调整为基准利率的 0.8 倍,2013 年贷款利率被全面放开,2015 年 10 月央行宣布取消存款利率浮动的上限,我国利率市场化改革明显提速。

6.2　2012—2018 年:监管放松与纠偏

利率管制放开以后,存贷业务的红利消退,商业银行之间的竞争日益激烈,以往那种坐吃利差稳享收益的幸福时光一去不复返。为扩大利润,部分具有创新与冲劲的银行,尤其是中小银行开始改变思路,选择在同业和理财等表外业务上开拓疆土,推动了我国影子银行业务的扩张。

中国的影子银行与美国的影子银行有所不同。美国的影子银行是在商业银行系统之外独立开展的,业务的主体是非银金融机构,这些机构通过资产证券化、货币市场基金等方式利用信托贷款、资管计划等途径为企业提供融资,其资金的来源并不依靠银行。

而中国式影子银行更多的表现为"银行的影子",是商业银行将本属于表内的信贷活动转移至表外,规避监管限制,满足那些原先在商业银行框架之内无法支持的融资需求,最终获取利润的增长。

2012—2015年间尽管利率市场化改革在加速推进,但表内业务仍然存在一定的利率管制。就算是2015年存贷款利率完全放开之后,表内信贷发放也会受到政策的干扰。再加上当时法定存款准备金率水平处于历史高位,商业银行通过表内发放信贷的能力受到了极大的限制。

表内业务还需要消耗银行的资本金,2008年金融危机以后在《巴塞尔协议Ⅲ》的框架之下,中国也对银行实行了更为严格的监管,如提高最低资本充足率要求,扩大风险资产覆盖范围,引入流动性监管等。

同时金融危机之后,经济的下行压力使得银行风险加权资产激增及拨备覆盖率攀升,进一步侵蚀了银行资本金。不仅如此,表内业务还对一些产能过剩的企业、地方融资平台及房地产行业有着严格投向限制。

这些都会约束银行资产的扩张和利润增长,要知道银行是吃固定息差的,没有放贷规模,利润何来呢?

以上种种都是商业银行开展表外业务的动力,但是影子银行业务真正可行还需要监管的放松。利率管制放开后,在国家鼓励金融创新与监管约束放开的加持之下,券商资管的"一法两则",信托行业的"一法三规"、私募基金阳光化等都在这一阶段得以确认,互联网金融也逐渐兴起,为银行信贷业务的出表创造出了前所未有的良好制度环境。

可以说在发展表外业务这一过程中,商业银行非常依赖非银机构的资管部门。为什么呢?

一是商业银行通过提供预期收益率比存款利率高出许多的理财产品,吸揽了大规模储蓄,负债端是比较刚性的,资产端就会面临投资的难题。

最开始的时候,银行资管部门还能够直接买高票息的债券或者非标债权资产,满足其承诺的预期收益。但是2014年后经济下行压力突然加大,货币政策转向,在2016年前连续降准,让流动性总量持续处于充盈的状态,固收类资产的收益率快速下滑,存款利率在降息的影响下降至近10年来的低位。

在流动性宽松致使资产收益率下滑的阶段,银行资管部门已经无法通过购买高息债券或者非标债权资产,满足其负债端理财产品所承诺的预期收益了,但又无法降低产品预期收益率,因为刚性兑付的情况下谁家收益率低,谁就会失去客户。

最终管理规模庞大的大银行会因为自身人手有限等因素有着委外的需求。中小行虽然管理规模小,但由于人才匮乏、资本投入少,也不具备创造更高投资回报率的能力,因此,也有着委托他人管理的需求。

大量的委外需求之下,商业银行往往会采用购买资管产品或聘请投资顾问的形式,委托那些投研管理能力更高的非银机构,如券商资管、公募基金、私募基金等。而这些非银机构为了获取大规模的银行资金,也会承诺提供较高的收益率。

二是非银金融机构可以作为银行的通道,通过购买非银资管计划让资金流向目标领域,从而规避信贷投向的限制,获取更高的收益。

例如,银行理财与信托公司之间存在融资类业务比例不能超过30%的限制,但银行理财又有放款维护客户的需求,于是便可以通过找一个券商,先买券商资管计划,再买信托,如此便规避了30%的限制要求。

三是在经济下行压力加大的时候,实体投资回报率也开始快速回落,放贷的信用风险开始大幅提高。银行不良贷款率与坏账率在2014—2016年间上涨了0.7个百分点,银行的配置由过去的信贷资产转向了非银机构发行的同业资管产品,让渡主动管理权,并收取固定的收益。

因为同业市场是个十分讲究声誉的市场,如果银行资金买的预期收益型的集合类产品或同业理财没有实现刚性兑付,那么这件事一旦在市场上传开,就会影响该家金融机构产品的销售。在这样的约束之下,同业市场显然比此前主体为企业的信贷资产更让银行放心。

所以对于银行来说,不管是负债端理财产品还是资产端的非银资管产品都是固定收益,银行赚的还是息差的钱,只要源源不断地卖理财产品,把规模冲上去,就可以增加利润。

尽管银行的行为还是冲量,但利率定价变得灵活了,原先不在银行考虑范围内的中小微企业可以开始拿钱了。对居民而言,资管机构的活跃发展为其提供了更丰富的资产配置渠道,而且这些产品还有刚兑保障,简直就是存款的完美替代品。

我们可以看到,银行理财规模自 2012 年以来快速增长,并在 2017 年飙升至29.54 万亿元的顶峰,相较于 2011 年年底的 4.59 万亿元翻了 5 倍有余。其他非银资管规模在这一阶段亦得到了显著的提升(见图 6.2)。

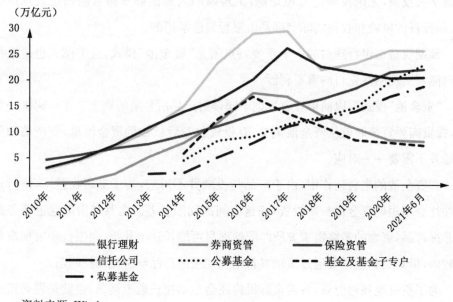

（万亿元）

资料来源:Wind。

图 6.2 各类型资管规模变化

但这些影子银行业务带来的弊端也显而易见。

第一,影子银行本质上是以表外业务为名的银行贷款,规模如此庞大但不占用资本金,还不受货币当局的监管与调控,容易致使系统性风险累积。

正如上文所说,商业银行只是将原本的传统信贷出表,不仅可以规避存贷比、资本充足率、拨备覆盖率等资本金约束,而且能够绕开监管的投向限制。

表外业务规模扩张如此迅速却缺乏相应的监管,而且其产品结构通常都比较复杂,通道过多以及交易链条过长均会降低资金流向的透明度,不仅投资者无法识别其个中风险,监管层也难以根据实际的社会融资情况调控,不利于及时监测和化解风险。

第二,影子银行业务的扩张更多是依赖"预期收益＋资金池＋刚性兑付"的模式,而不是受益于主动管理能力的提升,金融机构在追求利润增长的同时忽略了相应的风险。

银行理财产品之所以能够吸引投资者并对银行存款产生替代效应,是因为它是预期收益型的,能够刚性兑付。简单来说就是银行理财把从投资者手中募集来的钱拿去投资,无论投资是亏还是赚,买理财的人都能够获得合同约定的预期收益,而投资的风险和收益实际上都是由银行自己承担的。

预期收益型银行理财的一个重要特点就是"资金池"模式,这个模式也是银行理财能够实现刚性兑付的重要利器。

"资金池"模式可以简单理解为把不同理财产品所募集的资金放在一起统一管理,投资需要资金时就从资金池里拿,有投资收益后就放到资金池里,资产端和负债端并不需要一一对应。

在资金池的集合运作中,由于产品与投向并不对应,为了提高收益率,银行理财往往会用短期资金做长期投资,赚这中间的期限利差。尤其是借助通道业务投资非标产品,资金的最终需求方所匹配的项目可能长达十几年,而银行理财期限相对较短,借短贷长就需要通过滚动发售不同期限的产品解决流动性问题。

为了更好地规避监管,各类金融机构还会主动拉长通道链条,也就是说通道业务中间亦可能存在多个特殊目的载体(如券商资管计划、信托计划等)相互嵌套的方式。此外,出于要求更高的投研能力而产生的委外需求也会进一步增加资管机构之间的互买行为。正是这种资管机构之间的互买行为,造就了各家资管规模的快速膨胀与繁荣。可这种繁荣并不是受益于金融机构主动管理能力的提升,而是依赖于刚性兑付。

优秀的主动管理能力是要兼顾风险与收益,在控制好风险的前提下实现资产增值。这样才能真正对投资者形成吸引力,进而带动资产管理规模的扩大。

但影子银行体系中刚性兑付的存在让投资者可以忽略高风险,只关注高收益。金融机构在不断追求高收益的道路上无序扩张时,风险并不是不存在,而是被隐匿在资金池和多层嵌套的业务链条的背后。而一旦发生产品大规模到期及赎回，抑或融资方发生违约，新发售的产品又无法募集到足够的资金，不足以满足兑付需求，弥补损失，资金池就开始不稳定了，甚至可能引发系统性的流动危机。

第三，负债成本的攀升迫使金融机构更为激进地配置资产。金融机构要扩大利润，就必须要冲量，因为息差是固定的，在自有资金有限的情况下，要扩规模就要加杠杆，用较少的自有资金撬动大量的外部资金。

那么金融体系的杠杆是如何加起来的呢？

一是受益于宽松的流动性环境。2015年起在央行连续降准与公开市场投放的呵护下，金融机构能够以极低的利率借到短期资金用来在债券市场上加回购杠杆，借到中长期的同业负债资金来对接理财、债券等相对长期限的资产，做期限错配，赚流动性的钱。

二是借助处于监管真空的同业存单。在宽松的货币政策下，大行、股份行与一些大型城商农商银行拥有一级交易商资格，能够轻易从央行的公开市场投放中获取便宜的资金，但处于底层的中小银行难以在持续失血后获得流动性支持。

因此，中小行便开始大量借用同业借贷工具从大行手中获取流动性。在众多的流动性转移工具中，同业拆借、回购、存款受同业负债占总负债比例不得超过1/3的限制，难以实现冲量的目标。

而同业存单在当时却处于监管真空状态，开始异军突起。与其他同业负债工具相比，同业存单在会计记账上被计入应付债券，不受同业负债1/3比例的限制，且与原有的同业存款相比，无提前支取风险，不缴准，不纳入广义信贷，又可流通，收益率也与企业发行的短融券相差不大，广义基金与银行均具有很高的配置需求。

在这样的形势下，同业存单在连续降准后开始蓬勃发展，银行同业负债端开始大幅扩张（见图6.3），金融机构开启了加杠杆之路。

但杠杆加得过快、过高，就可能导致银行本身只有十几亿元的资本金，但管理规模高达几千亿元的情况。一旦表外风险显现，银行依靠自身是完全无法兑付的，就可能进一步引发系统性风险。

再来看资产端，借由同业存单得到的银行负债资金要么流向了银行的同业理财，要么直接买了券商资管、信托或基金的资管产品。就算是拿到银行同业存单的

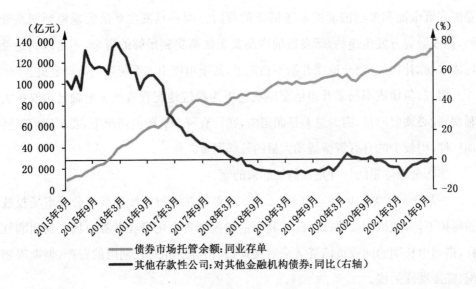

资料来源：Wind。

图 6.3 2015—2016 年同业业务快速发展，2017 年后放缓

同业理财机构，出于投研和通道的需求，很多还是会选择买资管产品。

这样一层又一层的资金委托，使最后接盘的非银机构有着很高的负债成本，为了创造出符合银行要求的收益率基准与更多的超额收益，非银机构只能采取三种方式：一是加债券市场的回购杠杆，压平套利空间；二是拉长久期，赚资本利得的钱；三是下沉资质，赚高票息与信用溢价。

所以我们可以看到，这一时期金融机构的风险偏好经历了大幅的上升，从债券融资规模来看，主体评级在 AA＋以下的企业债券净融资额大幅攀升至 2016 年一季度的 7 765.61 亿元（见图 6.4）。

不难发现，这一系列资金链条、互买操作都需要流动性，所以央行货币政策不能收紧，银保监会、证监会的同业监管同样不能收紧。

我们可以想象一下，如果在某一个时点央行开始收紧流动性，可能就会出现：

滚隔夜加杠杆的资金链断裂，资金市场出现大规模违约；最原始的中小行同业负债到期后，没有办法找到新的资金，赎回资管产品或到期后不续，同业理财与非银资管失去流动性支撑，只能卖掉流动性好的债券、股票等资产，金融市场开始剧烈波动……

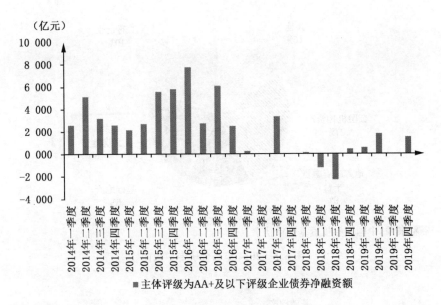

资料来源：Wind。

图 6.4 低评级主体的债券融资

所以，这样的业务模式存在非常大的风险隐患。

第四，这些表外业务支持的主体并非中小微企业，而是金融机构借由层层嵌套的通道业务等把钱挪到了监管不希望看到的领域，比如说"两高一剩"、房地产及地方融资平台。

利率市场化改革加速的初心：一是通过取消利率浮动限制，希望银行在做信贷决策时把更多的中小微企业考虑进来；二是借助金融市场中各类资管机构的力量，引导资金支持这些企业。

然而事实却是，钱要么留在金融系统里打转，要么是经过通道业务放给了被监管约束的产能过剩的国企，或者房企和地方融资平台。

我们可以看到，2014 年基金子公司专户业务中，有 27％的资金投向了金融机构，38％投向了城镇化部门（房地产、基础地产及地方融资平台）（见图 6.5）。而到了 2016 年，基金子专户投向城镇化领域的资金规模占比更是扩大到了 58％（见图 6.6）。

这是怎么回事呢？

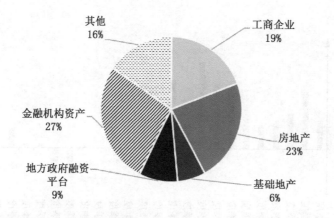

资料来源:中国证券投资基金业协会。

图 6.5　2014 年基金子专户投向

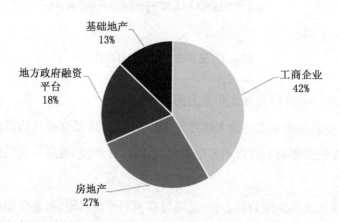

资料来源:中国证券投资基金业协会。

图 6.6　2016 年基金子专户投向

　　最主要的驱动因素还是利润,当时实体经济投资回报率差(2015 年 A 股非金融企业的资产回报率为 4.95%,而 1 年期理财的预期收益率为 5.13%),银行投到实体企业不仅不赚钱,还可能有违约的风险,不如把钱继续贷给有隐性背书的国企、地方融资平台,以及抵押品充足的房地产行业。

　　当然,事实上这些企业当时也确实存在巨大的融资需求。2009 年的一揽子刺激计划下催生出很多基建和房地产项目,然而刺激计划过后由于经济过热、资产泡沫膨胀等原因,监管又再度强化,严格限制地方举债和地产融资,仍属于施工期的项目在原有授信资金消耗完后,还需要资金继续开工。

最后,资金池模式为银行借助通道业务向这些领域投入资金提供了操作的可行性与便利性。

利润、需求和通道三者结合起来就导致通道业务在整个资管行业中占了很大的比重,而作为通道的非银资管机构(尤其是券商资管)也很乐于做这样的业务,不仅不担风险,还因为通道最终投的项目体量一般都很大,可以用来冲规模、冲排名。

那么资金给到这些企业就结束了吗?

并没有,那些拿到资金的国有企业为了提升收益掩盖经营的低效,还会把筹集到的钱再去买理财,兜兜转转,资金通过"银行—非银—企业—银行"链条又回到了金融系统。

根据数据统计,2016年共有828家上市公司累计购买理财产品8 902.57亿元,家数和购买规模较2015年分别增长41.54%与67.7%,累计"理财"1.12万次,其中有58%的资金是企业募集所得,这意味着原本属于企业流动性管理金融工具的银行理财产品已经成为非金融企业获利的重要手段。

资金"脱实入虚",显然,这严重违背了政策的初心。

不仅金融系统杠杆越加越高,风险越来越大,而且银行真正投资出去的钱流到了被限制的领域,基于这样的情况,监管必须要采取行动了。

2017年伴随着经济企稳弱复苏,央行货币政策的收紧及强监管具备了施行的基础,金融行业防风险严监管的时代得以到来。

资金池业务被明令禁止,通道业务受到严格限制,金融套利被打掉了。资管新规要求产品不得承诺刚性兑付,并要求净值化转型、底层穿透。也就是说,提供给老百姓的产品不能承诺收益率了,得用净值型产品,还得让投资者看明白他们投的钱最终去了哪里,收益几何。

这一波强监管的初心是想要挤掉金融市场中的水分,意图是好的,但是又产生了新问题:信用偏好收缩得太快了,各种信用风险开始频繁暴露。

2018年以来,债券市场违约事件层出不穷,2018年全年发生违约风险的债券达139只,而到了2019年更是超过200只,违约规模逐年攀升(见图6.7)。从企业性质来看,从2018年开始,有越来越多的国企信用风险暴露(见图6.8),甚至连高评级的大型企业都发生了债券展期的情况。

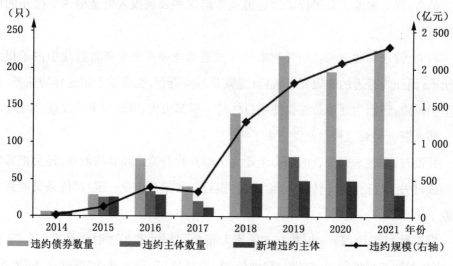

资料来源：Wind。

图 6.7　2014—2021 年债券违约情况

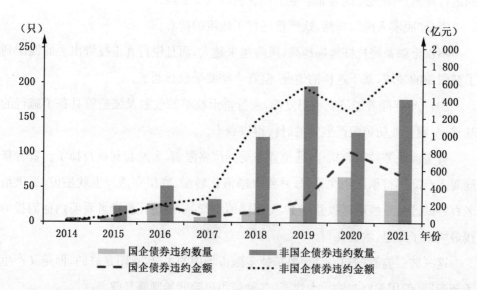

资料来源：Wind。

图 6.8　国企与非国企信用债违约情况

风险偏好收缩得过快，就导致大家都不敢加久期、加杠杆、加风险，更加关注资产的流动性。长久期的信用债没人碰，资质下沉策略的民企债也没人碰。直到现在，银行间市场都极少有投资者敢买民企债。

而城投债暴露出的一些零星信用风险也最终由地方政府出面协调了。不过这只是明面上的城投债务，我们还要看到各大信托计划也接连暴雷，其背后底层资产不少是融资平台。根据企业预警通的统计，2018—2021年10月共有105家涉及地方融资平台的信托产品发生违约风险（见图6.9）。

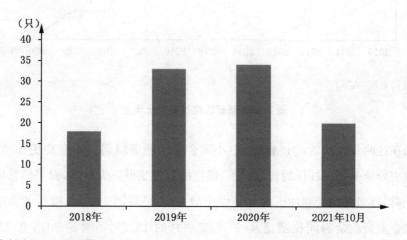

资料来源：企业预警通。

图6.9 涉及地方融资平台的信托计划违约情况

现在虽然城投还可以发债，也有不少投资者买，但是为了迎合市场流动性偏好，城投债的期限结构越来越短，这跟基建所需的长期资金的属性是严重不匹配的。可以看到，基建投资在2018年以后飞速下台阶，城镇固定资产基建投资额同比从2017年的14.93%骤降至2019年的3.8%，2020年叠加疫情的影响，基建投资同比增速仅有0.9%（见图6.10）。

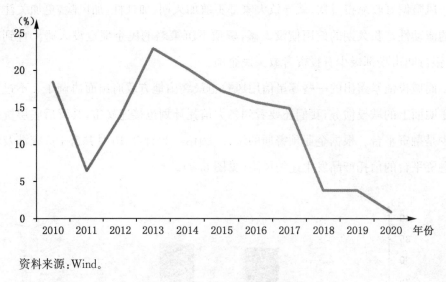

资料来源：Wind。

图 6.10 基建设施投资同比增速

而在这两年严监管的过程中，中小微企业的融资境遇其实变得更加糟糕了。在整顿表外业务及去杠杆的背景之下，银行的放贷变得更为审慎，而当银行风险偏好降低时，首当其冲受到冲击的便是中小微企业，融资阻力变大，银行业金融机构的小微企业贷款余额同比增速从 2017 年 9 月的 15.7% 下滑到 2018 年 12 月的 8.9%。

所以不管是在哪个阶段，监管放松还是纠偏，中小微企业的融资难题都没有得到解决。那问题到底出在哪呢？

答案是以银行为中心的间接融资体系与中小微、科技创新企业发展特性之间不匹配。为什么这么说呢？

第一，银行作为债权人吃的是固定息差，放出去的贷款拿的是固定收益，虽然中小微企业成长性很高，未来企业成功壮大可能带来巨大的回报，但银行并不会多分一杯羹。

第二，银行天然有着风险厌恶的特性，相比盈利性，资产的安全性有时候对银行来说更为重要。

过去工业化城镇化能够依靠银行模式获得成功，本质上是由于国企、房企及城投平台不仅具备机器设备与充足抵押品的特性，而且有隐性担保，完美地契合了银行资本的风险偏好。

而当前经济转型发展需要的创新型产业,有着高风险高收益的特征,是典型的资金密集型与知识密集型行业,但同时又缺乏抵押品,前期技术研发需要高投入,研究周期长,经营不确定性大,与银行风险厌恶的特性恰好相反。

第三,尽管银行会遵循政策的意愿努力扩大对中小微企业的信贷支持,但是实际发放贷款时还是会要求抵押品或者担保,中小微企业想要拿到充足的资金最好的抵押品还是土地和房子,这样一来银行依靠的还是土地增值,更加无法脱离土地实现经济转型。

第四,银行出于自我保护的考虑,也没法做到迅速退出传统产业。

参考后工业化时代日本,在地产泡沫破裂后,日本的产业升级陷入困境,经济迟迟无法找到新的增长动力,很重要的原因就是很多企业是银行的主要债务人,银行不想也不能让这些企业破产退出。于是在相当长一段时间里,日本的金融体系一直在给很多僵尸企业展期融资,使经济失去活力。

产业结构面临转型升级挑战时,银行往往已经与重工业企业(在中国还包括房企和城投)建立了"生死与共"的共生关系,银行出于延迟坏账等考虑,也不会直接断贷,不然传统产业不给力,以前放出去的钱也收不回来了。这就会导致旧产业迟迟无法出清,新产业萌芽发展速度也比较缓慢。

6.3 2019年以来:监管再次纠偏与金融体系重塑

随着利率市场化继续向前推进,金融创新时代累积的一些风险开始逐渐释放,我们进入再造金融时代的初期,去掉低效、无效的金融供给,提供全方位、多元化的金融服务,为实体提供更高效、全面的金融服务成为现代金融发展的核心与主题。

中国金融供给问题主要体现在没能够有效满足实体经济需求,资金供需失衡,造成效率损失及资源浪费。

进一步细化,又包括总量与结构两方面问题。从总量上看,流动性较为宽松,但传导到实体经济存在一定难度。从过去货币宽松的经验来看,用货币宽松降息来提振需求的效果并不好。从结构上看,资金投向了可能并非真正缺钱的领域,供需存在错配,中小企业融资难、融资贵问题依旧尖锐。

要解决这一系列问题,需要金融适应高质量发展的需求,重塑体系和格局。

6.3.1　资本市场替代银行成为未来融资体系的主体

上一阶段的金融市场改革并没有从根本上改变以银行为主体的间接融资模式。不管是取消利率管制还是鼓励金融创新、放松资管业务的监管,都是寄期望于银行能够多分给中小微企业一些信贷资源。

但正如我们前文中提到的,从本质上看,银行的业务模式就与高成长、高风险的中小微企业发展不适应。中小微企业要融资,要实现创新发展,还是得靠权益资金。权益资金可以享受企业做大后的高额回报,所以能够容忍企业发展初期较高的不确定性。

2018年中美贸易摩擦暴露出中国高端制造领域有很多被"卡脖子"的问题,而且这其中很多是技术密集型加上资金密集型的行业,需要充足的资金来构筑护城河。能给企业持续提供资金支持,期待美好未来,相信转型一定能成功,还能给予企业高估值的,只能是权益资金。

而权益资金的发展也需要一个载体,那就是资本市场。时代越往前走,经济越发展,产业结构高端化的诉求越强,资本市场的作用与功能也就越大。

在支持中小企业发展方面,资本市场具有明显的优势,不会像银行模式一样容易陷入故步自封的陷阱。

银行主导的间接融资体系下的经济增长是缺乏竞争性的,只要有充足的抵押品和担保就能受到资源的倾斜。而资本市场不一样,一旦出现风险事件或失去了赚钱效应,资本就会用脚投票,转去追逐其他有竞争力的产业和企业。无法跟上时代节奏的产业与企业将无法得到金融资本的支持,要么努力创新提高自身的竞争力,要么接受现实,退出历史的主舞台。

中国的资本市场发展可以追溯至20世纪八九十年代,在过去的很长一段时间里,进入资本市场的门槛还是比较高的,定位也偏向于大企业和国企,发行股票和债券都需要经过证监会严格的审核,中小企业很难在资本市场上获得一席之地。

门槛太高就会将很多优质、有成长潜力的企业拦在资本市场的大门之外。这些企业要么放弃上市,要么跑到海外上市。放弃上市可能让企业错过发展机遇,跑到海外上市会让国内居民部门无法分享这些优质企业的成长红利,从而错过难得的投资机遇。

因此,我们需要注册制,把小企业、符合专精特新要求的企业的上市门槛给降下来。需要科创板、创业板、北交所等多层次资本市场,为不同类型、不同发展阶段的企业提供发展舞台。

注册制改革实施以来成果也非常显著。目前的试点涵盖科创板、创业板、北交所,各有侧重并相互补充,对企业来说,可供选择的上市渠道更多了。截止到2022年年末,科创板开市以来上市公司数量达到500家,累计募集资金约7 600亿元;创业板注册制试点以来,新增IPO数量394家,首发募资金额合计约3 850亿元;北交所开市以来新增上市公司94家,IPO金额合计185亿元。

注册制以后整体上市门槛确实下降了不少,IPO排队时间相较于以前也有了明显的缩短,这对于一部分中小企业来说足够了。

中国还有很大一部分科技企业,采用的是同股不同权这样的特殊股权结构。这些科技企业在从小做到大的过程中,必然会引进很多外部资金,进而稀释创始人的股权,而这类企业的发展很大程度上依赖创始人的决策,所以创始人要掌握绝对控制权。

之前很多内地企业就因为A股不接受双重股权结构的公司,转而赴美上市,2018年受中美贸易摩擦影响,一大批中概股从海外退市,回流的也是港股而非A股,正是因为中国香港市场放开了对股权结构的限制。

根据彭博社2017年6月的数据,116家在美国作为第一上市的内地公司中,28家企业采用了同股不同权的架构,合计市值高达5 610亿美元,相当于当时中国香港市场总市值的15%。鉴于当时还没有科创板,我们拿创业板做比较,这些同股不同权企业占当时创业板总市值将近八成。

2020年开始,我国A股市场也陆续接受了一些特殊股权结构的企业上市。截至2022年年末,共有8家该类型的公司挂牌,板块均为科创板。与港股一样,这些企业挂牌名称后都会加上一个"W",表示Weighted Voting Rights,即同股不同权。

由此可见,在资本市场循序渐进的改革中,注册制对于上市企业的包容性在不断提升。随着 2023 年注册制改革延伸到沪深主板,我国资本市场全面注册制的时代正式开启了。

但上市门槛大幅降低后,企业只进不出也不行,被资本市场淘汰的企业需要被及时清理出场,为新加入的企业腾挪出空间与资源,所以我们还需要退市制度。

之前核准制下退市其实是不太容易的。注册制还没推出的时候(以 2019 年 7 月 22 日计算),仅有 105 家企业退市,占比不到 3%,年均退市率只有 0.4% 左右。其中,强制退市 59 家,占比 66.44%。

而对于那些不具备持续经营能力的企业,如果长期滞留在资本市场,不仅挤占了珍贵的市场资源,而且可能损害投资者的利益。

注册制更侧重于上市之后的管理,企业质量好坏是由投资者来甄别的,这就需要监管完善的退市制度为市场优胜劣汰的竞争机制保驾护航。

科创板试点注册制以来,A 股的退市力度相较于以前确实有了加强,并且在 2020 年年底退市新规出台之后,退市公司家数屡创历史新高,2022 年全年 A 股退市家数甚至达到了 46 家,是 2021 年的 2 倍还多(见图 6.11)。

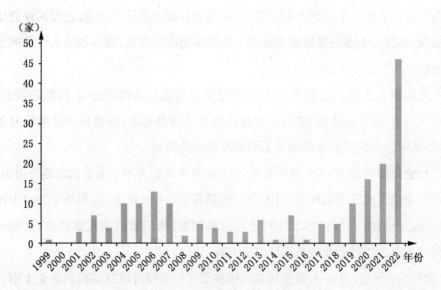

资料来源:Wind。

图 6.11 历年 A 股市场退市公司家数

我们可以感觉到,目前市场的退市节奏已明显加快。但有一点还需要强调,当下 A 股市场更需要的是让退市机制常态化,触发退市条件的,要坚决退市。

在这里我们不妨借鉴一些美国的经验。美国纽约证券交易所每年有超过 6% 的公司退市,而服务于中小企业的纳斯达克市场,其年均退市率更是达到了 8%。在美股退市的这些企业中,强制退出的只占 5%,而余下的 95% 均是通过重组、私有化等方式实现的。其畅通的退市机制背后主要归因于多元化的退出渠道,以及较为健全的集团诉讼等司法救济机制,能够有效地保护好投资者的权益。

对于 A 股市场而言,在实现退市常态化的过程中,一方面可以进一步完善退市规定,对重大违法"零容忍",做到应退尽退;还可以通过完善并购重组制度等,拓宽多元化退出渠道,提高退市制度的适应性。

在这里要强调的一点是,不是所有要退市或者可能退市的公司就没救了。打个比方,现在有 A、B 公司都面临退市,但退市的原因不一样。A 公司是因为财务造假被强制要求退市,这无可厚非。B 公司是因为常年经营效益不好要退市,但这并不代表 B 公司就没希望了。B 公司还可以通过并购重组来进行企业之间的资源整合,既能够达到盘活存量、提质增效的作用,又不挤占市场资源,还能提升市场配置效率。

除了上市、退市制度之外,投资者保护也是监管不容忽视的一环,如果是因为重大违法行为对投资者造成损失的,应该对投资者进行赔偿,落实上市企业的主体责任。

不过由于一家公司的投资者往往很多很分散,而个人投资者对于司法诉讼、赔偿等方面的程序规定也不太了解,因此要加快推进投保机构代表人诉讼制度,补齐民事赔偿的短板,切实保护好投资者的合法权益。

此外,还可以完善投资者保护基金制度。如果投资者在赢了诉讼赔偿官司之后却拿不到钱,保护基金就应该承担起部分赔偿责任,把投资者的损失尽量降到最小。

至此,作为资本市场骨架的基础制度已大致搭建起来了。最后我们再从事实的角度,印证一下资本市场所起到的作用。

过去资金都往城镇化的地方跑,如基建、房地产、城投等。但从去杠杆、去地产化开始资金不断涌入资本市场,并且配置到了中小企业和新兴行业领域。

从股价的上涨中也可以窥探到这一点:作为中小盘股代表的中证 500 指数,在绝大多数时候,表现都要优于沪深 300 以及代表大盘股的上证 50(见图 6.12 和图 6.13)。而从新能源、半导体、专精特新等板块的上涨趋势也可以看出,资本市场的资金整体还是往国家支持的方向流动的(见图 6.14)。

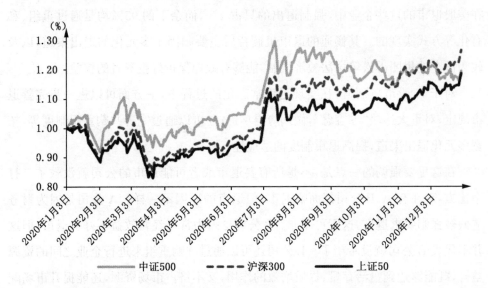

资料来源:Wind。

图 6.12   2020 年多数时间中证 500 优于沪深 300 及上证 50

6.3.2   引导居民储蓄入市

资本市场光有骨架也不行,还要有血肉。要有投资者和资金,资本市场才能够活起来。

在以前的银行模式下,工业化城镇化资金的来源最终都是居民储蓄。而在新的产业发展模式之下,资本市场也就成为居民谋求财富增值的绝佳平台。

但上市公司有好几千家,研究难度不小,所以就需要专业的机构投资者给老百姓做财富管理,同时还需要有更加丰富的金融产品供其选择。

从过去的经验我们可以看出,A 股市场散户占比较高,但散户无论是在对市场信息的判断、投资收益能力还是投资理念方面都与机构有一定差距,因而很容易发生追涨杀跌、羊群效应,这也是造成我国股票市场波动较大的重要原因。

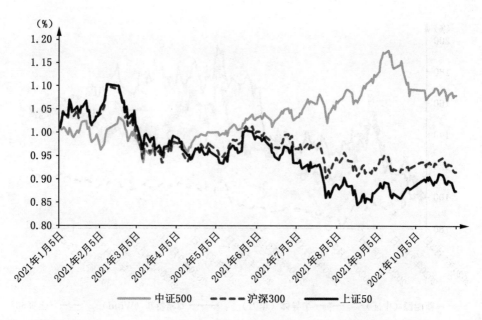

资料来源：Wind。

图 6.13　2021 年 4 月开始中证 500 持续跑赢沪深 300 及上证 50

让散户自己投资，很大部分人可能都无法实现稳定的财富增值。根据中国证券投资基金业协会（简称中基协）2021 年年报，2020 年股票型基金盈利 50％以上的高达 59.79％；而个人投资者实现盈利的比重要小得多，仅有 11.08％，甚至还有超过 30％的投资者亏损 20％以上（见图 6.15）。

这里要强调的一点是，在直接融资体系下，机构投资者是企业与居民之间的桥梁，但实际上投资的收益和风险均没有发生实质性转移，居民投资者作为股东能够完完整整地享受到企业成长带来的回报。

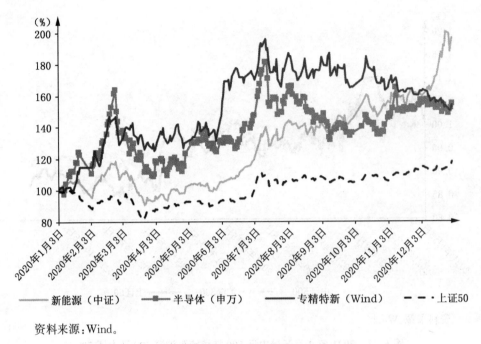

资料来源：Wind。

图 6. 14　新能源、半导体、专精特新等国家支持的领域上涨

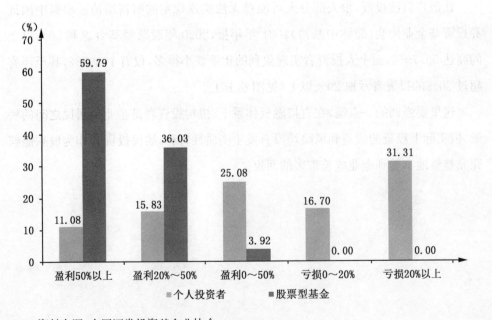

资料来源：中国证券投资基金业协会。

图 6. 15　2020 年基金与个人投资者投资能力对比

　　想要从居民手里拿到钱,还需要有足够丰富的中长期产品供居民选择。所以才有了多样化的基金、保险、养老金产品匹配居民不同的风险偏好。保守的可以买货币基金、保险产品,风险容忍度高的,想要追寻一定收益的,就可以多买点股票型基金、混合基金。

　　像公募基金,就是近些年来非常受欢迎的一类。在整顿影子银行业务,资管承压的背景之下,公募规模占整个资管行业比重不降反升,从2015年的9.4%大幅上升至2022年年末的19.4%(见图6.16),翻了两倍有余。

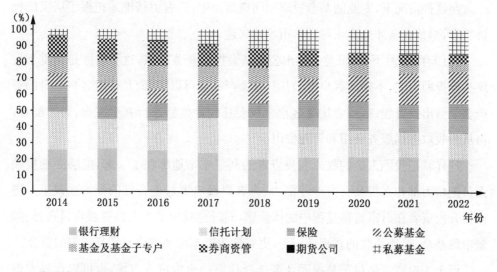

图 6.16　各资管产品规模占比变化

资料来源:Wind。

　　西南财经大学和蚂蚁研究院2020年发布的调研报告显示,近年来中国居民的理财需求激增,并且更倾向于购买基金而非炒股,同时也更偏好中长期持有基金。

　　不过,公募基金规模越来越大、发行数量越来越多,又会出现一个问题,那就是产品太多了。2022年年末市场上有一万多只公募产品,单单权益型基金(股票＋混合)就有六千多种,投资者难以抉择,中基协2021年的调查报告也显示,45.6%的投资者认为基金选择困难是阻碍他们中长期投资的主要原因。

　　而且过去基金行业看重零售端基金产品的销售,是一种卖方投顾或者销售投顾。因为收入来源主要在于代销基金所赚取的佣金,所以想的都是怎么扩大销售规模,拉业绩,至于卖出去的基金最后赚不赚钱,能赚多少钱,通常不是投顾所在意的,这就会造成过去投顾的利益跟投资者的利益并不是完全联系在一起,个人投资者购买基金的体验并不是很好。

根据《公募权益类基金投资者盈利洞察报告》,截至 2020 年 12 月 31 日,景顺长城基金、富国基金、交银施罗德三家基金公司过去 15 年主动股票方向基金年化收益率达到 16.67％,虽然历史个人客户中超七成基民都赚到了钱,但平均收益率仅有 8.85％。显然,基金赚钱,但基民不一定赚钱。

在这种情况下,专业的基金投资顾问应运而生,只有更精准地把握了居民的投资需求,储蓄资金才会真正对资本市场感兴趣。

2019 年 10 月下旬,证监会推出公募基金投顾业务试点,这种投顾是侧重于发展买方投顾模式,不是向客户推销几只基金产品就可以了,而是针对客户自身的资产盘子给出投资建议,或者接受客户全权委托代替他们进行基金买卖、资产配置,再从中收取咨询服务费用和管理费用。

这样就把投顾人员的收入与投资者的利益牢牢地绑在了一起,能够激励投顾人员把精力都花在提高自身专业能力、为客户做出更好更合理的配置建议上。进而提升投资者在财富管理过程中的体验感,同时也减少了个人投资者盲目选择、频繁申赎基金、追涨杀跌的非理性行为,更好地为资本市场提供长期且稳定的资金。

而个人投资者通过公募投顾业务选择优秀的机构进入市场,也可以促进实现市场中投资者的机构化。

不过,基金投顾业务在中国家庭中的认可度、接受程度并不是很高,中基协 2019 年度的调查结果显示,仅有 21％的个人投资者愿意为投资顾问服务付费。

相比之下,美国在这方面发展得较为成熟,已形成了庞大的投顾业务市场。美国投资顾问协会(Investment Adviser Association,IAA)报告显示,截至 2021 年年底,全美共有约 1.5 万家在证券交易委员会注册登记的投顾机构,管理资产规模合计达 128.4 万亿美元(共同基金只是投顾服务资产中的一种),其中受客户全权委托的资产占比更是高达 91.5％。

雇用投资顾问也是美国家庭购买基金最常见最普遍的方式。2022 年美国投资公司协会(ICI)的统计数据显示,通过养老金计划之外投资共同基金的家庭占比为72%,其中采用专业投资顾问服务的占48%,直接通过基金公司或者证券经纪人购买的家庭占28%(见表6.1)。而在73%通过养老金投资账户投资共同基金的家庭中,也有许多会接受投资顾问的指导。

表 6.1 美国家庭投资者大部分通过专业投顾渠道购买共同基金(2022 年)

美国家庭投资者购买共同基金的渠道			选择该渠道的家庭数量比重
养老金计划之外			72%
专业投资顾问	48%	综合服务经纪商	20%
		独立投资顾问	24%
		银行客户经理	13%
		保险代理人	6%
		会计	3%
直接从市场购买	28%	共同基金公司	18%
		折扣经纪人	14%
养老金计划之内			73%

注:养老金计划指雇主发起的养老金计划,包括 DC 计划[如 401(k)、403(b)和 457 计划]和雇主发起的个人退休账户(IRA)。

资料来源:ICI。

截至 2022 年 7 月,我国有 60 家机构获得基金投顾业务试点资格,数量上基金公司与券商平分秋色,分别为 25 家、29 家。具体来看,截至 2022 年 9 月底,60 家机构中 54 家试点机构已经展业,涉及 440 万个账户,管理规模近 1 200 亿元。不过,相比公募基金市场 20 多万亿元的规模,整体规模还较小,存在巨大的发展空间。

除了公募、基金投顾之外,养老金也是目前与居民投资及资本市场非常契合的一类金融产品。

一是在老龄化现象日益加重的情况下,作为第三支柱的个人养老金能够兼顾居民财富增值与退休后养老的诉求,同时相较于第一、第二支柱有更大的选择空间。

二是养老金具有期限长、体量大的特点,持股周期也比较长,而资本市场要发展,需要的正是长钱。

按照联合国的标准,我国从 2021 年就开始进入了老龄社会,即 65 岁及以上的人口比重超过 14%。而 2022 年该比重较 2021 年又进一步提高了 1 个百分点,至

15.2%,很显然,我国的老龄化正在加速。随着老龄化现象日益严重(见图6.17),居民对于养老保险的需求与日俱增。

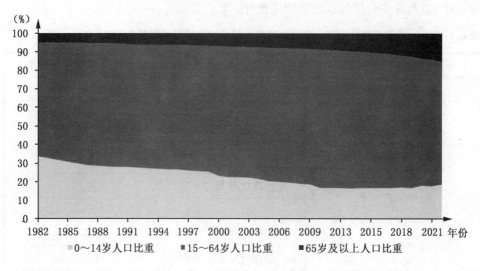

资料来源:Wind。

图6.17　中国老龄化趋势愈加明显

我国养老保险体系分为三个层次,第一层次(也就是第一支柱)是基本养老保险,具有强制性质且由政府分配;第二支柱包括企业年金和职业年金,由企业和个人共同缴纳,具有半强制性质;第三支柱则是由个人自愿缴纳、选择的个人养老金融业务,也就是自己给自己养老,包括在政府支持下建立的个人养老金账户制度以及其他的商业性养老保险、理财等。

中国现在的养老金结构以第一支柱为支撑,覆盖面广且规模大,根据人社部统计,2022年中国基本养老保险参保人数达到10.5亿人,累计基金规模为7.0万亿元,占整个养老金规模的57%(见图6.18)。第二支柱企业(职业)年金规模较小,占比为41%,而第三支柱个人养老金则刚刚起步,占比不到2%。

由于我国养老金第一支柱事实上实行的是现收现付制,随着未来老龄化程度的加深,过度依赖第一支柱无疑会加重财政养老压力,而第二支柱无法将大量灵活就业的人员纳入保障范围。

因此发展第三支柱个人养老金迫在眉睫。早在2018年个人税收递延型商业

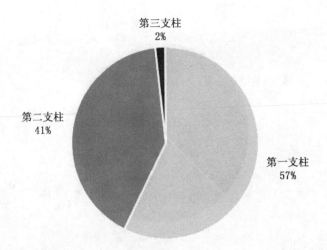

注:这里的第三支柱统计仅包括政府引导的个人养老金账户、养老目标基金、养老理财、个人税收递延型商业养老保险以及专属商业养老保险。其中,个人税收递延型数据使用 2021 年年底的保费收入 6 亿元。

资料来源:Wind、人社部。

图 6.18 2022 年中国养老金三大支柱规模占比

养老保险就已经开始试点,但效果并不是很好,截至 2021 年年底的保费收入仅有 6 亿元。其他的养老理财、专属商业养老保险、特定养老储蓄等也在近几年陆续试点,但是相对而言规模还比较小,普及率不高。

2022 年 4 月,国务院发布《关于推动个人养老金发展的意见》,同年 10 月人社部等五部门联合发布《个人养老金实施办法》,11 月个人养老金制度正式启动实施,标志着我国第三支柱养老体系进入了一个新阶段。截至 2022 年年末,共有 1 954 万人开设了个人养老金账户,缴费总额 142 亿元。

总的来看,目前第三支柱还在发展初期,规模和覆盖面均比较小,未来的路,道阻且长。想要实现个人养老金的稳定增值,资本市场不失为机构投资者发挥其专业能力的绝佳舞台。从海外来看,美国和韩国的先行经验可以带给我们一些启发。

美国的养老金结构是以第二支柱养老金(DC 计划和 DB 计划)为支撑,2022 年占比高达 55%;其次是第三支柱(IRA 和年金),占比 37%;第一支柱(OASDI)占比较小,仅有 8%(见图 6.19)。

2022 年美国超过七成的家庭都会选择通过养老金来投资共同基金。具体来

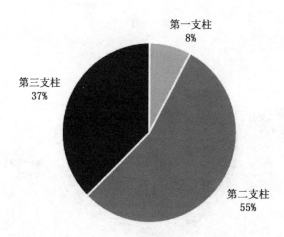

资料来源:SSA、ICI。

图 6.19　2022 年美国养老金三大支柱规模占比

看美国养老金的资产配置,根据 ICI 数据,2022 年 DC 和 IRA 计划的资产中,投资于共同基金的比重分别为 55%、44%,二者合计约占美国共同基金市场的半壁江山(46%)。在其所投资的共同基金中,配置又以美国国内股票资产为主,分别占 DC 和 IRA 所投共同基金资产的 47% 和 43%。

实际上 2021 年的时候,美国通过养老金投资共同基金的家庭比例要更高,超过了 80%。但 2022 年美联储为化解通货膨胀压力采取了非常激进的加息措施,全年共加息 425 个基点,高利率之下资产价格大幅下跌。股票市场方面,纳斯达克综合指数跌去了 33%,道琼斯平均指数跌去近 9%。相应的,共同基金规模缩水了 17.8%,养老金规模缩水了 14.7%。

此外,我们还发现一个有趣的现象,当房地产资产占比提高时,养老金资产占比则减小(见图 6.20),房产减少时,居民会选择配置更多的养老保险金。这就能反映出,对于美国居民来说,房子和养老金都具有养老、保障退休生活的功能,两者之间是可以相互代替的。

这一点对于我国的资本市场发展是很有启示意义的,随着房地产长效机制的确立,房价上涨的动力减弱,这些居民财富就有可能去配置养老金,间接地投资于资本市场,储蓄从银行存款、房地产搬到了资本市场。

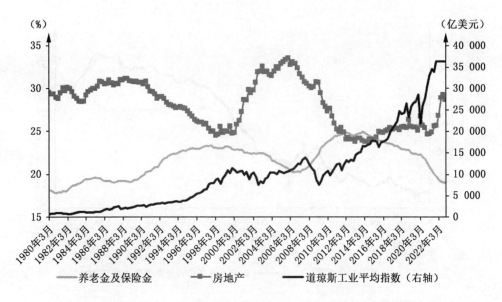

资料来源：CEIC。

图 6.20　美国居民财富配置

再来看看韩国的经验，韩国的老龄化更为严重，韩国从 2000 年步入老龄化社会，仅花了 18 年完成向老龄社会的转变。而经历这一阶段日本用了 24 年，美国更是花了 64 年（见表 6.2）。

表 6.2　　　　　　　　　　　**各国进入老龄化社会及老龄社会的年份**

	韩国	日本	美国	中国
进入老龄化社会年份	2000 年	1971 年	1950 年	2002 年
进入老龄社会年份	2018 年	1995 年	2014 年	2022 年

注：根据联合国定义，一个国家或地区 65 岁及以上的人口占比超过 7％则视为"老龄化社会"，超过 14％则进入"老龄社会"。

资料来源：Wind。

面对日益沉重的养老问题，韩国居民不断地增配保险及养老金资产，保险及养老金占金融资产比重从 2002 年年末的 21.4％增加至 2022 年年末的 31％（见图 6.21）。与此同时，韩国的养老金公司也不得不改变投资策略，提高金融资产尤其是股票资产的配置比例，以提高其资产的收益。

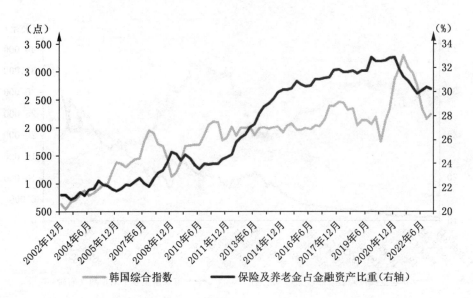

注:韩国家庭资产的统计口径于 2008 年更新,但前后统计结果相差不大。
资料来源:CEIC。

图 6.21 韩国家庭保险及养老金的配置比重不断攀升

以韩国国民年金计划(NPS)为例,在亚洲金融危机之后,出于避险和养老的双重压力,NPS 大幅提升对金融资产的投资比例(见图 6.22),2008 年金融危机之后 NPS 资产基本全部投向金融领域。在此基础上更是扩大了对股票等风险资产的投资力度,股票配置占比从 2003 年的 9.1%扩大到 2021 年的 44.6%(见图 6.23)。

从美国、韩国的经验我们可以总结出,在老龄化现象越发严重的情况下,居民增配养老保险资产是一种长期趋势,而养老金所具有的大体量、期限长的特点完美契合资本市场的需求。最终居民能够通过配置养老金间接投资资本市场,分享经济增长、股市上涨带来的红利,既实现了财富增值,又保障了退休后养老生活的质量,不失为一种良策。

6.3.3 现阶段银行间接融资的作用不能忽视

在努力建设发展资本市场的过程中,我们也要承认一个事实,直接融资比重的提升不能一蹴而就,而要循序渐进。这就意味着在直接融资比重还比较小的时候,资本市场的作用是受到限制的。

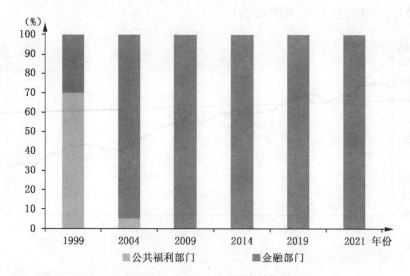

资料来源：NPS 年报。

图 6.22 NPS 运营资产配置变化

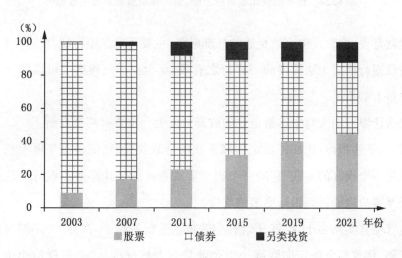

资料来源：NPS 年报。

图 6.23 NPS 金融资产配置变化

截至 2022 年年末，我国社会融资存量中，直接融资达 101.84 万亿元，占比 29.59%。虽然近年来直接融资发展迅速，长期来看资本市场是社会融资体系的重心，但不能忽视的是，当下以银行信贷为主的间接融资规模在社融体系中始终占据主导地位,占比超过七成(见图6.24)。

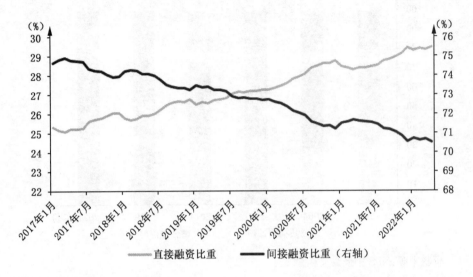

资料来源:Wind。

图6.24　直接融资比重有所上升,但间接融资依旧占主导地位

也就是说,现阶段中小微企业的外部融资,主要还是靠银行贷款。尽管在新的发展阶段银行模式无法像以前一样行之有效,至少在一定程度上可以弥补直接融资在总量上的不足。

怎么让银行加大对中小微企业的放贷力度呢? 主要有两个方面:

第一,下达指标,比如将指定领域企业的贷款规模/比例纳入年度考核。普惠金融就是一个很好的实践,它的一个很重要的意义就是让那些在银行传统授信之外的长尾客户能够得到银行更多的支持。

监管层其实从2011年就开始对小微贷款进行考核了,在2019年的时候央行又加了码,将普惠金融定向降准小微企业贷款考核标准从"单户授信小于500万元"提高到"单户授信小于1 000万元",从而扩大了优惠政策的覆盖面。

2021年银保监会还提出普惠型小微企业贷款实现"两增""两控",其中要求5家大型银行的普惠型小微企业贷款全年增长30%以上,贷款户数不低于上年同期水平。除此以外,2021年还将"首贷户",也就是第一次从银行业金融机构获取贷款的客户,纳入大型银行的内部考核指标,要求努力实现2021年新增小微企业"首贷户"数量高于2020年。

2022年,在继续实现普惠型小微企业贷款"两增"目标的基础上,银保监会更是给国有大型银行设下了全年新增普惠型小微企业贷款1.6万亿元的硬性指标。

从数据上看,2019年之后小微企业贷款余额增速也明显有了提振趋势,尤其是大型银行的普惠小微贷款增长非常明显(见图6.25和图6.26)。融资成本也有所降低,普惠型小微企业贷款利率从2018年1月的6.3%下降到2022年12月的4.9%,下降了1.4个百分点,已处于历史较低水平。

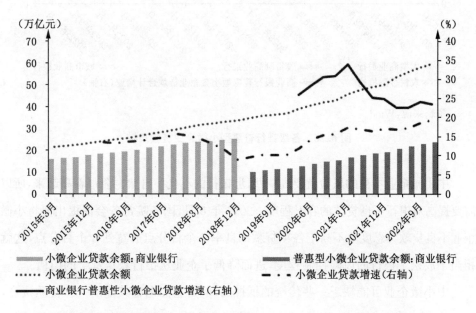

注:(1)商业银行小微贷款余额数据截止到2018年12月,此后未继续披露。(2)商业银行普惠型小微企业贷款余额数据自2019年一季度开始披露。

资料来源:Wind。

图6.25 银行小微企业贷款的规模

第二,容忍不良率,允许中小企业将知识产权等作为质押品,通过金融创新降低银行的审核成本、提高放贷效率等,提高银行主动放贷的意愿。

在下达指标这种强制手段之下,银行投向中小微企业的资金规模变大了。如果企业经营不善,则银行还是会遭受损失。既然要让银行敢放贷也愿意放贷,相应的监管标准也要放松一些。

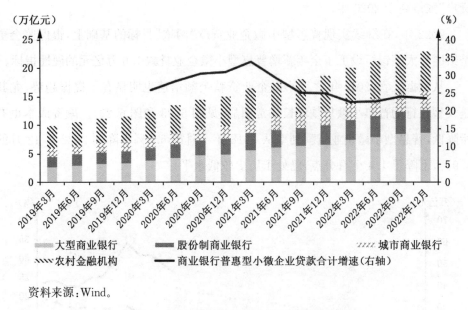

资料来源：Wind。

图 6.26　各级银行普惠型小微企业贷款规模

中小微企业本身的风险就要高一些，那银行的不良率自然也会跟着高起来，所以需要提高对银行不良贷款的容忍程度。2019 年 6 月，国务院常务会议提出要将小微企业不良贷款容忍度从不高于各项贷款不良率 2 个百分点放宽到 3 个百分点，这就相当于放松了银行的风险控制程度，进而降低了企业从银行获得资金的门槛。

中小微企业可能缺乏一些传统的抵押品，但是它们也有其他的一些优质资产，比如知识产权等。所以现在各地也正在努力推动银行做知识产权质押贷款，根据国家知识产权局发布的数据，2022 年全年专利商标质押融资项目达 2.8 万个，质押融资总额达 4 868.8 亿元，同比增长 57.1%，惠及的 2.6 万家企业中 70.5% 的企业是中小微企业。

与此同时，许多地方还会设立科技信贷风险补偿资金来尽可能降低这类贷款中存在的估值风险、贬值风险、处置变现风险等诸多隐患。

随着技术的发展，银行还能够通过金融创新更好地识别自己的客户，提升风控能力和审核效率，降低审核成本。

普惠金融有一个非常显著的问题就是每家企业能借的钱，量要比大国企小很多,银行可能要做好多个小微企业的业务才能追得上一家大国企的。因此,银行只有借助金融科技,通过大数据来进行企业资质测评、批量审批,全面提升普惠金融运营数字化能力,才能降低信贷投放的成本。

但是对于中小银行来说,还有一个关键的点,就是资金实力要比大银行弱得多。尤其是在经济增速放缓的情况下,资本金压力会限制中小银行给中小微企业投放信贷的能力。

如果是大银行,可以通过定增、发债等各种方式从外部补充资本金,2017年以来大型商业银行的资本充足率得到了明显的提升,股份制商业银行则呈现缓慢上升的趋势(见图6.27)。

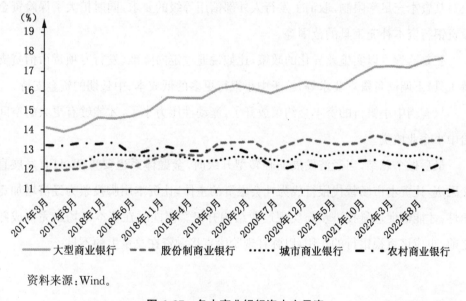

资料来源:Wind。

图6.27 各大商业银行资本充足率

但是中小银行外源融资的渠道非常有限,过去无论是IPO、定增,还是优先股、可转债和永续债都有着比较高的门槛,能具备这个资格的毕竟是少数。所以可以看到近年城市商业银行资本充足率没有多少提高,而农村商业银行更是有所下滑。

现在缓解中小银行的资本金约束和流动性压力可以采取以下措施:

一是通过财政直接支持中小银行。

2020年7月,国务院常务会议决定,允许地方政府通过发行专项债来合理地支持中小银行补充资本金,从而帮助中小银行改革化险,提升中小银行服务实体经济的能力和效率。根据央行《2022 年第四季度中国货币政策执行报告》,2020—2022 年共新增了 5 500 亿元的地方专项债用于补充中小银行资本金,占三年新增专项债总额度的 5%。

二是可以降低其外部融资的门槛,比如说让城市商业银行、农村商业银行尝试 IPO 上市,推动永续债发行,扩大二级资本债的发行力度等。

2020 年 5 月,银保监会修订了《关于保险资金投资银行资本补充债券有关事项的通知》,放松了保险资金投资银行资本补充工具的条件,如取消了保险资金所投银行资本补充债券发行人总资产最低 1 万亿元、净资产最低 500 万元的要求,放松对其资本充足率限制,取消了发行人外部信用等级的要求,同时扩大了保险资金投资银行资本补充工具的范围等。

三是监管可以实施差异化的政策,比如说通过定向降准、发行专项货币信贷支持工具、下调储备资本要求等,给予中小银行更多的低成本、中长期的资金支持。

只有当中小银行的资本金约束放开了,流动性压力小了,才能够有更大的空间给中小企业放贷。

最后做个总结,当经济发展面临转型升级时,金融体系也要重塑,只有发展直接融资,让资本市场替代银行成为社会融资的主体,让资本用脚投票为经济增加竞争性,才能够促进科技进步与实现产业结构升级。但同时在资本市场未完全成熟之前,也应该重视银行的作用,以弥补现阶段直接融资在总量上的不足。

第7讲

货币政策

高质量发展阶段，货币政策也需要应时而变。

20世纪90年代以来,我国的货币政策经历了从以量为主到由数量型向价格型的转变,这背后隐含了从外汇占款到土地信用的经济发展模式的变化。当前,我国经济已由高速增长阶段转向高质量发展阶段,货币政策又是怎么适应新时期经济发展的呢?本讲将详细梳理货币政策的演变和改革。

7.1 外汇占款时期——以量为主的货币政策

要了解外汇占款时期的货币政策,先得了解一下外汇占款是怎么回事。

1993年以前,央行主要通过中央财政透支以及商业银行再贷款投放基础货币,但是自1994年外汇体制改革以后,基础货币的投放逐渐转向以外汇占款为主导。

为什么会发生这种变化呢?

计划经济时期,我国面临比较大的外汇缺口,外汇收支实行指令性计划管理。随着改革开放的推进,外汇管理体制也拉开了改革的序幕。

改革开放初期,我国实行的是外汇留成制度,外汇由国家统一管理,同时也为那些出口企业留出了一定比例的外汇。这一时期,外汇制度虽然还是以计划管理为主,但是市场调节已开始萌芽。

20世纪90年代,国家提出了建立社会主义市场经济体制的目标,按照市场经济的要求,1994年外汇管理体制进一步改革,其中一个非常重要的变革就是实行了银行结售汇制度,取消了外汇的上缴和留成。

这时的银行结售汇制度是强制性的。企业以及个人多余的外汇必须卖给指定的商业银行,而商业银行又必须把这些多出来的外汇卖给央行,央行为了购买这些外汇向商业银行付出的这部分人民币就是外汇占款,而央行从商业银行手里买来的外汇则形成了国家的外汇储备。

外汇占款的来源主要有三部分,分别是贸易顺差、外商直接投资(FDI)、热钱。

贸易顺差主要来自商品的贸易。我们假设出口商张三出口了100万美元的袜子,换回了100万美元的外汇,但这100万美元是没办法在国内直接使用的。假设美元兑人民币的汇率是1∶6.5,张三现在就得按照1∶6.5的汇率把手里的美元换成650万元人民币。在这一过程中,商业银行形成了向实体经济的人民币投放,同时派生了广义货币 M2。

再看商业银行,因为美元在国内没法自由流通,这个时候商业银行就会找央行把这 100 万美元再换成 650 万元人民币,而央行给商业银行的这 650 万元人民币投放就是外汇占款。

同理也就很好理解 FDI 和国外热钱流入是如何形成外汇占款的了。

假设外商要以 100 万美元投资中国的一家企业,但这 100 万美元在国内没法直接使用,还是得把这 100 万美元按照 1∶6.5 的汇率兑换成 650 万元人民币。

当国内资本市场吸引力提升的时候,热钱也会流入中国市场,试图分享中国资本市场的改革红利。假设有 100 万美元准备投资 A 股,得先在 A 股市场开通一个能够交易的账户,再放入资金,但这 100 万美元还是没法直接使用,还是得把这 100 万美元找商业银行换成 650 万元人民币。

下面的事情我们就都知道了,商业银行拿到这 100 万美元,会找央行换成 650 万元人民币,并形成 650 万元的基础货币投放,这也就是通过外汇占款投放基础货币的过程(见图 7.1)。

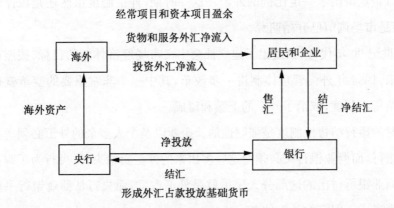

资料来源:公开数据整理。

图 7.1 外汇占款投放基础货币示意图

随着改革开放的逐步推进,1994 年年初我国开始实施外汇管理体制改革,有力地推动了外汇储备的增长。

市场经济的兴起也为中国经济注入了新的生命力,叠加 2001 年加入 WTO,中国内地(大陆)积极承接"亚洲四小龙"的产业转移,接棒成为新世纪的"世界工厂"。国内的出口业务迅速发展,中国经济逐步转向外需导向,而这种外向型经济形成了经常账户和资本账户"双顺差"的局面,为我国带来了大量的外汇。20世纪90年代以来,特别是进入21世纪,我国的外汇储备迅速增长,从1989年的55.5亿美元,大幅提升至2014年的高点近4万亿美元(见图7.2)。

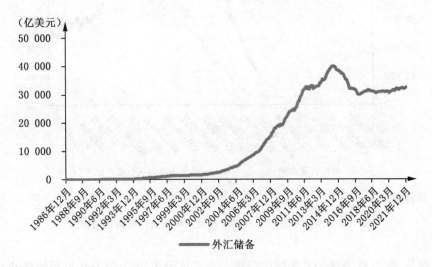

资料来源:Wind。

图7.2 20世纪90年代以来外汇储备出现明显增长

与外汇储备增长相对应,外汇占款在这一时期也得以迅速扩张。2014年年末,我国的外汇占款最高达到了29.53万亿元,在央行总资产中所占的比重也在2014年一度达到90%,在外向型经济体系下,外汇占款成为基础货币投放最主要的渠道(见图7.3)。

外汇占款的提升,也就意味着我国央行投放了相应的基础货币。而基础货币的投放规模应与经济发展相适应,肯定不是越多越好,在这样的情况下,现有的货币政策体系就可能出现一些问题。

无论是贸易顺差,还是FDI以及热钱的流入,都有一个共同的特征,那就是它们都是顺周期的。当出口好的时候,贸易顺差会随之扩大,而在贸易顺差的带动下,经济也会随之上行,经济繁荣带动实体回报率提升,国内对于外资的吸引力也

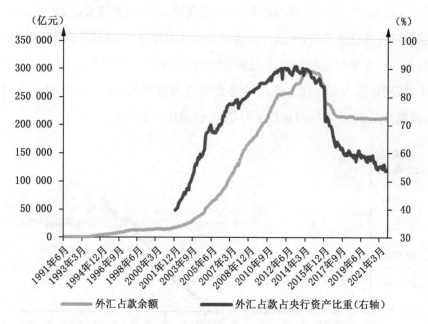

资料来源：Wind。

图 7.3　2000 年后外汇占款余额及占央行资产比重迅速提升

随之提升，吸引更多的 FDI 来国内投资。在实体经济繁荣的同时，盈利的提升也将反映到资本市场当中，较高的投资回报吸引了那些国际资本参与中国资本市场。这也就意味着当经济越好的时候，外汇占款越多，投放的基础货币也就越多。

　　这就与货币政策的逆周期调节相矛盾了。当国内经济过热的时候，央行往往需要收紧货币政策，对抗通货膨胀和资产价格快速上涨的压力，但经济过热又通常拉高实体回报率和人民币资产价格，外汇占款在这个时候可能反而会加速流入。这就会导致在经济过热期间央行可能不仅不会采取紧缩的货币政策，反而会被动地扩大货币供应。

　　相反，当经济下行需要货币政策更加宽松，加大逆周期调控的时候，由于经济下行往往会伴随着人民币资产回报率低迷和实体经济的风险溢价显著上升，外汇占款也有可能流出。在外汇占款的影响下，在经济过冷之际本该扩张的货币供给可能还会收缩，这无疑会加剧经济下行的风险。

　　2000—2007 年间，经济整体震荡上行，尤其是 2003—2007 年间，投资增长带动经济过热，央行也在这期间被动地向市场投放了过多的基础货币。针对这样的情况，央行就要采取一些措施了。

从外汇占款的构成来看，除了那些以投机为主的热钱，通过出口贸易换来的贸易顺差，以及外商直接投资，都属于长线资金，而要控制这些长线资金的扩张，就必然需要一个长期的调节工具。

在这一阶段，为了回收这些被动投放的多余的流动性，央行选择了提高存款准备金率的做法。可以看到，伴随着外汇占款的提升，存款类金融机构的存款准备金率也水涨船高，2011年大型存款类金融机构一度达到了21.5％，中小型存款类金融机构达到了19.5％（见图7.4）。

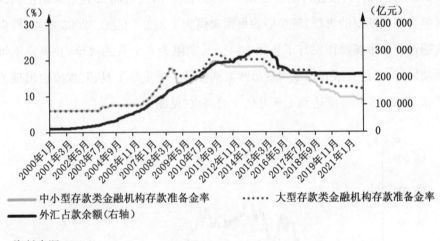

资料来源：Wind。

图 7.4　2006 年后存款准备金率迅速提升

提高存款准备金率的确一定程度上可以起到对冲过多的外汇占款的作用，但这其中又出现了一个问题。存款准备金率的调整会影响货币乘数，哪怕仅有0.5个百分点的变动也能够影响千亿规模的流动性。而且存款准备金率的变化是一个可以用来窥探央行货币政策方向的重要指标，具有很强的信号作用。所以调整存款准备金率不适宜作为日常调控工具来使用，毕竟外汇占款的变化是存在波动的。如果存款准备金率跟着外汇占款的波动即时调整，外汇占款多一点就立马提高准备金率，外汇占款少一点就立马降低准备金率，这样势必引起市场的剧烈波动。

这该如何解决呢？也就是说除了长期调控手段之外，还需要一些日常性的操作解决流动性过剩的问题，央行票据（简称央票）这一公开市场业务调控工具应运而生。

央行票据期限分为3个月、6个月、1年期和3年期，交易市场为银行间市场。央行通过发行央票，吸收商业银行的超额准备金，从而起到控制新增信贷的作用，所以当经济较热的时候，央行可以通过发行央票回笼资金。

央票的雏形可以追溯至1993年，当年央行发行了两期总金额200亿元的融资券。1995年，央行试办公开市场业务，发行融资券成为公开市场操作的一种重要工具。但这一时期，融资券并没有作为回笼资金的重要手段。

2002年开始，央票发行明显提速。2002年6月，央行将部分未到期正回购品种转换为相同期限的央票，转换后的央票规模为1 937.5亿元。2003年4月，央行正式通过公开市场操作发行了金额50亿元、期限为6个月的央票，并决定于每周二滚动发行，于是央票开始成为货币政策调控的一项重要工具，其规模也出现了迅速扩张，在2008年一度达到4.8万亿元的高点（见图7.5）。

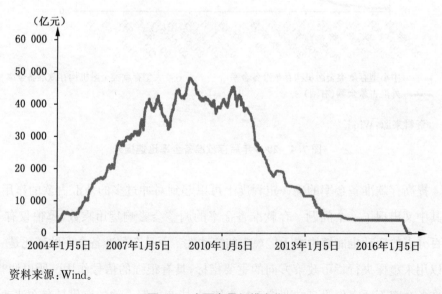

资料来源：Wind。

图7.5　央票存量规模变化

央票规模在此阶段的迅速扩张，一个原因是经济处于上行周期，经济过热时货币政策需要一定的收紧来进行逆周期调节,另一个原因就是对冲外向型经济之下外汇占款规模的迅速扩张,控制通货膨胀压力。

2011 年之后,我国经济下行压力增大,同时外汇占款增长的斜率也开始放缓,并在 2014 年之后开始下降,通过发行央票对冲外汇占款压力的需求也就随之减少,央票的存量开始进入下降区间。

讲到这里,我们又发现了一个问题,那就是这一阶段的货币政策调控手段基本上都是以控量为主,这是因为在出口导向型的经济发展模式下,基础货币投放过于依赖外汇占款。

而外汇占款与美联储的货币政策、贸易顺差、FDI,以及热钱流向等因素密切相关,可这些因素都是外生性的,并不是央行自己能控制得了的。因此,如果基础货币投放太过依赖外汇占款,央行的调控也就不得不把主要矛盾放在数量调控上,这样一来货币政策的独立性其实是被削弱了的。

当外汇占款不再是基础货币的主要投放渠道,信用创造主要靠的也不再是出口企业的融资需求的时候,货币政策的调控方向也就随之发生了改变,由数量型调控向价格型调控转变。

7.2 土地信用时期——从数量型到价格型的转变

在外向型经济占主导的时期,基础货币投放主要靠的是外汇占款,信用创造主要靠的是出口企业的融资需求。然而随着经济危机的到来,事情发生了一些变化。

2008 年次贷危机后,全球化的趋势逐渐放缓,叠加内部人口老龄化,15～64 岁人口占比在 2010 年见顶后快速回落,原来的出口导向型经济发展动能日益削弱。

出口靠不住了自然就得靠内需发力,所以中国在这一时期出台了以“四万亿”为代表的多项政策,试图通过消费和投资来拉动内需。但消费在很大程度上是一种顺周期行为,2008 年之后社零同比和 GDP 同比都处于震荡下行的态势,不难看出在经济下行时消费是很难扛起托底经济的大旗的。这样看来,消费也很难在短期起到提振经济的作用,那就得依靠投资端了。

在第 2 讲中我们曾经详细分析过从土地出让到土地抵押融资的过程。“四万亿”

经济刺激政策等同于中央向地方释放了更明确的拉动经济增长的信号,叠加土地出让盈余的下降,以 GDP 为纲的考核机制促使地方政府探索新的经济驱动模式。

靠土地进行信用扩张的意愿有了,还得有能够操作的平台才行。2009 年 3 月,央行和银监会联合提出:"支持有条件的地方政府组建投融资平台,发行企业债、中期票据等融资工具,拓宽中央政府投资项目的配套资金融资渠道。"城投公司作为地方政府融资平台的功能被正式认可。

从 2009 年开始,土地抵押融资模式迅猛扩张,土地成为信用创造的重要工具。地方政府将土地作为信贷的抵押品,撬动资金迅速推动当地基础设施建设,进而快速拉升当地 GDP。而经济的增长又使得地价上涨的动力得以强化,进而撬动规模更大的信贷,形成了"土地融资—基建投资—房价上行—地价上涨—土地再融资"的链条。

在这样一个互相强化的机制下,土地做了乘数,代替出口成为重要的信用派生工具,我国的经济增长模式也从之前的出口驱动转变为融资需求驱动。从数据上也能直观地看到这种变化,2009 年以后,新增人民币信贷规模出现了快速扩张(见图 7.6)。

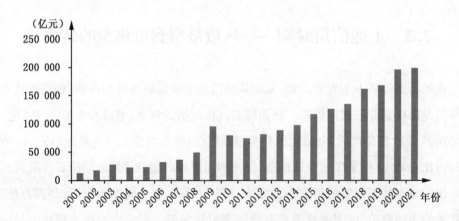

资料来源:Wind。

图 7.6 2009 年之后新增人民币贷款规模明显增加

毫无疑问,这种靠融资需求驱动的增长模式对于中国经济的发展起到了极大的推动作用,但其中的问题也逐渐暴露出来。比如基建投资扩张速度大幅超过财政资金增速,导致地方政府的杠杆率快速抬升,再比如借道城投公司进行土地融资致使地方政府隐性债务规模不断扩张。总而言之,大部分流动性并没有流向监管层希望看到的符合经济转型升级的领域,而是流向了房地产市场,助涨房地产泡沫的同时,也给地方政府债务问题埋下了隐患。

这种模式还会导致风险在金融体系内不断累积。金融风险一方面体现在土地价格波动会影响金融系统的稳定上。土地融资链条的持续滚动,高度依赖土地价格的上涨,而金融机构(尤其是银行)在这其中又扮演了重要的角色,毕竟放款还是离不开银行。一旦土地价格出现了较大幅度的波动,银行的资产端质量就会加剧恶化,银行体系的不稳定又可能蔓延至整个金融系统。另一方面则体现在强烈的融资需求驱动表外业务规模开始大幅扩张,而要扩规模就得加杠杆,致使金融体系的杠杆迅速提高。

为了满足基建和地产的融资需求,同时为了规避监管层对银行表内业务的限制,银行开始和信托机构合作,通过以表外理财的方式来购买信托计划,再由信托计划将资金投向房地产企业和城投公司,以此来实现间接发放贷款。

在这一时期,银信合作业务的规模快速走高,仅2010年上半年,该业务模式的规模就从年初的1.4万亿元上涨到2.08万亿元,表外业务规模占银行业务规模比重高达32.9%。[①]

2012年利率市场化推进,银行传统存贷款业务的利差持续收窄,出表的诉求愈加猛烈。尽管银信合作被叫停,但整体金融监管仍是放松的,资管行业也因政策红利迎来了发展机遇。

在这样的背景下,虽然银行不能直接购买信托计划,但是可以通过与券商、保险等各类资管机构合作来开展表外业务。比如银行先购买券商发行的资管产品,收取相对较高的固定回报,然后资管产品再投资于信托计划,这样就可以规避银行理财与信托之间融资类业务比例不超过30%的限制。

这些表外业务规模庞大,不仅不占用银行的资本金,而且不受货币当局的监管与调控,这就很容易导致系统性风险的累积。

---

① 韦静强,吴金希,贾甫.中国金融业"钱荒"原因分析及对策建议[J].工业技术经济,2014,33(5):3—13.

　　既然有这么多的问题存在,监管层就要采取措施来控制融资需求,控制杠杆,而这一时期的监管措施反映在市场上就是资金价格出现了大幅波动,一个典型的例子就是 2013 年 6 月出现的"钱荒"。

　　不过这里就出现了一个问题,在 2006—2007 年,以及 2011 年,货币政策没有那么宽松,但是利率波动也没有那么剧烈(见图 7.7)。为什么这一次央行对流动性的管理会在利率价格方面表现得这么明显呢?

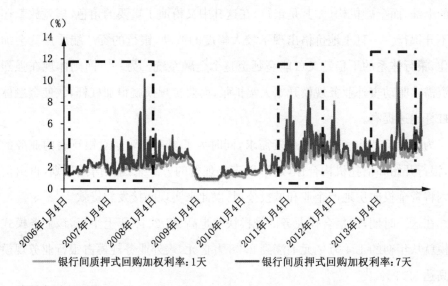

资料来源:Wind。

图 7.7　货币政策收紧周期资金利率的变化情况

　　先从监管的手段来看,这一次监管使用的货币政策工具不再是简单的控量,而是通过价格引导。

　　为什么这一时期央行不再是单纯通过控量调节流动性供给了呢,这里还要提一下当时的宏观环境和外汇占款情况。

　　宏观环境方面,2012 年以来,我国的 GDP 增速告别两位数,经济增长进入新常态。在经济增速下降的同时,经济结构也面临着转型升级,靠数量扩张拉动经济增长的传统模式亟须变革。

　　在以 GDP 为纲的考核机制下,地方政府更关注的是当地经济增长的速度,关注的是基建项目对于拉动房价进而促进当地经济发展的正外部性,对于利率不是那么敏感,所以在看重经济增速的时期,更侧重于对总量的调控。

但当旧的增长模式面临变革,而经济转型升级需要金融系统支持中小企业融资的时候,数量型货币政策的有效性就有所下降了。

就拿降准来说,降准降的是商业银行的存款准备金率,可以起到增加银行可贷资金的作用,进而刺激实体经济。

流动性虽然有了,但这些流动性是给到银行的,得由银行来控制它们的流向,因此货币政策的有效性就非常依赖银行的选择。但事实是彼时银行早已经与房企和城投深度绑定,得到央行流动性支持的银行最终还是会选择把资金投给这些与银行风险偏好相适应的传统部门,而不是监管层所希望的能够为经济转型发展提供动力的中小企业。在这种情况下,央行就得向价格型货币政策转型。

外汇占款方面,2000 年以后,外汇占款大幅提升,成为我国基础货币投放的主要渠道,这也就意味着央行很难自主控制基础货币的投放量。而且经济越好,外汇占款越多,央行被动投放的基础货币越多,银行间流动性就越充裕。所以在这一阶段,央行所使用的政策工具主要是用来控制总量,对冲多余流动性的,比如我们前面提到的提高存款准备金率、发行央票。也正是因为银行间流动性整体比较宽松,所以流动性对于金融机构业务扩张的制约较小,在资金价格上表现得也不是那么明显。

但是从 2010 年之后,外汇占款上升的幅度没有那么大了,并且在 2014 年之后开始下降。随着外汇占款的下降,基础货币的投放规模也缩小了,央行被动投放流动性的情况出现了改善。

外汇占款少了,基础货币乃至银行负债端的控制,基本转移到央行手中,货币政策的调控权显然就更大了,可以主动释放和收紧流动性来满足经济发展的需求。银行间流动性不再像外汇占款时期那样一直保持充裕,机构对于价格的敏感度也就提升了,这就为提升央行价格调控的有效性奠定了基础。

除了监管手段的变化,我们还可以从供需关系解释利率的大幅波动。利率代表了资金的价格,资金供小于求就会致使资金价格出现波动。前文已经分析过,土地信用带动了融资需求的提升,这里对于流动性的需求指的是商业银行投放到实体经济的流动性,也就是 M2。但 M2 的派生是需要有央行投放到商业银行的基础货币做支撑的,也就是银行间的流动性。在融资需求旺盛的时候,央行收紧了基础货币的供应,银行间流动性供给减少势必引起资金价格的波动。

除了以上两点之外,央行其实也希望能够通过资金面的大幅波动起到调节杠杆的作用。

2013 年,由于经济下行的势头还比较明显,机构依然对于货币政策再来一波像 2008、2009 年那样的大水漫灌抱有幻想,开始提前布局可能到来的宽松政策,加快贷款投放,进行同业扩张。2013 年 1—5 月的月均新增人民币贷款达到 8 432.6 亿元,创出了 2009 年以来的新高,M2 同比也处在上升通道之中,持续保持在 15% 的增速之上(见图 7.8)。

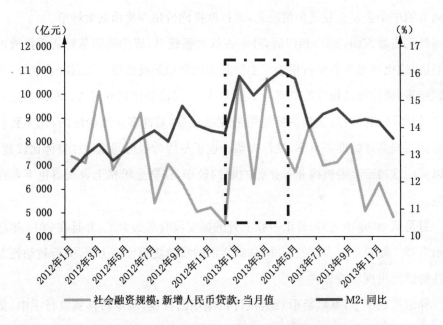

资料来源:Wind。

图 7.8 新增人民币贷款和 M2 同比情况

然而经历了 2008 年的次贷危机,央行逐步认识到控制金融风险对于国家经济安全的重要性。货币政策除了关注经济周期的调控外,还得关注金融周期的调控。所以在 2008 年之后,IMF、巴塞尔银行监管委员会(BCBS)等开始致力于完善金融监管体制,其核心就是建立健全宏观审慎框架。

相比于传统的货币政策体系,宏观审慎政策着眼于金融周期,通过加强对系统重要性金融机构、影子银行等多方面的监管,来降低系统性金融风险,增强金融体系的韧性和稳健性。

2009 年,央行开始研究强化宏观审慎的政策措施,并在 2011 年引入了差别准备金动态调整机制。

差别准备金动态调整机制的核心内容就是金融机构的信贷投放水平需要和自身的资本水平以及经济增长的需要相匹配。简单来说,就是对银行差别对待,比如要求"资质"较差的银行(资本充足率低、资产质量差)向央行缴纳更多的准备金,让其可贷资金减少。使用法定准备金率这一重要手段,让银行依据央行的政策指导放贷,最后达到控制银行放贷总量和节奏的目的。

但是,随着金融创新的快速发展,银行创新出各种通道,把资产从通道转移出去,影子银行在这一时期快速发展。在这样的情况下,原有监管体制显得越来越捉襟见肘,仅调整准备金率已经很难管控银行的放贷行为了。

假设张三是一个优质客户,本来要在 A 银行融资,但 A 银行的信贷额度不够了,张三可能就会去找 B 银行,那么对于 A 银行来说,就损失了一个客户。而 A 银行为了避免自己客户流失的风险,可以找一个信托通道,通过信托贷款和非标的模式满足张三的融资需求。如果银行 A 这么做了,就意味着央行的信贷额度控制不一定能完整地控制张三的融资需求了。

而表外业务的扩张隐含的金融风险不容小觑,央行难以掌握商业银行流动性的实际动向,这就对央行货币政策执行的有效性,以及维护金融稳定造成了威胁。

于是,央行与金融机构对于政策方向的一场博弈就开始了,一边是机构对于政策宽松的预期,另一边则是央行坚定去杠杆的决心。

2013 年 3 月,银监会出台的 8 号文就要求银行将过多的表外理财纳入表内监管。当银行间市场资金面收紧时,这一次央行并没有大水漫灌,而是持续释放维持稳健的货币政策的信号,降低机构对于政策宽松的预期。在当时,尽管流动性存在一定压力,6 月 19 日召开的国务院常务会议还是强调把稳健的货币政策坚持住、发挥好,合理保持货币总量。

如此明确的政策导向之下,原本大水漫灌的预期落空了,各家机构不得不提高拆借利率来填补窟窿,提高利率也借不到钱,就只能抛售手里的资产了。

现在回过头来看,央行在坚定表明主动去杠杆态度的同时,也在不断提高应对短期流动性波动的能力。2013 年 6 月,央行通过央票到期、正回购到期向市场净投放了 3 050 亿元流动性,同时对部分金融机构开展常备借贷便利(SLF),提供流动性支持,维护金融稳定,6 月末 SLF 余额达到年内最高的 4 160 亿元。当挤泡沫成为机构共识之后,央行对于流动性的呵护也使得资金利率高位回落,并在之后一段时间趋于平稳(见图 7.9)。

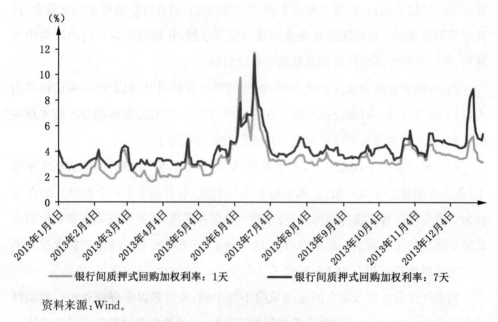

银行间质押式回购加权利率:1天　　银行间质押式回购加权利率:7天

资料来源:Wind。

图 7.9　2013 年"钱荒"银行间利率攀升

那么在从数量型货币政策到价格型货币政策的转变过程中,央行又是怎么做的呢?

央行主要围绕完善货币政策调控体系和引导银行资产配置两个方向,不断丰富货币政策工具箱。

央行着力于完善整个货币政策的调控体系,搭建利率走廊。

2013 年以前的公开市场调控工具相对比较简单,投放主要是靠逆回购,回笼靠正回购或者逆回购到期不续做,以及通过发行央票对冲外汇占款。

2013 年以后，推出了更多的公开市场操作的调控工具，比如短期流动性调节工具（SLO）、常备借贷便利（SLF）、中期借贷便利（MLF）等。

SLO 是 7 天以内的超短期逆回购，属于公开市场短期流动性调节工具，2013 年 1 月由央行引入，主要用来解决传统逆回购无法满足超短期流动性需求的问题。比如某天，市场的流动性突然变得很紧张，央行认为这种流动性的紧张只是日内的现象，不是长期问题，就可以通过释放一笔隔夜的 SLO 来平抑波动。

常备借贷便利（SLF）这一工具的推出也是为了满足金融机构的大额流动性需求，只是操作上多数为 7 天和 1 个月。但 SLF 有点特殊，因为它可以满足金融机构临时的 7 天流动性需求，有救急特征，因此 SLF 利率往往高于市场利率。

比如市场的 7 天回购利率是 2.8％，因某些不可预知的因素，流动性突然变紧，市场回购利率急剧上升，为了维持资金面稳定，央行可以在 3.2％ 的 SLF 利率水平释放大量流动性，把市场利率打下去。

正是因为 SLF 有救急的特征，所以在实践中，SLF 利率可以被视为利率走廊的上限。

什么是利率走廊呢？市场的 7 天回购利率可能因为各种各样的因素飘忽不定，时而高时而低。为了稳定市场的预期，央行可以通过公开市场操作，调整市场资金利率，确定了市场资金利率的上下限，市场的预期就稳定了。

既然 SLF 是利率走廊的上限，那什么是利率走廊的下限呢？从理论上讲，应该是超额准备金利率。道理也简单，如果市场利率低于超额准备金利率，那么金融机构把钱借给同业，收益还不如放在央行，所以，市场利率至少要高于超额准备金利率。

不过从历史经验来看，在利率走廊搭建最开始的几年内，实际上是逆回购政策利率充当了利率走廊的隐性下限。逆回购是银行从央行借入资金，如果市场的资金利率高于逆回购政策利率，逆回购就可以把资金利率拉下来。麻烦的是，如果市场流动性过于宽松，市场资金利率低于逆回购政策利率，市场可能就不会从央行借钱了，逆回购就放不出来，那怎么办？央行可以通过市场要收紧的预期引导市场资金利率上来，也可以指导大行降低融出规模，还可以通过正回购等方式。

从图 7.10 可以看出，2018 年上半年之前逆回购政策利率多数时候确实承担了市场资金利率下限的功能。

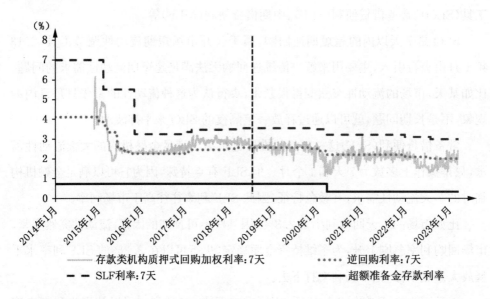

资料来源：Wind。

图 7.10 利率走廊体系

这主要是因为，第一，我国超额准备金利率在很长一段时间维持在 0.72% 的
水平，这与当时的资金利率相去甚远，如此低的走廊下限是无法有效起到支撑作用
的。第二，利率走廊搭建的初期，尤其是 2015—2016 年间央行的公开市场操作较
为频繁，逆回购政策利率作为走廊的下限有助于加强央行对货币政策的掌控作用。
第三，央行在 2015 年 11 月发布的公告中明确指出 SLF 利率是利率走廊的上限，但
对于下限则一直没有做出明确的界定。

不过从 2018 年下半年开始，市场资金利率多次向下突破逆回购政策利率，这
一隐性下限逐渐失效，并且在 2018 年年末时，时任央行行长易纲在长安论坛的演
讲中指出 0.72% 的超额准备金利率构成利率的下限。自此，超额准备金利率被正
式确立为利率走廊的下限，而原本作为隐性下限的 7 天逆回购利率则开始成为利
率走廊的运行中枢。

那么从应用层面看，为什么这个时候逆回购利率的隐性下限支撑就失效了呢？

首先我们需要知道央行货币政策调控的直接作用对象是银行体系，不论是调

整准备金率、外汇占款还是公开市场操作,都是直接影响银行的流动性水平。所以在很大程度上,货币政策的有效性是依赖于银行的流动性需求的。

如果逆回购利率被当作实际的下限,前提是银行存在流动性缺口,并且除了逆回购以外银行没有其他的资金来源了。

再来看实际情况,2014 年外汇流入见顶之后,2015 年央行进行了 4 次降准来对冲外汇占款的减少,资金面可以说非常宽松且稳定,资金面长期的宽松和稳定助推了银行和非银体系的加杠杆行为,形成了流动性从大行到中小行,再到非银金融机构的链条。

可金融杠杆的加剧膨胀也使得金融系统风险和地方政府债务风险初露端倪,2016 年伴随着金融去杠杆的开启,央行在 3 月之后也暂停了连续的降准。此时外汇占款下降的趋势没有改变,货币投放方式基本上就依赖逆回购、MLF 等公开市场操作。2016 年 7 天逆回购投放频率达到了 225 次,投放规模总计达到 17.9 万亿元(见图 7.11),无论是操作频率还是规模都要远远超过之前。这个阶段资金面是偏紧的,而银行又没有其他的资金来源渠道,所以逆回购利率自然而然就成为利率走廊的实际下限。

不过 2018 年 4 月央行重启了降准之后,公开市场操作的频率和规模都大幅回落,降准再次成为货币投放的主要方式。这个阶段开始央行通过公开市场操作形成的政策利率就很难对资金利率形成有效约束了,因为银行体系流动性非常充裕,市场上也有便宜的资金,就算有短期的缺口也能很快补上,逆回购利率不再是利率走廊的下限,而变成了资金利率运行的中枢。真正的下限——超额准备金利率——从理论变成了现实。

近两年,央行多次通过降准来刺激实体经济,银行间市场流动性充足。与之前不同的是,公开市场操作(OMO)的频率有所增加,不过投放货币量远不及 2016 年的水平,可见公开市场操作更多起到的是流动性调剂的作用。

目前来看,7 天存款类机构质押式回购加权利率(DR007)大多数时候确实是围绕 7 天逆回购利率上下波动的,不过也出现过特别的情况。比如 2020 年前 4 月,受新冠疫情影响,经济下行压力加大,货币环境很宽松,市场预期也很宽松,市场资金利率大幅向下突破了逆回购政策利率,一度向超额准备金利率靠拢。央行

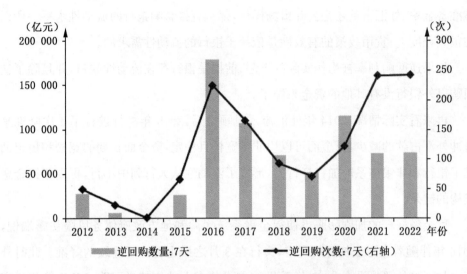

图 7.11　2016—2017 年逆回购频率和规模明显增长

随之下调了超额准备金利率,向市场释放了更强的宽松预期,但这也使得杠杆套利规模迅速扩大,最终导致央行引导金融去杠杆和市场资金利率回归到逆回购政策利率。

总的来看,利率走廊的打造是以外汇占款下降后,央行货币政策主动权上升为前提。如果外汇占款多,银行体系流动性可以由外汇占款补充,比如外汇占款波动数量可以超过公开市场操作投放/回笼的量,而且外汇占款资金成本也便宜,这个时候逆回购政策利率对资金利率的掌控作用就会被大幅削弱。主动权不在央行手里,是无法完成利率走廊这种精细化操作的。

SLO、SLF 有应急的特征,而且无论是 SLO、SLF,还是正逆回购,都是短期流动性管理工具,但外汇占款是长期流动性投放(除热钱以外),是金融机构稳定的存款或基础货币来源,为了对冲外汇占款下降的影响,必然要引入期限可以匹配的中长期流动性投放工具。中期借贷便利(MLF)期限比较长,流动性投放是以 3 个月、6 个月和 1 年期为主的,与外汇占款更为匹配,可以填补外汇占款的缺口。

因为 1 年期 MLF 利率与新贷款定价基准 LPR 挂钩,所以 MLF 的利率,尤其是 1 年期 MLF 利率,被认定为重要的政策利率。正是因为贷款定价基准转换需要 1 年期 MLF,也因为外汇占款下降需要期限更长的货币工具对冲,现在的 MLF 投放已经以 1 年期为主(见图 7.12)。

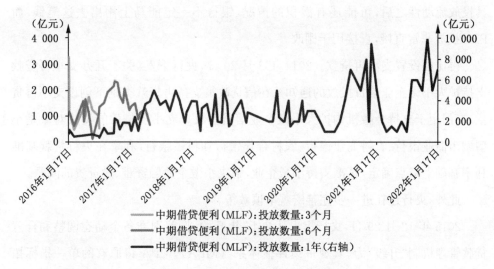

资料来源:Wind。

图 7.12 MLF 投放以 1 年期为主

1 年期 MLF 利率已经成为重要的政策利率,是 LPR 参考的定价基准。LPR 的定价是由 MLF 加点得到的,1 年期 MLF 是政策基准,在很大程度上是由央行决定的,当然也会参考同业中长期资金的供需状况,但主要的决定权在央行,不在市场。但是 MLF 加点的部分才是最后的 LPR 报价,加点部分由市场决定,市场决定的基准是同业自身资金的供需状况。

不过 MLF 对 LPR 的定价仍然有相当大的影响力。原因很简单,市场定价也会参考货币政策的预期。如果 MLF 利率下调,市场就会存在货币宽松的预期,进而影响市场加点的部分。

在完善政策调控体系的同时,央行的政策导向也与银行的资产配置行为相联系,引导商业银行更多支持实体经济发展中的薄弱环节。

外汇占款下降后,是需要投放对等的长期流动性的,但央行会想更进一步,在投放长期流动性的同时,把稳增长和促转型的要求结合起来,抵押补充贷款工具(PSL)就是一个结合的纽带,于 2014 年年中引入。

PSL 主要是央行给政策性银行提供的基础货币,但这笔钱是有特定用途的,主要是支持棚户区改造。因此,PSL 的政策直达性是非常强的。其他的货币政策工具投放流动性之后,可能还有淤积的情况,银行不一定能马上用出去这笔钱,而PSL 投放非常直接,直接用于棚改。

再比如设置支小再贷款。2014 年 3 月 20 日,央行下发《关于开办支小再贷款支持扩大小微企业信贷投放的通知》,在信贷政策支持再贷款类别下创设支小再贷款,专门用于支持金融机构扩大小微企业信贷投放。支小再贷款的发放对象是小型城市商业银行、农村商业银行、农村合作银行和村镇银行,利率在央行贷款基准利率基础上减点确定,精准支持小微企业,解决小微企业融资难、融资贵的问题。

此外,央行还在进一步完善宏观审慎政策。

2015 年 12 月 29 日,央行提出从 2016 年开始,将差别准备金动态调整和合意贷款管理机制"升级"为"宏观审慎评估体系"(MPA),MPA 将原有的单一指标拓展为多项指标,形成一个综合评分体系,用来全面考核银行体系的金融风险。

相较于原有考核制度,MPA 的考核内容更为全面,比如将监管范围从以往的狭义贷款拓展到广义贷款,即除了通俗意义上的贷款外,还将债权投资、股权及其他投资、买入返售资产、存放非存款类金融机构款项余额等纳入监管范围。同时也保留了原有监管体系的核心:资本充足率以及差别准备金率的机制。

在具体实施时,MPA 考核实行打分制。它包含资本和杠杆情况、资产负债情况、流动性、定价行为、资产质量、跨境融资风险以及信贷政策执行 7 大项,每一项满分 100,央行根据每一项下的 15 个细分项打分(见表 7.1)。

表 7.1   **MPA 考核体系**

七个方面	细分项目
资本和杠杆情况	资本充足率(80 分)、杠杆率(20 分)、总损失吸收能力(未实施)
资产负债情况	广义信贷(60 分)、委托贷款(15 分)、同业负债(25 分)
流动性	流动性覆盖率(40 分)、净稳定资金比例(40 分)、遵守准备金制度情况(20 分)
定价行为	利率定价(100 分)
资产质量	不良贷款率(50 分)、拨备覆盖率(50 分)
跨境融资风险	跨境融资风险加权余额(100 分)

续表

七个方面	细分项目
信贷政策执行	信贷政策评估结果(40 分)、信贷政策执行情况(30 分)、央行资金运用情况(30 分)

资料来源:公开数据整理。

MPA 提出后,央行也在不断为它添砖加瓦。比如在 2017 年,央行将表外理财纳入广义信贷范畴。2018 年,监管层出于引导银行回归存贷业务,降低同业负债等方面的考虑,也开始将同业存单纳入 MPA 同业负债考核,并出台了相关配套措施控制同业业务的增量。

除了 MPA 外,宏观审慎还包括对住房金融、跨境资金流动、金融基础设施等方面,在这里就不一一展开了,我们将在随后的章节中详细梳理宏观审慎政策体系。

7.3　高质量发展新时期的货币政策

地价—债务相互强化的机制在短期内确实促进了经济增长,可随之而来的副作用也日渐显现,被推高的地价向房价传导,提高了居民的生活成本,但居民收入增速赶不上房价的涨幅,这不仅与共同富裕背道而驰,更是不利于构建超大规模的全国统一大市场。在追求经济增长质量的阶段,债务驱动显然是不可持续的。

同时,通过债务堆积起来的一个又一个项目在地方政府及土地抵押品的保驾护航下,驱动银行通过各类规避监管的途径把资金投到传统城镇化和工业化部门,进而形成多层嵌套、高杠杆的影子银行体系。这在累积金融风险的同时也给央行实施货币政策提出了很大的挑战,更是挤占了大量的银行信贷资源,变相地恶化了中小企业的融资环境,拖累了经济向创新驱动转型的步伐。

可见,旧的经济增长模式已经难以为继了。

2017 年,习近平总书记在十九大报告中指出,我国经济已由高速增长阶段转向高质量发展阶段。推动高质量发展是当前和今后一个时期确定发展思路、制定经济政策、实施宏观调控的根本要求,也将成为今后中国经济发展的根本目标。

既然要支持经济高质量发展,为高质量发展营造良好的货币金融环境,货币政策也要与时俱进,也需要改革。

2019 年央行在一季度货币政策执行报告中表示,要继续深化利率市场化改革,稳妥推进利率"两轨合一轨"。

这里的利率并轨指的是政策基准利率向市场利率靠拢。虽然利率市场化改革在 2015 年贷款利率限制放开之时就已基本完成,但央行仍旧继续宣布存贷款基准利率以供金融机构利率定价参考。

2019 年 9 月,为打通政策利率向信贷利率的传导机制,央行完善了 LPR 形成机制。在这一模式下,银行的 LPR 是报价银行在 MLF 利率的基础上,根据自身资金成本、市场供求、风险溢价等因素加点报价形成的。

一般在每个月月中央行续作 MLF,并给出 MLF 利率,之后在当月 20 日,报价银行会基于 MLF 利率,向央行提供 LPR 报价。同时,银行的贷款利率也会以 LPR 为基准利率报价。

为了让各银行更好地履行自己的报价职责,央行还将银行的 LPR 应用情况及贷款利率竞争行为纳入 MPA,督促各银行运用 LPR 定价。

在这样的模式下,央行就能够通过自己的货币政策工具(MLF 利率)有效地引导贷款利率。在利率传导机制的不断完善之下,目前我国的货币政策调控体系已经有了价格型调控的雏形。

根据 2021 年一季度央行货币政策执行报告,我国货币政策的最终目标是坚守币值稳定,操作目标则是以公开市场操作利率为短期政策利率,以及以中期借贷便利利率为中期政策利率的政策利率体系。

传导机制分为两部分,一是让以 DR007 为代表的市场利率围绕政策利率(OMO 利率)波动,这一部分影响的更多是银行间的资金利率;二是向实体经济传导部分,是通过政策利率(MLF 利率)影响 LPR,再通过 LPR 加点的方式向实际贷款利率传导。央行在利率走廊的框架下,通过利率波动调节资金供求和资源配置,实现货币政策目标。

目前来看,货币政策已经更偏向于价格型调控。

一方面,央行的公开市场操作实现常态化。而通过常态化的逆回购投放和 MLF 投放,央行能够有效地引导市场预期,引导市场利率围绕政策利率波动。可以看到 DR007 的运行中枢逐渐稳定在了 OMO 利率附近(见图 7.13)。另一方面,央行也在不断模糊对货币供应量的表述。

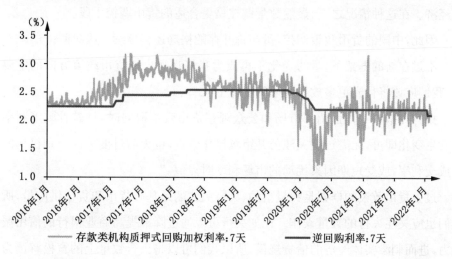

资料来源:Wind。

图 7.13 DR007 稳定在逆回购利率附近

在 2017 年之前,政府工作报告都会明确提及 M2 同比增速和社融同比增速的计划。比如 2017 年的政府工作报告就明确指出当年"广义货币 M2 和社会融资规模余额预期增长均为 12%左右"。

但是 2017 年之后,政府开始淡化具体的数值要求,仅做模糊化的表达。比如2018 年的政府工作报告说的是"保持广义货币 M2、信贷和社会融资规模合理增长",2021 年以来的表述是"货币供应量和社会融资规模增速与名义经济增速基本匹配"。这一转变便是央行有意淡化数量目标,把重心置于利率调控上。

值得注意的是,"货币供应量和社会融资规模增速同名义经济增速基本匹配"这一表述在 2021 年一季度货币政策执行报告中也被界定成货币政策的"锚",即中介目标。这意味着虽然我国的货币政策调控在向价转变,但也要管好量,所以目前政策会兼具价格型与数量型的特点。

不过,中国央行为什么至今也没有放弃对信贷总量的额度控制呢?

能够实现利率调控的一个根本前提是融资主体的融资行为会受到利率的影响,比如通过引导贷款利率上行,让融资成本高于实体的预期回报率以减少融资量。但是在自上而下的体系中,地方有动用一切资源发展经济的驱动力,这就会形成预算软约束。换言之,只要量到位了,哪怕贷款成本再高,地方也愿意融资来发展经济。在这种情况之下,显然数量调控是更合适的货币调控手段。

因此,中国的货币政策调控,量与价并存的格局还会延续一段时间。

不过在新的框架下,量的变化不再成为我们观察央行货币政策方向的主要窗口,我们应该将目光更多放在利率的变化上。

央行在报告中也强调:"市场和公众观察货币政策取向时,只需看政策利率是否发生变化即可,无需过度关注公开市场操作数量,也无需过度关注个别机构的市场成交利率,或受短期因素扰动的市场利率时点值。"

过去货币政策的框架是数量型的,央行关注的是基础货币和货币供应量,所以我们也应关注央行的数量操作。比如央行可以通过降准提高商业银行的信用派生能力,进而刺激实体经济的信贷规模,所以我们可以将央行数量上的宽松解读为货币政策宽松的信号。

但是在价格型调控框架之下,央行的降准及公开市场投放可能只是为了弥补市场的流动性缺口,平滑资金面波动,从而维持资金利率的稳定,并未触及其作为核心操作目标的利率,我们就不应将这理解为货币政策的边际宽松。比如说央行一般会在春节前投放流动性,以防春节期间大量取现等因素可能导致的流动性紧张局面。在 2019 年央行就进行了降准、投放定向中期借贷便利(TMLF)、加大逆回购投放量等操作;2020 年也进行了降准、14 天逆回购、MLF 与 TMLF 等操作。

利率走廊建立起来之后,货币当局还要考虑一个问题,政策怎样才能更好地传导到实体经济。

首先我们要明确的一点是,央行没有办法控制企业的融资需求,尤其是在实体经济下行的时候,它不可能强行让企业融资。

央行能做的是优化供给端,推动银行向实体经济提供更低成本的信贷,尤其是如果想引导银行给那些跟高质量发展相符合的部门增加贷款,就需要做一些结构性的设计和调整。

在原来的模式下,银行更偏好有充足抵押品和担保的基建地产以及一些传统领域的国企,而这和当前政策支持的科技创新、绿色发展和中小企业方向有出入。

如果还是囿于总量调控,那么货币宽松释放的流动性最后还是会在银行的主导下走老路,往基建、地产跑。

所以我们可以看到,近些年央行越来越多地运用结构性政策工具,说到底就是为了扶持这些有利于经济高质量发展但又与银行风险偏好不契合而且发展薄弱的部门。

比如说与全面降准相比,定向降准的信号作用要弱一些,释放的资金也没有那么多,还更加精准。2018 年央行曾四次定向降准释放中长期资金来支持普惠领域和民营企业;2020 年为了应对疫情的冲击,在全面降准的同时辅之以定向降准,3 月实施了普惠金融定向降准,4 月下调农商行、农信社等的准备金率 1%,从而达到优化流动性结构,扶持经济发展薄弱领域的目的。

2018 年央行还新设了定向中期借贷便利(TMLF),一般来说,符合宏观审慎要求的大型商业银行、股份行和大型城商行可以向央行提出申请,央行根据其对小微企业和民营企业的贷款情况确定 TMLF 的规模。

与 MLF 相比,TMLF 的期限更长一些,期限一般是 1 年,可以续作 2 次,即最长能够达到 3 年。而且 TMLF 有引导银行增加对小微企业和民营企业贷款的政策意图,利率会设置得优惠一些,和 1 年期 MLF 利率差不多。

不过结构性工具要有效,前提是总量要控制好。如果市场上钱已经很多了,金融机构可能就不太在乎流动性的边际变化了。所以只有市场存在流动性缺口的时候,结构性货币政策工具释放的资金才能真正按照央行的意愿走。总之,结构要优化,总量要合理。

不过近两年,实体经济融资需求相对疲软,定向降准和 TMLF 也用得少了,取而代之的是一些直达性更强、更加精准的创新型结构性工具,旨在打通货币政策传导的"最后一公里"。

为什么强调直达性? 在现代信用货币体系下,央行的货币政策很大程度上依赖银行的存款创造体系,所以政策有多少能够传达给实体部门,能否快速作用于实体,还要看银行的意愿。

如果融资主体的风险太高,银行可能就不敢轻易放贷,还可能把从央行获取的低成本资金拿去搞同业套利。在这种情况下,就算利率传导机制很顺畅,央行下调政策利率引导银行贷款利率下降,但是银行不批贷款给那些中小企业,这些有融资需求的企业还是拿不到钱。

所以,早在2018年10月央行就对支小再贷款采用了"先贷后借"的报账模式。简单来说,"先贷后借"就是银行先向央行指定领域的企业按照要求的利率发放符合条件的贷款,再拿着这些贷款向央行申请相对便宜的资金支持。

先投放货币,再靠银行去创造信用,确实是比较慢的。有了特定领域,先把信用放了,再回头来投放基础货币,无疑要高效得多。

随后这样的模式也被运用在支农、扶贫等其他再贷款工具上,近些年新推出的一些新型政策工具大多也是采用直达性较强的"先贷后借"模式,用于支持有资金缺口的重点发展领域。比如绿色发展领域有碳减排支持工具和支持煤炭清洁高效利用的专项再贷款,制造业领域有设备更新改造贷款,房地产领域有"保交楼"贷款支持计划,还有普惠养老、交通物流、科技创新等各类专项再贷款。

不过再贷款的规模一般不大,额度也不高。根据央行的数据,截至2022年年末,金融机构支农、支小、扶贫再贷款余额达到2.2万亿元(见图7.14)。

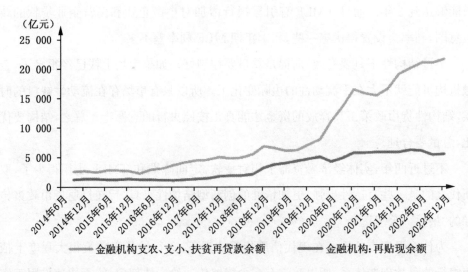

资料来源:Wind。

图7.14 金融机构再贷款、再贴现余额

从未来的角度看,相较而言碳减排支持工具的发展空间无疑更大。按照央行的表述,该工具出台的目的正是为了配合"碳达峰""碳中和"目标,而这是一个长期的目标,需要长期的支持。未来清洁能源、节能环保、碳减排技术等重点领域的发展会带来极大的资金需求。这就是说针对重点领域"先贷后借"的碳减排支持工具一旦运用开来,将意味着货币和信用派生机制的重大重构,未来这些清洁能源领域很可能成为信用创造的新方向。

央行还有一个政策工具——再贴现,它本身就具有"先贷后借"的特点,它是中央银行对金融机构持有的未到期已贴现商业票据予以贴现。

所以近年来央行也在加大对该工具的使用力度,逐渐扩大再贴现的对象和范围,现在城乡信用社、企业集团财务公司等非银行金融机构也可以向央行申请再贴现,从央行手中获取资金。2022 年年末,金融机构的再贴现余额为 5 583 亿元。

除了上述"先贷后借"的政策工具之外,在 2020 年 6 月,央行为了缓解疫情对实体企业的冲击,支持中小微企业发展,新设了两项直达实体经济的货币政策工具,包括普惠小微企业贷款延期支付工具和信用贷款支持计划。

普惠小微企业贷款延期支付工具主要是中国人民银行会同财政部对地方法人银行给予其办理的延期还本普惠小微贷款本金的 1% 作为激励,2022 年年初时这一计划被转换为普惠小微企业贷款支持工具,对普惠小微贷款的激励比例在 2022 年 5 月由 1% 提高到了 2%。

信用贷款支持计划则是指中国人民银行将通过创新货币政策工具使用再贷款专用额度,购买符合条件的地方法人银行新发放的部分普惠小微信用贷款。其目的是促进银行加大对小微企业的信用贷款投放,支持更多小微企业获得免抵押担保的信用贷款。该计划在 2022 年年初时被并入支农、支小再贷款管理。

总的来看,央行目前的结构性货币政策工具种类丰富了许多,新设的工具直达性更强,更加精准(见表 7.2)。央行报告显示,截至 2022 年年末,结构性货币政策工具余额约 6.4 万亿元,约占中国人民银行总资产的 15%。

表 7.2　　　　　　　　　　　**央行结构性货币政策工具**

	工具名称	推出时间	支持领域	发放对象	利率(1年期)/激励比例	额度(亿元)	余额(亿元,截至2022年年底)
长期性工具	支农再贷款	1999年	涉农领域	农商行、农合行、农信社、村镇银行	2%	7 600	6 004
	支小再贷款	2014年	小微企业、民营企业	城商行、农商行、农合行、村镇银行、民营银行	2%	16 400	14 171
	再贴现	1986年创建,2008年开始发挥结构性功能	涉农、小微和民营企业	具有贴现资格的银行业金融机构	2%(6个月)	7 000	5 583
阶段性工具	抵押补充贷款	2014年4月	棚户区改造、地下管廊、重点水利工程等	开发银行、农发行、进出口银行	2.80%	—	31 528
	碳减排支持工具	2021年11月	清洁能源、节能减排、碳减排技术	21家全国性金融机构	1.75%(利率)/60%(本金激励)	8 000	3 097
	支持煤炭清洁高效利用专项再贷款	2021年11月	煤炭清洁高效利用、煤炭开发利用和储备	工农中建交、国家开发银行、进出口银行	1.75%(利率)/100%(本金激励)	3 000	811
	普惠小微贷款支持工具	2021年12月	普惠小微企业	地方法人金融机构	2%(本金激励)	400	
	科技创新再贷款	2022年4月	科技创新企业	21家全国性金融机构	1.75%(利率)/60%(本金激励)	2 000	2 000

续表

工具名称	推出时间	支持领域	发放对象	利率(1 年期)/激励比例	额度(亿元)	余额(亿元,截至 2022 年年底)
普惠养老专项再贷款	2022 年 4 月	浙江、江苏、河南、河北、江西试点普惠养老项目	工农中建交、国家开发银行、进出口银行	1.75%(利率)/100%(本金激励)	400	7
交通物流专项再贷款	2022 年 5 月	道路货物运输经营者和中小微物流(含快递)企业	工农中建交、邮储、农发行	1.75%(利率)/100%(本金激励)	1 000	242
民航应急贷款	2022 年 5 月	航空企业	—	—	1 500	—
"保交楼"专项借款	2022 年 8 月	已售逾期难交付住宅项目	国家开发银行等政策性银行	—	3 500	—
设备更新改造专项再贷款	2022 年 9 月	教育、卫生健康、文旅体育、实训基地、充电桩、城市地下综合管廊、新型基础设施、产业数字化转型、重点领域节能降碳改造升级、废旧家电回收处理体系 10 个领域的设备购置和更新改造	21 家全国性金融机构	1.75%(利率)/100%(本金激励)	2 000 以上	809
"保交楼"贷款支持计划	2022 年 11 月	已售逾期难交付住宅项目	工农中建交邮储	—	2 000	—

资料来源:中国人民银行,由作者整理得到。

前文我们反复强调,货币政策传导机制是否通畅还要看银行的信贷决策,所以为了提升银行服务实体经济的意愿与能力,央行还要解决银行信贷投放面临的流动性约束和负债成本问题,搭建激励相容机制,引导金融支持经济高质量发展。

上面提到的一些创新型结构性工具的设计其实就内含了激励相容机制,央行通过提供低成本再贷款或者激励资金的方式向银行提供流动性支持,目的就是让银行在跟随央行政策方向,向小微企业、科技创新领域发放信贷时不会因流动性约束而制约其信贷投放的能力。

除此之外,央行还采取了一些措施。

一是推动银行发行永续债以补充一级资本。

中小行的资金实力本身就要弱于大行,当经济增速放缓时,中小行的资产质量有恶化的可能,在资本充足率、不良率等各类指标的约束下,中小行的资本金压力、流动性压力都会明显加大,进而限制其信贷投放的能力。自 2019 年 1 月第一只商业银行永续债发行以来,截至 2023 年 3 月末,共有 95 家银行发行了永续债,规模合计达到 2.1 万亿元。

同时,为了提升银行永续债市场的流动性,央行还在 2019 年创设了央行票据互换工具(CBS),并且将银行永续债纳入 MLF、TMLF、SLF 等工具的合格担保品范围。从 2019 年 8 月开始央行固定在每月月末展开 CBS 互换操作,目前操作规模稳定在 50 亿元,期限为 3 个月,费率为 0.1%。

二是改革存款利率定价机制,优化存款利率监管。

因为央行很难完全决定银行负债端的成本,降准、降息只能影响银行的超额准备金,但除了超额准备金之外,商业银行还有超大规模的存款,其负债成本还要受存款利率的影响。

因此在 2021 年 6 月央行优化了存款利率自律上限的确定方式,将原本由存款基准利率的一定倍数形成存款利率自律上限,改为由存款基准利率加点来确定。

以前的存款利率自律上限是怎么回事呢?2015 年存款利率管制放开以后,市场中的存款利率上限是通过行业自律协商约定的,目的是约束一些银行故意抬高利率揽储的行为,从而稳定、维护市场秩序。

当时的存款利率上限就是通过基准利率乘以一定的倍数得到的。例如,2020 年央行规定的一年期存款基准利率是 1.5%,国有大行的上限是基准利率的 1.4 倍,其他银行是 1.5 倍,因而国有大行一年期的存款利率最高只能为 2.1%,其他银行则可以到 2.25%。

这种倍数的定价规则有个缺陷,就是会导致杠杆效应。我们以国有大行为例,两年期和三年期央行规定的存款基准利率分别为 2.1% 和 2.75%,乘以 1.4 倍之后,国有大行两年期和三年期的存款利率上限分别为 2.94% 和 3.85%。从基准利率来看一年期和两年期的利差为 60BP,一年期和三年期的利差为 125BP,但是国有大行的利差达到了 84BP 和 175BP。

不难看出,通过倍数定价会放大长短期存款利率之间的利差,这就是杠杆效应,而且期限差距越大或者基准利率越高,杠杆效应越强。杠杆效应使得中长期存款的利率偏高,导致银行中长期负债成本居高不下,部分金融机构还会利用长短期的价差套利。

所以通过优化存款利率自律上限确定方式,用加点的方式替代原来的倍数,能够消除掉杠杆效应,缩小长短期存款之间的利差,降低银行负债成本的同时也能够减少套利行为。

根据央行报告,该机制落实后,利率尤其是中长期存款利率确实有了显著的下行。2021 年 9 月银行新发生定期存款加权平均利率为 2.21%,较存款利率自律上限优化前的 5 月下降 0.28 个百分点,3 年期和 5 年期的分别下降 0.43 个和 0.45 个百分点。

央行还在 2022 年 4 月建立了存款利率市场化调整机制,自律机制成员银行要参考债券市场利率和贷款市场利率来调整其存款利率水平,代表性的参照主要是 10 年期的国债收益率和 1 年期的 LPR。

此前银行的存款利率定价是完全自主的,就算有自律上限的约束,很多银行为了揽储将存款利率和大额存单利率设置在一个非常接近上限的水平,虽然这不违规,但阻碍了利率的市场化传导。因此,这一调整机制就是将存款利率与市场利率挂钩,存款利率更能反映市场上的资金供需情况,能随市场利率及时调整。

该机制建立之后,存款利率的调整也变得更加灵活。2022 年 1 月和 8 月央行分别两次调降 1 年期 LPR,共计 15 个 BP,同年的 4 月下旬,多家国有大型银行、股份制银行和部分中小银行纷纷下调定期存款及大额存单利率约 10 个 BP,同年 9 月 6 大国有银行 3 年期定期存款利率下调 15 个 BP,其他期限下调 10 个 BP。

改革定价机制的同时监管也得跟上,毕竟在实际的揽储过程中银行花样百出,比如通过提前支取靠档计息、假结构性存款等方式变相高息揽储。所以近几年监管也一直在对银行的揽储行为、不规范的存款产品进行整改和压降规模,并且还将银行存款利率调整监管纳入 MPA 考核。

总而言之,不论是多渠道补充银行资本金,还是降准降息,又或者是改革存款利率定价机制,最终都是降低银行的负债成本,保障其信贷投放能力和合理的利润空间,通过政策与市场结合来充分调动银行的积极性,进而达到降低企业融资和消费者信贷成本的作用。

从信用创造的角度来看,为了适应高质量发展,央行在基础货币的投放渠道和信用创造渠道上都进行了新的匹配,在传统的货币—信用派生框架下,房地产和土地作为重要的抵押品,在信用派生的过程中扮演着极其重要的作用。而在新的阶段,国家关注的清洁能源、清洁生产领域,以及具有创新动力的中小企业,将有望成为未来信用创造的重要动力。

第8讲

高质量发展

高质量发展阶段，过去唯 GDP 的增长模式亟须改变。

GDP 增长在过去被认为是经济发展好坏最重要的代理指标,因此在经济发展过程中,各地长期存在唯 GDP 的倾向。在以 GDP 为纲的激励机制下,地方借助土地财政以及全球化契机,主动地不遗余力地发展当地经济,努力做大经济增量。

可单纯注重 GDP 增长的考核机制也不可避免地带来了一些问题,比如说环境破坏、资源滥用、产能低端过剩、各地区之间缺乏协同、经济增长缺乏效率、GDP 质量不高等。

而随着中国经济的发展,人民的需求开始从解决温饱向发展质量、社会公正、收入平等、环境保护等各个方面延伸,我国经济发展也已由高速增长阶段转向了高质量发展阶段。在新的阶段,单一的以 GDP 为导向的发展模式显然已经无法满足公众的全部需求。

同时,过去那些被经济高增速所掩盖的问题也开始逐一显现,本讲将从过去唯 GDP 带来的问题入手,探讨在迈向高质量发展的道路上,我们应该如何应对和解决这些问题。

8.1　经济高速增长带来的问题

回顾过往,高速增长的经济在提升国家综合实力和满足人民幸福生活需要的同时,也带来了一些问题,如环境破坏、经济增长效益不高以及区域协同不够等。那么,这些问题究竟是如何产生的呢?

首先我们来看资源环境方面,为什么在经济发展的过程当中会以牺牲环境保护和资源滥用为代价呢?

本质上是因为对于环保所需要的长期投入与追求短期 GDP 快速提升的发展目标是脱钩的,而以 GDP 为纲的考核机制很容易让地方忽略了对环境保护的关注。各地在招商引资中都更加青睐大项目,因为上马大项目不仅能快速为当地创造 GDP,而且能够带来更多的税收收入,让地方财力更充沛,可以挪腾的资源更多,也有更多的财政资金搞基建。但这些大项目往往与重工业息息相关,而重工业项目往往会给生态环境带来较大的负担。

当然,出于环境保护的考虑,地方政府可以在招商的时候就制定严格的环保标准,但现实并非如此。

一方面,环保对企业来说是成本,企业为了环保达标要购买各种排污清洁设备,这需要投入大量的资金。在降成本的驱动下,如果两个选址地其他条件都相同,大项目当然更愿意去成本低的地区,也就是对环保要求没那么严格的地方。这样一来,地方政府在招商的过程中为了争取大项目落户本地,反而还有可能调低相关的环保标准。

另一方面,环保治理是一个长期的系统性工程。地方进行环保治理带来的正外部性量化起来有一定难度,而且在考核机制里也没有环保相关的指标,因此也就没什么动力推动环保布局。另外,环境治理好了可以提高城市招商引资的竞争力,但这也需要较长的时间才能体现在经济数据上,与短期 GDP 快速拉升的目标是不符的,因此各地对于环保治理的问题没有那么关注。

生态环境好了对经济和民生的正面影响可能是长期的、潜移默化的,但生态环境破坏的后果是非常直观和显著的,比如说空气质量下降、水资源污染,这些我们在日常生活中都有明显的体会。除了生活质量的下降之外,从更长远的角度看,生态的恶化还会阻碍经济的可持续增长。以雾霾为例,已经有学者的研究表明,雾霾污染加剧会削弱城市的聚集效应,显著拖累城市化进程进而减缓当地的经济发展。此外,雾霾污染还会通过降低公众受教育水平与损害公众健康状况,来阻碍人力资本的积累,降低经济发展的质量。[1][2]

当然,政府也能通过治理环境降低雾霾污染,来促进经济高质量发展,但先污染后治理的代价无疑是巨大的。第一次工业革命后被严重污染并且到现在还处在治理恢复期的泰晤士河就是历史的经验教训。

过去的增长模式是要素密集型的,过度依赖资源大量投入,只顾追求短期的经济增长,必然有滥用和浪费资源的倾向。从新中国成立到 2005 年左右,我国的GDP 已经增长了十几倍,但是矿产资源的消耗增长高达 40 多倍。[3] 从单位 GDP

　　① 陈诗一,陈登科. 雾霾污染、政府治理与经济高质量发展[J]. 经济研究,2018,53(2):20—34.
　　② Chang T,Graff Zivin J,Gross T,et al. Particulate pollution and the productivity of pear packers[J]. American Economic Journal:Economic Policy,2016,8(3):141—169.
　　③ 钟兆修. 科学发展观与绿色核算[C]//中国可持续发展研究会. 2005 中国可持续发展论坛——中国可持续发展研究会 2005 年学术年会论文集(上册)[M]. 上海:同济大学出版社,2005:6.

能耗也能看出来,根据 BP 能源统计和世界银行的数据计算,2021 年中国每万美元的 GDP 能耗是 3 吨标准煤,这一数值是美国的 2.2 倍,日本的 2.5 倍,德国的 3 倍。

资源利用效率低是消费端的问题,而在供给端方面,能源安全问题也非常突出。虽然中国是能源消耗第一大国,但在能源禀赋上并不占优势,尤其是核心能源供给高度依赖进口。可以看到,二十多年来随着中国原油消费量不断增加,进口依赖度持续攀升,到 2021 年我国超过 70% 的原油消耗都要靠外国供给(见图 8.1)。

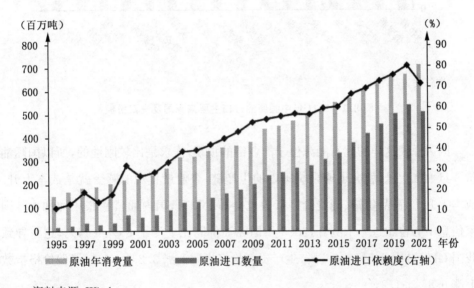

资料来源:Wind。

图 8.1 中国原油进口依赖度

从国别来看,中国的原油进口主要来自海湾国家、欧佩克成员国,2021 年中国原油进口前五大来源国分别为沙特阿拉伯(17.07%)、俄罗斯(15.53%)、伊拉克(10.54%)、阿曼(8.74%)、安哥拉(7.63%)(见图 8.2)。

2021 年 10 月的国家能源委员会会议指出"供给短缺是最大的能源不安全",核心能源高度依赖进口不仅对经济转型和高质量发展形成掣肘,更关乎我国能源安全、产业链安全等一系列问题。

一方面,中国原油等化石能源高度依赖进口,定价权在国外,国内就必然面临价格波动的风险。

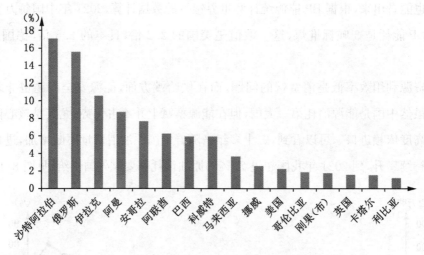

资料来源：Wind。

图 8.2　2021 年中国原油进口主要来源国及进口份额

　　因为原油这样的化石能源位于产业链的顶端，需求是比较刚性的，所以国际油价一旦大幅上涨，就会迅速影响国内的生产链，企业最直观的感受就是成本上升。成本上升了，商品价格、消费价格指数也会随之攀升，国内通货膨胀压力加大。国家信息中心曾做过一个测算，2005 年国际油价同比上涨了 35%～45%，这将导致我国 GDP 减缓 0.5%～0.7%，生产资料价格指数上涨 3.2%～4%，消费价格指数上涨 0.8%～1.2%。①

　　国际大宗商品价格的波动往往还会给中小企业造成更大的冲击。因为在工业生产中，上游行业往往以大型企业为主，而下游行业则以中小企业居多，单个企业的市场份额小，议价权也较低，只能被动地接受上游涨价，同时又无法通过提高产品价格来转嫁成本压力，最终导致利润不断被压缩，经营状况恶化甚至停产倒闭。如果大量中小企业倒闭、退出市场，肯定会引起产品供给的锐减，通货膨胀又会进一步向这些中小企业的下游传导，从而影响整个产业链。

　　另一方面，地缘政治风险可能导致原油的供给中断，从而限制国内中下游产业链的生产与发展。

---

① 牛犁.2005 年国际油价上涨对我国经济的影响[J].中国金融,2005(19):26-28.

20世纪70年代的两次石油危机正是由于中东地区局势紧张,主要产油国主动或被动减少供给致使国际油价飙升。在中美贸易摩擦升温之后,2019年中国从美国进口原油量相比2018年缩水近一半,降到了645万吨。

当然了,即使国际供给很充足,价格也很合理,原油在运输的过程中可能也没那么顺利。比如说海湾国家的原油出口大部分都要经过被喻为"海上生命线"的霍尔木兹海峡,而运输到我国还要经过马六甲海峡,这是世界上最狭窄的海上航道之一,也是中国通过印度洋与欧非贸易的命脉,有数据表明我国80%进口的原油都要经过于此。马六甲海峡由马来西亚、新加坡、印度尼西亚三国共同管理,如果出现地缘政治风险因素,导致原油进口被卡住,就会危及国内企业的正常生产运作。

因此,能源自主供应、保障能源安全是经济转型和高质量发展过程中亟须解决的问题,推动能源结构从传统化石能源到清洁新能源的转变是必要的实现途径,是顺应绿色可持续发展的要求。

面对上述要求,于是我们提出了"双碳目标"。具体来看,一是要做减法,治理好现存的环境问题,降低碳排放量、改善环境质量,从而满足人民群众对清新空气、清澈水质、清洁环境的需求,顺应人民群众对良好生态环境的期待;二是做加法,加强对新能源的开发和扩大应用范围,保障能源供给安全可控的同时提高能源利用效率;三是做乘法,发挥新能源对高端制造业的拉动作用,通过技术创新降低制造业企业的运营成本,提升以人民币计价的制成品的溢价权。

值得注意的是,"双碳目标"的实现过程中也应该避免出现"一刀切"的问题。粗暴地关停限产,会导致国内上游原材料价格上涨,不仅会像前文所说的挤压中小企业的生存空间,而且会使得部分具有技术创新动力的小企业被逆向淘汰,减缓产业升级进程。原材料价格上涨过猛还可能驱动企业通过进口来缓解成本压力,这反而加大了对国外供给的依赖,时间一长国内企业的生产会变得非常被动,受制于人的情况并没有实质性好转。

说完环境问题,我们再来看看效益问题。

过去各地为增长而竞争,更多关注GDP的量,偏好大项目、大企业,经济增长依靠的是债务堆积以及密集的资源要素投入。密集的要素投入除了上文提到的自然资源,还有丰富充裕且低成本的劳动力,也就是我们过去一直引以为傲的人口红利。可现在趋势出现了变化,随着时间的推移,改革开放初期活跃在市场上的年轻人开始迈向衰老,入世后那些辛勤劳作在制造业工厂里的年轻人,大多也已步入不惑之年,过去的人口红利优势已经减弱了。

我们这里用三组数据来说明当前人口红利消退的事实:

第一个是老龄化比例。2021 年我国 65 岁及以上的老年人口占比已经达到14.2%,正式进入老龄化社会,这比之前中国发展基金会预测的还要早一年。

第二个是人口自然增长率。2022 年年末全国总人口较 2021 年年末减少了 85万人,自然增长率为−0.6‰,这是 1960 年以来首次出现人口负增长。这就意味着往后没有足够年轻人口支撑,老龄化只会越来越严重,劳动力供给青黄不接。

第三个是退休人数。如果按照 60 岁退休的标准,那么 1962 年以来第二波婴儿潮出生的人从 2022 年开始将陆续进入退休年龄。要知道,这是新中国成立之后规模最大的一次婴儿潮,1962—1973 年十余年间累计出生的人口超过 3 个亿,贡献了当时近 1/3 的人口,这一批人的集中退休无疑会直接影响劳动力供给。

人口红利的衰减不仅体现在数量上,而且体现在价格上。随着经济的增长和人民收入的增加,劳动力低成本的优势也在逐渐衰减,2000—2021 年的 21 年间,我国制造业就业人员的平均工资翻了 10 倍有余。越南汽车制造商 VinFast 招股书曾披露,2022 年越南制造业的平均时薪约 2.1 美元,而中国几乎是越南的 3 倍。

于是新一轮的产业转移又开始了,一些外资开始将部分中低端制造业转移至生产要素成本更低的东南亚国家,同时高端制造也出现回流欧美等发达国家的趋势。根据东盟投资报告和国家统计局数据,2012 年东盟和中国吸收外商直接投资(FDI)规模都是 1 100 多亿美元,但到了 2019 年东盟增长到了 1 740 亿美元,而中国只有不到 1 400 亿美元,这 7 年间东盟的增速是中国的 2 倍(见图 8.3)。

不过 2020 年疫情短暂地改变了这一趋势。在疫情冲击导致供给中断的时候,供应链的稳定性就成为企业投资最看重的要素,外企的投资策略从成本最优转变为风险最低。而中国疫情防控较好,率先复工复产恢复了供给能力,有着稳定环境的同时还具备完整的工业生产体系,于是中国迅速地承接了海外的订单转移和资本流入。这一时期我国的 FDI 规模就出现了跳跃式增长,2020 年超过了东盟,2021 年同比增速达到 20.2%,仅比东盟小了 5 亿美元。同年出口表现也十分亮

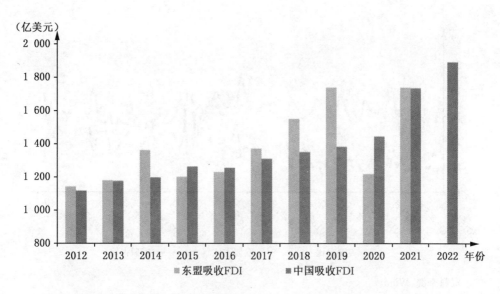

资料来源：东盟投资报告、国家统计局。

图 8.3　2012—2019 年间东盟吸收外资规模迅速增长

眼,出口金额同比增速达到 29.6%,在国际市场的份额也创下了 15.1% 的历史新高。

但是,长周期来看产业转移的趋势还在继续。随着海外供应链逐步修复,中国的出口份额尤其是对欧美的出口份额自 2022 年下半年开始快速回落。

相比之下,对东盟的出口倒是出现了持续的增长,这其实也能从侧面反映产业转移仍旧在继续,因为不仅是外资将原本在中国的产业转移到东盟,国内的很多企业也会主动将产能外移至东盟,全球产业链条从"中国-欧美"延伸至"中国-东盟-欧美"(见图 8.4)。虽然东盟的劳动力成本较低,但是中国的资源禀赋和工业化基础还是优势,因此东盟在承接我国产业转移时也需要进口我国的原材料、配套机械设备等。

外部环境的变化不仅有制造业的外迁,而且有外需的疲弱。从全球的视角来看,过去在外需强劲的时候中国制造对应的是全球需求,大规模的低端产能有全球市场可以消化,经济还可以维持高速增长。但 2008 年金融危机后,外需开始走弱,全球经济增速放缓,中国低端产能过剩的矛盾逐渐暴露出来。

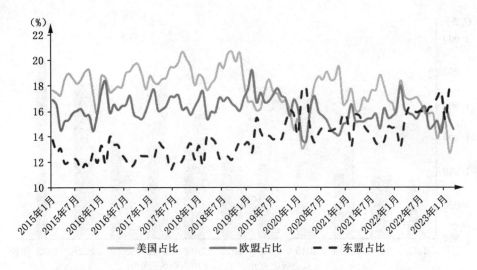

资料来源：Wind。

图 8.4　美国、欧盟与东盟出口份额占比情况

向后看，简单的资源和要素投入的增长模式已难以为继，未来高质量发展必须靠科技创新，中国的经济增长需要更高的技术含量来支撑。

当然，科技创新关乎的不单是增长的问题，更是产业链安全的问题。

金融危机后与产能过剩并行的是，核心技术短缺及高端制造供给不足的问题逐步凸显。当前"逆全球"化浪潮风起云涌，在某种程度上，产业链两头在外，缺乏对核心技术、核心设备的掌控已经严重影响了我国的产业链安全。

由果溯因，这还是可以归咎于过去粗放型低效的增长模式。唯 GDP 下只注重量，而忽略了质效，导致产业结构低端化。行业的技术壁垒和门槛较低，企业只要投入资本、资源和人力就能赚钱。而科技创新前期需要投入大量资金，是否成功还面临着很高的不确定性，就算成功投产了，前期付出的巨额研发成本以及后续的生产成本是需要规模效应和大市场来消化的。可是在分散化的竞争格局下，单个地方的市场规模很小，不足以让企业的创新实现规模效应。

再加上地方保护已经为这些企业减轻了外部竞争压力，创新的积极性本也不强。因此企业更愿意通过红海竞争，拼低价拼资源，先把竞争对手挤出市场抢占了市场份额再说。

等到从红海竞争中胜出，市场份额有了，这些企业也就变成了地方所青睐的大企业，自然也会受到更多的资源倾斜与地方保护，企业的创新动力随之大大削弱。

在这样的模式之下，就算是那些新兴产业，在地方的保护伞下没有了外部的竞争压力和创新的动力，还是会走上故步自封、重复生产的老路——盲目举债铺摊子扩大规模，依靠补贴和保护维持低效运行，缺乏创新动力，也不重视从 0 到 1 的突破。

一旦路径重复，高端产能也终将变得低端过剩，而且这样的高端产能也只是昙花一现，无法长久。中国的企业中资产负债快速扩张到数百亿元然后突然崩塌的案例比比皆是。

不难看出，企业一旦做大了以后，其自我革新总是很困难的。而这些形成规模的大企业往往还是银行的优质客户，会占用大量的信贷或者其他市场资源，挤压那些具有创新动力和市场活力的中小企业的生存空间，进一步拖累技术创新的步伐。

而与这些大企业相比，中小企业往往会在生存的压力之下产生源源不断的创新动力，这也是我们一直强调要保护好中小企业的原因。

因此，只有唯 GDP 的考核方式发生改变，全国统一的市场才有可能形成，有了足够大的市场规模，才不会让企业觉得技术创新吃力不讨好，创新积极性才能有效地被调动起来。

最后来看协同问题。协同问题主要体现在各地区之间缺乏协作，所带来的影响主要表现在两个方面：一是各地产业同质化没有区分度，产业链大而不强；二是经济好的地区发展越来越好，而那些经济发展没那么好的地区，经济腾飞之路却没有那么一帆风顺。

先来看产业同质化这一问题。

在以 GDP 为纲的考核机制之下，为了做大自己的 GDP 体量，各地都在考虑如何建立相对完善的工业体系，彼此之间的关系更多是竞争，而非合作互补。各地之间的产业是非常同质化的，区分度不够高。

这很好理解，面对同样的考核目标，假设甲地没有 A 产业，那么它不仅失去了 A 产业带来的 GDP 的蛋糕，而且在后续的招商引资过程中甲地对 A 产业上下游相关企业的吸引力会有所下降。这些企业会优先选择产业链较全的其他地区入驻,导致甲地与其他地区之间的差距越来越大。

当然,产业链不仅要全,体量也要大。地方经济增速与财政收入都与企业规模高度相关。相比于辛苦地培育本土中小型企业,地方政府通过招商引资吸引大项目落地更容易实现经济短期快速增长和增加财政收入的目标。

此外,地区之间的竞争关系还会导致各地采取一些措施来保护当地的经济资源,比如说对外来企业设置较高的准入门槛、对其产品征较高的税、对本土企业提供大量补贴等。

单一地区的视角下,地方保护政策或许是最佳的选择,在短期内能够快速提高当地的经济产出。但局部最优解并非全局最优解。从全局来看,各地如果都采取地方保护会造成市场分割,导致每个地区的企业都只能局限于本地相对狭小的市场内,放弃了国内统一大市场带来的规模经济效应,最终会形成产业链虽大虽全,但是不强的局面。

一方面,狭小的市场阻碍了企业之间进行有效的专业化分工,无法提升生产和组织效率,限制了企业的发展壮大。而缺乏足够大的市场规模及潜在的高额回报,亦会使前期需要巨大资本投入的技术创新丧失动力。另一方面,地方保护之下缺乏良性竞争机制,本该承担工业化责任的国有企业要么出于市场分割做不了,要么缺乏技术创新的动力,从而使产能陷入"低端重复"陷阱。

此外,随着中国经济的发展,人民群众生活水平的提高,消费者对产品质量的要求也会越来越高,然而低端过剩且低端锁定的产业链竞争格局显然无法满足人民群众的消费需求,这也正是提出供给侧改革的一个重要原因。

不过在供给侧改革过程中其实也出现了一些问题,比如说之前提到的"一刀切"限产政策,这会给中小企业造成经营压力。再比如说银行天然偏好国企,即使面临限产,这些国企大概率也仍能够获得银行的"输血"以及地方的扶持。一些中小企业、民营企业在限产的过程中可能遭遇融资困境,从而被逆向淘汰,这也是需要持续优化的一个问题。

再来看分散化竞争是怎么导致地区差距逐步扩大的。

由于过去每个地方的考核都是以 GDP 为核心,因此先发展的区域往往会比后发展的区域更有优势。随着经济越来越好,产业越来越完善,这种先发优势会逐步演变为"产业＋人才集聚效应"。因为企业在选址过程中会综合考虑多种因素,不仅有当地的区位优势,而且包括支持政策、配套产业、教育资源、契约文化等。

比如说我国东南沿海地区,在 20 世纪 90 年代初期凭借着优越的地理位置,率先承接了来自"亚洲四小龙"及其他国家的产业转移,并引入了大量资本,进而吸引了大批的劳动力流入。

同时,东南沿海地区经济发展也要依赖外资和活跃的民营经济,这就需要地方积极推进市场化改革,提供更优质的制度供给和经商环境。而这又会进一步吸引更多的海外资本和民营经济涌入,形成发展路径依赖。

随着东南沿海产业集聚效应越来越明显,劳动力也越来越向东南沿海流动,尤其是高端技术人才。随着技术型人才的流入,知识和技术要素会进一步积累,进而形成更强大的人才集聚效应。

有了集聚效应的地方,在后续的招商引资过程中就不必再依靠要素补贴和税收优惠了。这也就意味着当地更有余力把财政支出花在公共服务领域,而公共服务领域的完善反过来又可以提高制度供给的水平,引入更多的资本,具备更强的资本和人才集聚效应,使得这一地区的竞争优势不断巩固。

而对于那些经济活力不高的地区,企业结构以资源型国有企业为主,民营成分占比较低,创新动能也相对较弱。经济增长多依赖地方国企举债,而民营企业对经济的拉动贡献不大,这就大大削弱了当地进行市场化改革的动力,没有好的制度和经商环境,也就很难形成集聚效应。

但为了发展经济提升竞争优势,这些地区又不得不维持较低的税负水平来承接那些转移过来的产业,甚至会在同类型地区之间形成"逐底竞争",税收越压越低。这会进一步挤出公共服务支出,削弱了对优质资本和优秀人才的吸引力,使当地获得了更少的要素资源甚至导致要素资源流出,损害了长期增长。[1]

长此以往,经济强势的地区发展越来越好,与那些经济活力弱的地区的差距也就越拉越大,这显然与高质量发展的内涵是相悖的。如果要缩小不同地区之间的差距,平衡各地区之间的发展,加强各地区之间的协同,就势必要从源头入手,优化

---

[1]　路春城,武嘉盟. 地方税收竞争促进了经济增长吗? ——基于中国省级政府面板数据的门槛回归分析[J]. 公共财政研究,2019(1):17—35.

考核体系,转变唯 GDP 的考核机制。

8.2 问题的解决途径

过去的增长模式是规模驱动的、是债务堆积的、是靠密集的资源要素投入的,在全社会主要矛盾发生重大变化,内部的资源承载能力达到上限,全球化面临瓶颈时(见图 8.5),过去的增长模式已经难以为继了,经济发展思路必须向高质量发展转变。

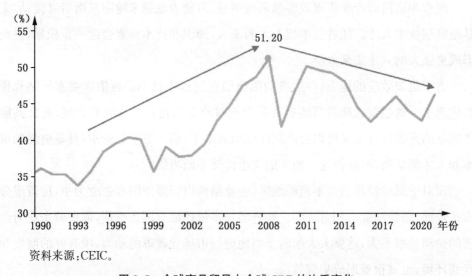

资料来源:CEIC。

图 8.5 全球商品贸易占全球 GDP 的比重变化

既然要迈向高质量发展,首先就得明确高质量发展的客观评价依据,改变过去那种唯 GDP 的考核体系。

在第 1 讲我们就已经阐述过,过去之所以选择用 GDP 作为考核指标,是因为过去的主要矛盾在于生产力没有被充分释放,无法满足人民日益增长的物质文化需求,而以 GDP 为单一考核目标的考核体系能够激励地方政府努力做大经济增量,提高人民群众的生活水平,顺应公众的愿望。

但如今的情况已大不相同。随着中国经济的发展,公众对美好生活的需求日益增加,开始从解决温饱向发展质量、社会公正、环境保护、共同富裕等各个方面延伸,单一的以 GDP 为导向的发展模式显然已经无法满足公众的全部需要。在高质量发展的要求之下,对于经济的评价体系也需要随之更新。

但是难点在于如何明确高质量发展的标准。我们可以以单一的 GDP 考核指标作为参考,过去 GDP 这一指标能够被广泛应用,很重要的原因就是它既能直观反映经济建设成果,又易于观测和比较。在以经济建设为中心的基本路线下,拿它作为首要观测指标不无道理。

经济发展"高质量"的内涵是非常多元的,辐射的领域也非常广。比如说在环保方面,良好的生态环境、清新的空气、清澈的水质是高质量发展的要求;在效益方面,要素投入的高回报率,生产产品附加值的攀升亦是高质量发展的体现;在产业发展方面,高端产品的供给不仅是经济转型的要求,更是顺应了人民对高端消费品的需求;在资本市场方面,防止资本无序扩张,防范金融风险,提升直接融资比重,提高资本市场的资源配置效率,使其更好地服务于实体经济等,也都属于经济高质量发展的范畴。

可以看到,近年来部分地区已经有了一些良好的尝试。比如说海南、浙江、福建等省份取消了对于部分城市和县的 GDP 考核,这些地区通常是生态保护区或者经济发展相对缓慢的地区,没有了强制的 GDP 目标束缚,各地就可以有动力和精力保护生态以及扶贫助困。

不过,正因为高质量发展的内涵非常丰富,很多要求又难以被量化,所以想要建立起一套系统又清晰的考核指标体系,不论是工作量还是难度都不可小觑,也就注定了这将是一个纷繁复杂、不断探索的过程。

过去 GDP 这个指标是非常明确的,只要做大 GDP 增量就行了。可是现在强调经济质量了,而经济质量的好坏又没有标准化的综合的衡量指标,各地在制定规划和政策时需要综合考虑多种因素,短时间内很难做到兼顾及平衡。

目标定得太快定得太死,在自上而下、层层加码的体制下可能顾此失彼;目标定得太慢,又可能错失经济转型发展的黄金时期。考核指标设置得太少,可能重蹈唯 GDP 的覆辙;考核指标设置得太多,又可能加大执行难度,导致最后哪一方面都达不到要求。

在本讲开头,我们已经指出了经济高速增长带来的问题主要体现在环境、效益、协同这三个方面,关于未来高质量发展的探索路径,也可以考虑从这三个方面入手,具体我们将在下文中——阐述。

8.2.1　高质量发展下的绿色转型

既然环保问题很大程度上是由于竞争性的重工业大项目引进造成的,通过供给侧改革的行政手段,去掉有污染的落后产能,无疑是有助于环保治理的。

从更长远更高的角度来看,绿色创新发展是对全社会全行业的要求,所以"双碳目标"的实现需要全社会全行业的共同努力。因此,我国在构筑新产业发展格局,推动产业转型时就需要纳入更多的绿色元素。

先从顶层设计来看,过去唯 GDP 的考核机制将更多的关注点放在了经济增长上面,忽视了环境的破坏和资源的浪费,因此在高质量发展的框架之下,考核体系可以考虑多加入一些与环保相关的指标。

其实从 2006 年的"十一五"规划开始就将保护环境、节约资源作为我国的基本国策,之后的每一个五年计划中也设置了与节能减排相关的任务(见表 8.1)。截至 2020 年年底,我国单位 GDP 二氧化碳排放量相较 2005 年降低约 48.4%、单位 GDP 能耗强度比 2005 年降低 43%,已经圆满完成了《2009 中国可持续发展战略报告》中提出的目标,也兑现了我国在 2009 年哥本哈根联合国气候变化大会上做出的到 2020 年单位 GDP 二氧化碳排放比 2005 年下降 40%~45% 的承诺。

表 8.1　　　　　历次五年规划对节能减排设定的指标及完成情况

	时间	相关指标设定	实现情况	
			单位 GDP 能耗强度	单位 GDP 碳强度
"十一五"	2006—2010 年	单位 GDP 能源消耗降低 20%;控制温室气体排放	↓19.1%	—
"十二五"	2011—2015 年	单位 GDP 能源消耗降低 16%;单位 GDP 二氧化碳排放量降低 17%	↓18.2%	↓20%
"十三五"	2016—2020 年	单位 GDP 能源消耗降低 15%;单位 GDP 二氧化碳排放量降低 18%	↓13.2%	↓18.8%

续表

	时间	相关指标设定	实现情况	
			单位 GDP 能耗强度	单位 GDP 碳强度
"十四五"	2021—2025 年	单位 GDP 能源消耗降低 13.5%；单位 GDP 二氧化碳排放量降低 18%	—	—
哥本哈根气候峰会	2009 年 12 月	2020 年单位 GDP 二氧化碳排放比 2005 年下降 40%~45%	—	降低约 48.4%

资料来源：根据公开资料整理。

想要在 2030 年实现"碳达峰"，2060 年实现"碳中和"，节能减排还可以考虑从以下方面着手。比如可以根据每个地方的属性和特点，选择性地设置空气质量、水质量等评判指标，或者设置碳排放量上限，更直接的还可以设置减碳指标、节能指标等规定某个地区的碳排放、能源消耗比前一年减少的数量或比重。

在分配任务、完成指标的过程中，也要因地制宜，不应当把指标任务都交代给同一个地区，或者安排在同一时间集中完成。

除了改革考核体系、下硬性指标外，还可以通过税收政策支持"双碳目标"。征收碳税可以倒逼企业改善生产工艺来降低碳排放量，对碳排放超过一定额度的企业按梯度征税，排放量越高的企业，交的税就越多，积累的税收收入还可以补贴节能环保做得好的企业。不过，目前我国的碳税还处在研究当中，暂未实施。

金融政策也可以从多方面配合绿色创新发展。比如说央行在 2021 年 11 月出台了碳减排支持工具，旨在以低成本的资金支持鼓励金融机构向绿色低碳领域提供更多贷款。比如那些重点支持领域的企业想要更新环保设备，符合相关条件就可以向全国性金融机构申请此类贷款。类似的工具还有支持煤炭清洁高效利用专项再贷款，2022 年年末碳减排支持工具和支持煤炭清洁高效利用再贷款的余额分别为 3 097 亿元和 811 亿元。

这些新型政策工具不仅丰富了央行投放基础货币的渠道，更能够引导金融机构和企业强化对于绿色发展的认识，拓宽绿色发展战略实施的广度。

绿色创新发展还需要依靠市场力量来完成。以碳排放权交易为例，2011 年起碳排放权交易开始在国内多个城市试点，摸索建设碳市场。2017 年全国碳排放权交易市场启动,2021 年 7 月全国碳排放权交易开市。

在碳交易机制下,各地可以根据减排目标向企业主体分配一定的碳排放配额,如果高排放的企业排放量超出了配额,则需要从市场上购买配额;相应的,低排放量的企业可以将未用完的碳配额出售,同时获取一定收入。

本质上碳交易是通过间接影响企业的成本与盈利能力鼓励企业减少二氧化碳排放。碳交易赋予了低碳企业一种收益权,环保工作做得越好的、碳排放量越低的企业,这一部分收益就会越高,对企业盈利的支撑也就越好;高碳排放的企业则要为此花费更高的成本,进而影响企业的盈利能力。不过,目前我国碳排放权交易主要是针对电力、水泥、钢铁等重点排放领域,覆盖的行业范围还比较小,碳交易机制能发挥的效果还比较有限。

截至 2022 年年末,国务院报告显示,全国碳排放配额累计成交 2.3 亿吨,成交金额约 105 亿元。而根据中国碳论坛和 ICF 国际咨询公司的《2020 年中国碳价调查报告》的结果,2025 年我国碳市场交易规模或将达到 2 840 亿元。因此,未来随着交易覆盖范围的扩大,碳定价机制的完善,交易品种的丰富,碳交易通过成本收益机制对企业减排的促进效果也会更强。

ESG 是借助市场力量发展绿色经济的另一种方式,也是近年来比较热门的投资理念。所谓 ESG 投资理念,指的是在投资过程中加入了对于环境(Environment)、社会责任(Social Responsibility)和公司治理(Corporate Governance)的多维度考量,在传统的财务、业绩等基本面指标之外,增加了新的判断维度,用来判断企业的可持续发展能力,防范潜在的风险。随着 ESG 应用愈加广泛,投资者越来越重视这些指标,企业为获取投资者的好感也会更加注重自身在绿色可持续发展、履行社会责任方面的贡献,ESG 评价高的企业对投资者会更有吸引力。

在实践方面,目前国外已有三十多个国家和地区明确要求上市企业披露 ESG 报告,国内监管层也在大力推动 ESG 的发展与应用。2018 年证监会新修订的《上市公司治理准则》中首次确立了 ESG 信息披露框架,并在随后不断加以完善。

根据同花顺数据,2022 年共有 1 463 家 A 股上市公司披露了 ESG 相关报告,约占总上市公司的 29%。其中国有企业披露率为 48.2%(见图 8.6),非国有企业披露率为 21.5%(见图 8.7)。这也从侧面反映了国企比民企承担了更多的社会责任,因此也更愿意向市场传递这一信息。

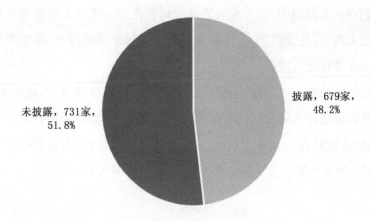

资料来源:同花顺。

图 8.6 2022 年国企披露 ESG 报告情况

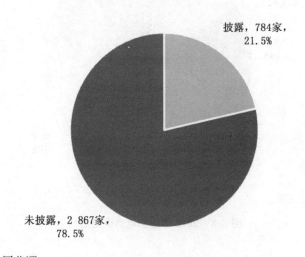

资料来源:同花顺。

图 8.7 2022 年非国有企业披露 ESG 报告情况

制度的建设与市场化机制为绿色创新发展铺了路,但往后看,高质量发展框架下绿色创新不仅仅是做好环保,而且要求创新,要增添更多的先进产能。

这就要求上游的供给端和下游的应用端均要取得技术的突破。技术创新是整个行业产业结构向绿色转型的内生动力,亦是保障我国能源安全和产业链安全,化解外生冲击的根本之道。

如我们在前文提到的,由于现有能源结构存在的一个很大隐患就是传统能源对外依赖度太高,容易受制于人,因此要不断挖掘新能源的潜力,在生产生活中用清洁能源逐步替代化石能源。

但问题的症结在于,目前的新能源比如说光伏装机容量很高,截至 2022 年年末累计装机容量已经达到 3.9 亿千瓦,连续 8 年位居全球第一,但在实际的供电结构中,太阳能占比只有 3%,加上风电、水电及核电,清洁能源占总发电量的比重只有 30%,国内的电力供给主要还是靠火电(70%)(见图 8.8)。

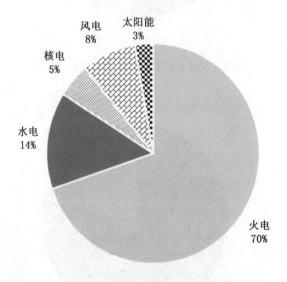

资料来源:同花顺。

图 8.8   2022 年我国电力供给结构

清洁能源发电量占比较低,究其原因:

一是由于这些风、光、水电属于间歇式电源,发电量受季节、气候等自然因素影响较大,无法持续稳定地供应电力,比如说冬季日照不足、风力不足、枯水期来临等都会导致发电量减少。

二是我国的自然资源地理位置分布不均,风能资源 80% 分布于三北地区,太阳能丰富的地方多是西部和北部,而用电负荷较高的地区则多集中于东部和中部,所以就需要"西电东送"。这其中就涉及了储能的问题。如果在风、光资源充足的时候发的电无法被高效地储存,就会发生"弃光""弃风"的现象,这在我国三北地区并不鲜见。

我国的储能领域也同样面临核心技术和原料"卡脖子"的难题。像目前还在发展初期的氢储能领域,氢在自然界中的储量丰富、易得,燃烧热值高,燃烧过程中没有碳排放,被认为是在新能源发展趋势下最有潜力的一个赛道。但因为氢在储存和运输的过程中首先要保障的是安全问题,其次还要考虑管道等储氢、运氢工具的建设投入及生产成本的问题,导致虽然现在已有部分企业开始建设氢气管道或者进行天然气掺氢,但是出于安全问题和前期高投入的顾虑,整体规模和应用范围还比较小。

如果能够通过技术突破提高氢储能应用的安全性,或者新的技术能够让企业用更便宜的材料降低制氢、储氢、运氢的成本,那么氢储能有望真正得以广泛运用。

现在应用较多的电化学储能也是如此,以锂电池为例,锂电池是现阶段新能源汽车的主流选择。根据《中美欧矿产资源形势对比分析》,目前我国锂消费占全球销量的68%,对外依存度高达75%。

虽然中国的锂资源储量位于世界前列(见图8.9、图8.10),但是在实际的消费中高度依赖进口,大量的锂资源还是需要从澳大利亚、锂三角区(阿根廷、智利、玻利维亚)等地区进口。这主要有两个原因:一是国内的锂资源集中分布在西藏和青海一带,比如说柴达木盆地、藏北无人区等,这些地方开采条件差,基础设施不够完善,无法提供大规模开采和冶炼所需要的大量电力,并且后续的运输也是个大问题;二是国内的锂盐杂质多,品位低,提取难度很大,且国内的锂盐生产技术还有待提高。

推广新能源汽车的本意是不靠烧油靠充电,减少碳排放,减少化石燃料的使用从而降低对原油的依赖度,但是在制造新能源车时发现锂电池中的锂原料也要依靠国外。虽然将"卡脖子"的环节推后了,但是这并没有改变我国能源及产业链受制于人的现状。

所以加大研发投入,推动技术进步非常关键。一方面,如果能够提升盐湖提锂工艺,将我国丰富的锂资源加以运用,就能够降低对进口的需求;另一方面,锂需求持续增长,叠加疫情影响,南美锂三角区的出口受阻带动锂价飙升,成本太高,消费

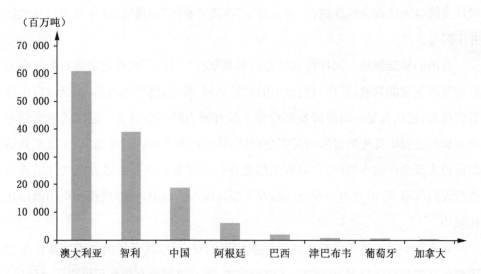

注：美国锂产量数据未统计。

资料来源：美国地质勘探局（United States Geological Survey，USGS）。

图 8.9　2022 年我国锂矿产量位居世界第三

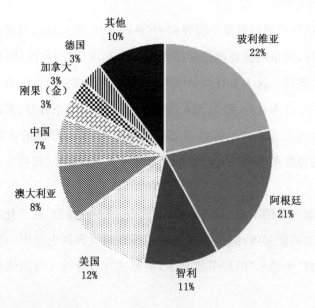

资料来源：美国地质勘探局。

图 8.10　2022 年我国已探明锂资源储量位居世界前列

者自然不会买账,不利于新能源汽车产业发展。

在这种情况下,如果能够研发出更先进的技术(比如使用其他金属材料像钠、镁等来制作电池),不仅能够解决"卡脖子"问题、实现换道超车,而且有助于推动整个行业的发展和进步。

8.2.2　高质量发展下的效益提升

简单的资源和要素密集投入驱动的增长模式既无法应对外部压力,化解产业链供应风险,也无法解决好内部发展不平衡、不充分的矛盾。提升效益、加快科技创新步伐实现技术赶超,有助于解决内部高端供给不足和外部核心技术"卡脖子"的问题。

具体来看,在高质量发展的要求之下,要如何追求效益的增长呢? 我们认为主要可以从以下几点入手:

第一,通过供给侧改革出清落后与过剩的产能,提升行业集中度,为高端产能腾挪资源与空间。

过去企业缺乏足够的外部竞争强度,没有大规模的统一市场,企业技术创新升级的动力被抑制,一些大企业又依赖银行"输血",最终形成低端锁定和低端产能过剩的局面。

而随着人民群众生活水平的提高,消费者对产品质量的要求水涨船高,偏低端且过剩的供给结构显然无法满足日益增长的高端消费需求。更重要的是,过剩的产能还挤占了本该向新兴产业开放的市场资源与空间,制约了高端制造业的扩大和发展。

2015 年年底中央正式提出要进行供给侧结构性改革。旨在通过清退落后且过剩的产能,兼并重组分散的低端产能,鼓励龙头企业和效益高的科创企业积极地向上下游布局,从而实现产业集中度的提升,整合冗余的市场资源,降低信息交易成本,促进产品的专业化分工,进而实现规模效益。

产业集中度提升,意味着企业可以将更多的资源和资金投入产业链纵向整合,投入研发与人才培养,而不是将珍贵的资金用于拼低价、拼资源。

2016 年起供给侧改革率先在煤炭、钢铁等领域落地,以钢铁行业为例,随着宝钢和武钢合并成为宝武钢铁集团,行业集中度开始缓慢回升(见图8.11)。

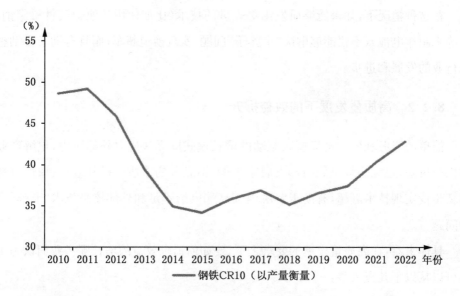

资料来源:中钢协。

图8.11　供给侧改革后钢铁行业集中度有所回升

2016—2018年的三年内,粗钢产能压减了1.5亿吨以上,煤炭落后产能退出了8.1亿吨,落后煤电机组淘汰关停了2 000万千瓦以上。

煤炭开采业与黑色金属冶炼行业的产能利用率也得到了大幅的提升(见图8.12),行业整体收益明显改善,2018年这两个行业的利润相较于2015年分别增长了6.1倍和5.8倍,黑色金属冶炼行业的利润规模甚至超过了改革前的水平(见图8.13)。

钢铁、煤炭行业为供给侧改革奠定了良好开局的同时,其他过剩的行业(如有色金属、建材、农业、石化等)也陆续走上了去产能的道路。

不过就目前来看,我国一些传统行业的集中度还是处在偏低的水平。根据中钢协的数据,2022年钢铁行业产量CR10为42.8%,离《钢铁工业高质量发展指导意见》中2025年钢铁产业CR10要达到60%的目标还有一些差距,钢铁行业的集中度仍存在较大的提升空间。

第二,经济效益的提升离不开资本市场的支持。

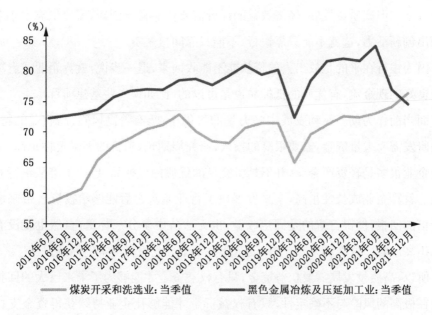

资料来源：Wind。

图 8.12 供给侧改革后两个行业产能利用率提升

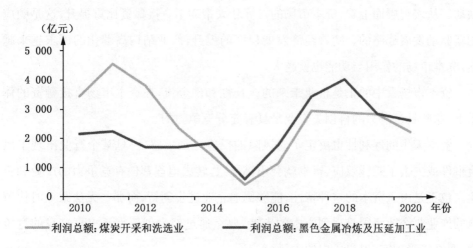

资料来源：Wind。

图 8.13 供给侧改革后两个行业利润明显改善

过去经济的飞跃主要靠银行系统，银行偏好抵押品以及其风险厌恶的特性与国有企业、城投及房企完美契合，能够快速将居民储蓄转化为工业化和城镇化所需要的资金。但高质量发展、经济效益的提升需要依靠科技创新,需要依靠中小企业发挥出创新活力,这就不能只靠银行,不能只靠间接融资。

因为银行在乎的是放出去的贷款能不能收回来,退一步说,就算企业或者项目没有良好的现金流,有优质的抵押品也是可以的(比如说一些基建项目)。

而当前作为创新驱动发展中坚力量的科创企业,有着高风险、高收益的特征,前期研发需要大量资金,需要很高的投入,研究周期长,项目的不确定性也高,而且这些企业很多是轻资产企业,并不具备充足的优质的抵押品,也就很难从银行获得贷款。就算企业成长性很高,未来发展成了行业龙头之后能够给投资者带来成百上千倍的回报,但银行拿的是固定收益,也无法从中多分一杯羹,自然也就没有动力承担高风险。这么看来,这些科创企业并不十分受银行资本的偏爱。

所以,高质量发展需要权益资金,只有权益资金才能够为了未来巨大的回报容忍现在极高的风险与不确定性,只有权益资金才能够让企业持续获得资金支持的同时还能给予高估值。

所以,新时代经济效益的提升需要与权益资金的载体——资本市场——进行联动。从宏观层面上看,资本市场的发展壮大带动了直接融资比重提升,这是顺应创新驱动发展战略的。随着经济发展程度的提升,产业结构高端化的诉求越来越强,资本市场的作用与功能也就越大。

资本市场看中的正是企业未来的成长性和现金流,在资本市场直接融资的体系下,这些具备潜力的科创类企业是具有充分竞争力的。

资本天生的逐利性也决定了对风险的反应更加敏感,一旦某个行业出现了风险事件或失去了赚钱效应,资本就会用脚投票,转去追逐其他有竞争力的产业和企业。也正是由于资本的这种特性,能够倒逼企业进步创新,而那些无法跟上时代节奏的产业与企业将很难得到资本的支持,要么通过努力创新重新提高自身的竞争力,要么接受现实,退出历史的主舞台。

过去我国资本市场的门槛比较高,将很多可能短期尚未盈利但是有成长潜力的优质企业拦在了外面,结果这些企业要么放弃上市要么跑到海外上市。放弃上市可能让企业错失发展的机遇,跑到海外上市会让居民部门错过投资机遇。

所以,我们需要注册制,还需要北交所,把小企业、符合专精特新要求的企业的上市门槛给降下来。但上市的公司太多了，只进不出也不行，还需要退市制，要有多元化的退市渠道，把经营不善、欺诈造假的企业给清理出去。

注册制意味着上市门槛的降低，也意味着监管流程的后置，这就可能出现欺诈发行的问题。所以，监管要求强化中介机构的职责，尤其要强调上市公司财务的真实性，强调资本市场的法治化建设。

上市公司这么多，研究的难度也随之提高。所以，我们需要专业的机构投资者、专业的投行为上市企业做合理的估价。

有了好的公司，有了严格的监管，有了专业的投行，资本市场还需要钱，尤其是长钱。所以我们不仅需要丰富多元化的金融产品来吸引居民储蓄，而且需要专业的机构投资者帮居民做财富管理。与此同时还可以推动社保基金、养老金等大体量长期限的资金入市，为资本市场注入活力的同时，能够实现稳定增值，达到双赢的局面。

在充分挖掘国内资金潜力的同时，资本市场还可以扩大对外开放的程度。比如设立陆股通、沪伦通等，吸引外资，尤其是吸引那些已经在成熟市场上积攒了丰富经验的机构投资者进入，优化投资者结构，提升我国资本市场的竞争力。

第三，股权结构与市场化激励机制双管齐下，激发国企创新活力。

在过去的几十年里，国有企业是承担着工业化和城镇化责任的主力军，将中国推上了世界第二大经济体的位置。而当经济发展由要素驱动转向创新驱动时，挖掘经济增长新动能的责任则落到了以中小企业为主的民营企业头上。

由于民营企业、中小企业更具有市场活力和创新积极性，是创新的主要推动力量，因此现在政策也在通过减税降息等各种方式竭尽全力来支持中小企业发展。

为什么民企更具创新动力呢？

其一，政府背书和银行资源的倾斜是国企在市场竞争中的优势，这会削弱国企的创新动力。

国有企业存在规模导向，而这种决策的结果就可能导致更注重项目的规模而非效益。但是国企拥有政府背书以及优质的可以作为抵押品的资产，比如说厂房和土地，是银行偏好的放贷对象，即使出现亏损也能够获得银行的信贷支持。这样一来，国企就没有动力创新和追求技术进步了。

　　而中小企业既没有政府背书也没有充足的抵押品,只能靠不断地研发和技术创新提高自身产品的竞争力,在激烈的市场竞争之中赢得一席之地。

　　其二,国有企业的考核机制与激励机制亦制约了其创新活动。

　　国企考核更看重的是项目体量的大小,而不是回报率,所以才会存在规模导向,最终导致产能过剩。并且国企创新的容错机制也比较低,搞研发搞创新一是需要很大的资金投入,二是风险很高,可能投进去的钱最后都打了水漂,这种损失从考核的角度来看对国企是十分不利的。

　　以上是风险端的因素,再从收益端来看,国企管理层、员工的薪酬水平也不够市场化。就算研发成功了,企业效益提高了,也不能直接转化为他们的实际报酬。换言之,国企的效益跟员工的个人回报是脱钩的,这反映的其实就是公司治理中比较典型的两权分离带来的代理问题。

　　总的来说,国有企业做技术创新需要承担很高的风险,但激励机制又有限,导致国企创新的动力被抑制。

　　但是国企这么大的一块市场主体,我们不应该忽视其在科技创新方面的潜力。

　　从数据来看,2022 年《财富》杂志披露的世界 500 强名单中,加上中国台湾地区,中国共有 145 家公司上榜,其中国企高达 99 家,占比近七成。这还是近些年民营企业在经过快速发展之后的数据,如果看早年的榜单,这一比重会更高。2015年 106 家上榜的中国企业中,国企占据 88 家,而民营企业仅有 6 家。

　　所以,如果想要推动国企创新,目前已经实行的混合所有制改革,实际上就是通过在股权层面上引入非国资成分,来破解所有者缺位的问题。

　　不过,国企往往要承担比民营企业、中小企业更多的社会责任。从这个背景来看,就算进行改革,国企市场化程度可能也不及民企。而且国企本身盘子比较大,在这个基础上创新,如果发生亏损或者风险事件,对整个产业链可能就会产生一些影响。

　　所以近些年出现了部分"逆混改"的趋势。这主要是利用好国企在社会上的影响力以及其强大的资金实力,推动国有企业投资入股一些民营企业、中小企业,特别是那些本身就位于国有企业产业链、供应链上的企业,从而实现协同发展。

　　国企也可以通过设立子公司、孙公司支持创新型产业的发展,或者以有限合伙的方式参与风险投资。前者我们可以理解为国企领域的"增量改革",若投资成功,则可以适当推广到整个集团;若投资失败,也仅限于子公司内部。后者也是当前国企参与风险投资运用比较多的一种方式。即使投资失败,国企也仅以其出资额为上限承担有限责任,不会波及其他业务。

除此之外,针对政企不分的问题,近年来国务院也在推动设立"两类公司",即国有资本运营公司和国有资本投资公司,来充当政企间的隔离层,推动国企自主经营、自负盈亏。

国有资本运营公司主要是管理运营国有企业产权与公司制中的国有股权,并不涉及实业投资,通过在资本市场上的运作改善国有资本的分布结构与质量,从而提升资源配置效率。

国有资本投资公司则主要通过投融资及项目建设,服务于国家战略,来培育产业竞争力、优化经济结构。更重要的是,国企可以通过国有资本投资公司寻找与其自身优势产业协同发展的创新元素,提高产业集中度、化解过剩产能和促进产业转型升级,所以在这一块资本退出的方式通常以战略并购为主。

截至2021年8月,已公布的中央和地方国有资本投资公司和运营公司试点超过140家。国资委数据显示,2020年,19家央企试点的国有资本投资公司营业收入和净利润同比增长分别为6.6%和14.3%,均大幅超过央企的平均水平,实现了规模与效益的双提升。

除了股权架构方面的改革,国企改革还可以从改革考核机制与激励机制入手。可行方式是将国企对中小企业扶持的情况纳入考核机制,有投资中小企业的国企,在各类评比中可以给予加分奖励。

激励机制方面针对"两类公司",尤其是国有资本投资公司,可行的做法:一是运用股权激励、分红权、员工持股计划等工具,将其管理层和员工的收益与企业业绩、创新成果等挂钩,创新有成果、业绩有提升,员工的收益就高。此外,在工资总额方面也可以赋予其更多的自主权,从而有效地降低代理成本。二是实施跟投制度,即强制要求国有资本的创投核心团队,对其运用国有资本投资的项目用自有资金持股和跟投。

一方面,这将项目收益与管理团队收益绑定,实现收益共享;另一方面,核心团队持股和跟投机制能够降低一定道德风险,两者均能提升国有资本选择好项目的积极性。截至 2021 年上半年,19 家央企试点的国有资本投资公司平均职业经理人数、员工持股激励人数等,均约为央企平均值的 2 倍。

第四,政策要保持稳定、保持一致,同时做好预期引导,向市场传递清晰的政策信号。

企业和投资者都是先对当前市场的运行以及未来的发展进行判断,先形成预期再做投资决策。我们不妨举个简单的例子。如果一家制造业企业认为未来原材料价格会上涨,在当期就会大量买入原材料或者以固定的价格购买期货以锁定生产成本;同样,若企业预期未来其产品销售的市场价格会上升且生产成本不会有太大变化,则有动力在当下扩产、加大投资力度。

这些决策都是基于企业对于未来有一个相对明晰的预期之上做出的。可如果企业无法预期市场的走势,这就意味着如果当前进行投资,那么项目未来的现金流是非常不确定的。不确定性在很大程度上就意味着风险,所以这时候企业往往会选择持币观望或者维持较低的生产水平。

投资者在不确定性增加时也会撤出资金来规避风险,等待后续更好的入市机会,这样的行为最终会导致二级市场中股价下跌,波动性增加。

由此可见,清晰稳定的预期对企业乃至投资者是至关重要的。

在预期的形成过程中,政策又是非常核心的一环。特别是对中国这样一个自上而下体系的国家来说,政策的支持在很大程度上能够直接提升某些行业或者某类企业的竞争力。

如果政策能够保持稳定、保持一致,就会有助于维护市场预期的稳定。但如果政策不够稳定,朝令夕改,企业今天加码投资的项目搞不好会中断,前期大量的研发投入最终也可能没有用武之地,也就更没有动力做技改了。

此外,在经济走弱的时候,企业会寄希望于多出台一些扶持政策来改善盈利,因此在做投资决策时也会更多地考虑政策因素。因此,在经济走弱阶段,政策不确定性的增加对企业投资的抑制作用比经济扩张与繁荣期更为明显。[1]

---

① 李凤羽,杨墨竹. 经济政策不确定性会抑制企业投资吗?——基于中国经济政策不确定指数的实证研究[J]. 金融研究,2015(4):115-129.

　　从历史的经验来看,我们用斯坦福大学和芝加哥大学联合构建的经济政策不确定性指数(EPU)来衡量,可以发现各国的 EPU 在 2008 年金融危机之后均有所提升,这主要是源于各国都相继调整了各自的经济政策以期刺激企业投资、促进经济增长。

　　同时我们还能观察到,2008 年之后尤其是从 2015 年年底开始,中国的 EPU 要远远高于美、日、英等发达国家(英国由于脱欧导致政策不确定性指数在 2016—2018 年间激增)(见图 8.14)。

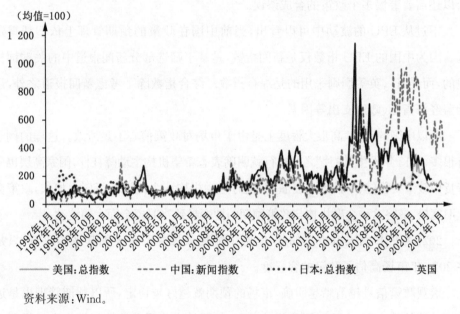

资料来源:Wind。

图 8.14　中国的经济政策不确定性指数较高

　　这其实很好理解,对于像中国这样处于经济转型时期的国家来说,改革是一个不断探索的过程,任何新尝试都很难一次到位,在解决旧难题之后会不断出现新的问题,边探索边调整是最合适的方法。因此,经济政策的时常调整是一件很正常且理所应当的事情。

　　关键的是政策的大基调要保持战略定力,细节再去循序渐进灵活调整,不能大起大落,否则只会扰乱市场的预期。

　　制定好政策之后还要向市场传递清晰的信号,也就是说政策要做好预期引导。

如果政策信号传递失真,市场不相信或者误解了政策的实际意图,那么最终效果肯定不佳。

从整体上看,中国的经济政策还是保持了较好的战略定力,供给侧改革、去产能、去杠杆、注册制、"碳中和"、建立房地产长效机制等,都能够显示出当前的政策与高质量发展是深度契合的。

但高质量发展的要求是丰富多元的,对应的政策也是多样的。单个来看或许每个政策的方向是没有问题的,政策之间的互相影响也许最终导致预期的不稳定,所以还需要警惕多个政策的合成谬误。

不过从 EPU 的波动中可以看出,当前中国在政策的预期管理上依旧任重道远。因为中国的 EPU 指数仅是新闻指数,是基于筛选部分新闻报道中的关键词构建的,而美、日、英等国则采用的是综合指数。综合指数除了考虑新闻报道之外,还涵盖经济指标、政府支出等因素。

所以中国的 EPU 高很大程度上是由于市场对政策信心不足所致。这样的例子有很多,2013 年发生"钱荒"之前央行就明确表态希望机构主动降杠杆,国家高层也坚持货币政策要稳健、不搞大水漫灌,但当时金融机构认为经济下行压力加大,政策会依旧宽松,最终这种金融机构与政策预期的博弈导致当时资金面大幅波动。

2021 年的拉闸限电也是如此,实际上能耗双控并不是突如其来的政策,只是在 2021 年市场高估了政策的容忍度。

宏观政策信号越清晰越明确,市场的预期就越好越稳定,所以预期管理也是近些年政策的关注重点,比如说央行从 2015 年开始在货币政策执行报告中就强调要加强与市场的沟通以及预期管理,也多次发文向公众解释政策意图来稳定市场预期;"十四五"规划中也提到要完善宏观政策制定和执行机制,重视预期管理和引导。由此可见,市场信心价值千金。

8.2.3　高质量发展下的区域协同

8.2.3.1　四大板块因地制宜

中国地大物博、疆域辽阔,每个地区的地理环境、气候各不相同,由此形成的自然资源禀赋也存在较大的差异,必然导致各区域的经济发展程度不同。要强调区域之间的协同,避免过度竞争,首先从顶层设计上就要做到因地制宜,根据每个地方的特色选择最合适的发展路径并制定相应的政策。

国家统计局将我国的经济区域划分为东部、中部、西部及东北部四大板块。

首先来看东北地区,东北地区有着丰富的矿产、林业等资源,缘于历史原因,东北在新中国成立之前就积累了一定的工业基础,叠加毗邻苏联的地理优势,东北成为新中国成立之后工业发展最快且最先进的地区,被誉为"共和国长子",我国的第一辆国产汽车便诞生于此。

但长期以来,东北地区经济发展以资源密集型和资本密集型为主,经济结构高度重工业化。产业发展过度消耗资源对生态环境造成了一定的破坏,并且在早期工业化过程中对设备尤其是那些专用性设备进行了大量投入,因此当经济发展陷入瓶颈时,前期发展积攒的巨额生态治理成本和沉没成本,加上强大的产业惯性等,都制约了当地的产业转型升级。

此外,东北地区的国有企业较多,经济发展的市场化和创新程度相对不足。根据同花顺数据,截至 2022 年年底,东北地区的上市公司数量仅有 173 家(占全国比重为 3.4%),在东北的上市公司中,国企比重达到了 41%,位于四大地区之首(见图 8.15)。

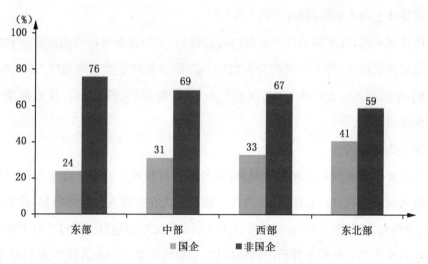

资料来源:同花顺。

图 8.15 四大地区上市公司国企与非国企占比

对于东北地区,经济转型首先需要加快推动国企改革,鼓励国企进行战略性市场化重组,从而化解过剩产能。尤其可以鼓励国企帮扶位于其产业链上的民营企业,这样既能够增强民企的资金实力,又能够为国有企业增添活跃的市场因素。

其次,因为过度依赖重工业国企,当地营商环境对于外来资本尤其是民营资本并不是很友好。除了科技创新,体制创新也是东北地区高质量发展的核心,所以可以考虑将营商环境、政策的稳定性等因素纳入地方的考核,有了更多活跃的资本,才可能形成产业聚集效应。

最后,东北地区可以充分发挥自身的禀赋优势。可以依托原先扎实的工业基础以及低成本的劳动力优势陆续承接来自东部地区的制造业转移,在带来经济增长的同时,还能提供大量就业岗位;也可以凭借丰富的冰雪资源获得冰雪经济、文化旅游的特色增量加持;还可以凭借东北农业基地的优势大力发展现代农业、食品产业。

再来看中西部地区。经过多年的"中部崛起"和"西部大开发"战略的实施,中西部地区的经济发展已经取得了不小的成效,GDP 占全国比重从 2000 年的34.6% 上升至 2022 年的 41.3%。

但是横向来看,我国的工业化水平由东到西是降低的,也就是说中西部的工业化程度整体上是不如东部地区的。

按道理来说,在东部地区产业向内陆转移时,中西部是可以利用好这一趋势大力发展先进制造业,帮助实现产业升级的。然而事实却是受东部地区"去工业化"的影响,中西部地区也产生了"过度去工业化"的现象(见图 8.16),反而拖累了中西部的经济增长。[1]

这是为什么呢?

当工业化发展到一定程度的时候,服务业占比快速上升是产业成长的自然规律。进入新常态后,以"互联网＋"为代表的服务业在东部地区强势崛起,叠加东部土地、劳动力、资源等各种生产要素成本上升,导致东部地区开启了"去工业化进程",这表现为部分制造业开始向内陆转移,东部地区第三产业占比快速上升,而工

---

[1]　魏后凯,王颂吉. 中国"过度去工业化"现象剖析与理论反思[J]. 中国工业经济,2019(1):5—22.

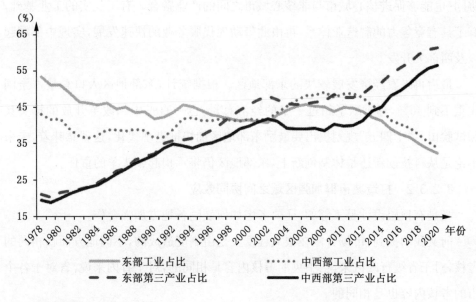

资料来源：Wind。

图8.16　中西部"过度去工业化"

业占比出现下降，这与20世纪大部分发达国家开始将部分产业转出的动因一致。

　　无论是国际上的老牌工业化国家还是我国东部地区开启"去工业化"的前提，都是工业化水平已经达到了一定高度，当地的生产性服务需求不断提升，同时居民消费结构升级也增加了对生活服务的需求，两者共同推动现代服务业的加速发展。

　　但中西部地区发展本来就起步晚，与东部存在差距，诚然服务业确实可以解决大量劳动力问题，而且也比工业更环保，但是如果过早去"工业化"，只会让中西部的工业发展不到位，没有强大的制造业基础，没有创新性产品，就支撑不起现代服务业需求，服务业的发展也必将是缓慢低效的。

　　因此，对于中西部来说，从结构上看经济发展应该重视制造业，凭借丰富的资源、辽阔的土地及低成本的劳动力把握好东部产业转出的机遇。

　　可以考虑将一些具有良好基础的地区打造为国家先进制造业示范基地，如一些省会城市，再由这些示范基地发挥引领作用，带动整体发展。由于各个城市之间也存在发展梯度，因此需要根据周边中小城市各自的比较优势进行专业化分工，由此形成先进制造业聚集带。这既能够挖掘中西部的制造业潜力，加强区域之间的协同,也能够促进核心城市与非核心城市之间的产业融合。有了扎实的工业基础,有了具有竞争力的制造业体系,再由此带动现代服务业的快速发展,实现中部崛起以及西部大开发。

最后再来看经济发展较快的东部地区。根据统计,东部地区人口总量占全国比重不到40%,却贡献了超过一半的经济总量,也一直是中国改革开放的排头兵和试验田。"十四五"规划提出要鼓励东部地区加快推进现代化,这就意味着,未来不论是从科技创新还是体制创新上,东部地区仍将承担起领头羊的重任。

8.2.3.2 打造城市群加强区域之间协同效应

光是有顶层设计是不够的,还要考虑如何鼓励各地方加强合作。

前文我们提到,市场分割在很大程度上是由制度造成的,不同地方面临相同的考核,对于省级行政区来说,中央的考核内容是相同的,对于省内来说,省对于各个市的考核内容也是相同的。

所以第一种方法就是对不同的地区采用不同的考核机制,也就是因地制宜,这一点我们在前面已经讨论过了。

第二种方式就是改变考核的主体,对不同的省或市,把它们统一成一个整体,再来考核,这也就是我们现在所说的打造城市群、经济带。

当考核的主体变为包含多个城市的城市群时,各个主要城市不再是作为一个独立的个体来考虑自身的发展规划,各地需要考虑各城市之间政策的相互影响,需要从整个区域的角度出发制定各自的发展规划,实现整个区域内的协同发展。

这一方式的本质其实就是扩大局部最优解的范围,达到区域最优解,来避免区域之间"以邻为壑"和"恶性竞争"等现象。

我们可以看到近年来国家大力推动的长江经济带、长三角一体化、京津冀协同发展、粤港澳大湾区等都是这一方式的具体实现。

我们以粤港澳大湾区为例,粤港澳大湾区包含珠三角9市以及中国香港、中国澳门,2017年《深化粤港澳合作,推进大湾区建设框架协议》的签署标志着粤港澳大湾区的建设发展拉开序幕。

粤港澳大湾区的发展有多个核心、按照发展规划,整个粤港澳大湾区包括中国香港、中国澳门、广州、深圳4大中心城市,而后以佛山、肇庆、东莞、惠州、珠海、中山、江门 7 个城市为支点城市。通过中国香港—深圳、广州—佛山、中国澳门—珠海这样的强强联合,更好地发挥大城市的辐射带动作用。

在产业结构分工上,基于原先各自城市的比较优势,粤港澳大湾区确定了不同城市的产业定位,避免内部出现重复建设与恶性竞争。

中国香港作为国际大都市之一,在改革开放初期一直作为连接内地与世界的纽带,并逐渐发展成为国际金融、贸易、航运的中心,此后的发展也定位于金融商贸中心。中国澳门则一直以旅游业和娱乐业的发展为主,发展定位于建设世界的旅游休闲中心。深圳作为经济特区,其发展定位于科技创新性城市与内地的金融商贸中心。广州则主要发展先进制造业、全面推进新型工业化。其他城市也有着各自的分工,通过不同城市的产业分工,优化城市群产业结构。

在粤港澳大湾区内部的协同发展上,为了更好地与中国香港、中国澳门连接,粤港澳大湾区建设了广深港高速铁路香港段,将香港连入国家高速铁路网,大幅缩短往来香港与深圳、广州,以至珠三角地区其他城市的时间;建设港珠澳大桥,将珠三角西部纳入香港 3 小时车程可达范围。同时,其他基础设施建设也提上了日程,不断扩建的基础设施,使得珠三角城市之间的交流更加密切。

粤港澳大湾区发展至今也取得了一些亮眼的成果,2022 年粤港澳大湾区经济总量超过 13 万亿元,相比 2017 年初建时期增长 3 万亿元。根据 GDI 智库的报告,2016—2021 年间粤港澳大湾区发明专利公开量约 177 万件,远远超过东京湾区、旧金山湾区及纽约湾区。

当然,目前城市群的发展也存在一些问题,因为区域内的协同发展是一个庞大而复杂的体系,想要实现整个区域内部各个城市的协同发展,并非纸上谈兵那么简单。

比如一个城市群内往往有部分城市发展定位相近,这种情况下要做协同就容易出现矛盾,如何协调各个城市之间的关系,在区域内形成互补的产业结构是一个比较困难的问题。

又比如尽管已形成城市群,但是不同城市之间仍然存在一定的行政边界,如何弱化行政边界,促进区域之间要素自由流动、形成统一的产品市场,如何让市场规律能够更充分地发挥作用,如何提高要素使用效率,也是后续需要进一步探索的问题。

再比如,户籍制度导致人户分离的现象在城市群发展中明显存在。为了更好地吸引并留住外来人口,完善并创新当前的人口服务与管理制度必不可少,但这是事关全国的问题,如何在现有户籍制度下实现在某一区域内部合理的调整并非易事。

如前文所述,要实现整个区域内部的协同发展,达到"1+1>2"的效果,中国还需要不断探索。

第 **9** 讲

共同富裕

面对新常态，推动共同富裕实现既要做大蛋糕又要分好蛋糕，兼顾效率与公平。

9.1　强调共同富裕的原因

改革开放四十年多来,中国在经济社会发展的各个方面均取得了举世瞩目的成就,2010 年 GDP 总量首次超过日本,成为世界第二大经济体,2020 年 GDP 总量突破百万亿元大关。

经济在快速增长的同时,人民的生活水平与生活质量也得到了极大提升。根据世界银行的数据,1962 年我国人均 GNI 仅有 70 美元,远低于 482 美元的世界平均水平,改革开放初期也只有 200 美元。

如果按照世界银行的划分标准,我国在 2010 年人均 GNI 达到 4 340 美元时,便开始迈入中高等收入国家行列,到了 2019 年,我国人均 GNI 首次突破 1 万美元,2019—2021 年我国人均 GNI 连续三年保持在 1 万美元以上（见图 9.1）,人均收入水平不断提高,正在接近世行标准下的高收入国家门槛。

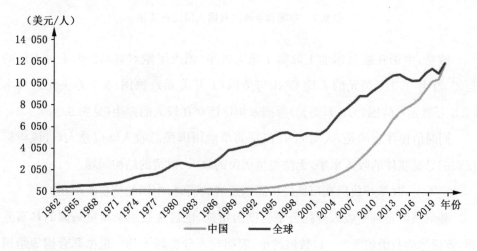

资料来源:Wind。

图 9.1　中国人均国民总收入不断提升

中国的快速崛起也为全球减贫事业做出了极大的贡献。在世界人口规模不断扩大的趋势之下,全球极端贫困人口占比从 1990 年的 36.3% 下降至 2018 年的8.6%（见图 9.2）。数量上,在全球增加了 23 亿总人口的同时,贫困人口反而减少了约 13 亿,而这减少的 13 亿贫困人口中有 60% 都归属于中国,这无疑要归功于中国经济实力的增强及扶贫工作的持续深入。

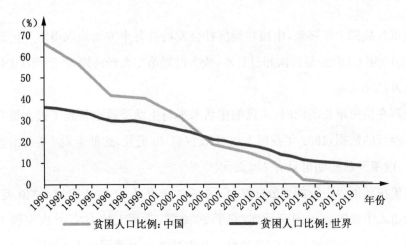

注:世界银行对极端贫困人口的定义为每人每天收入低于 1.9 美元。

资料来源:Wind。

图 9.2　中国和世界的贫困人口比例变化

诚然,中国在脱贫事业上取得了重大进步,消灭了绝对贫困。但不可否认的是,2021 年 1.2 万美元的人均 GNI 与美国(7 万美元)、德国(5.1 万美元)、日本(4.3 万美元)、韩国(3.5 万美元)等国家相比还存在较大的差距(见图 9.3)。

同时值得注意的是,人均 GNI 仅是简单地用国民总收入除以总人口,该指标反映的只是整体的收入水平,无法衡量居民的收入、财富的结构问题。

实际上,改革开放后在市场经济高速发展的同时,中国的贫富差距在扩大。

基尼系数是判断收入分配公平程度的指标,也通常被用来衡量一国的贫富差距,该指标的数值位于 0~1,数值越小,表明收入分配越平均。根据联合国等组织的规定,基尼系数超过 0.4 则认为贫富差距较大,因此这一比例往往也被看作收入分配差距的"警戒线"。

目前国家统计局和世界银行均公布了中国的基尼系数,比起民间机构的调查数据,官方数据抽样调查的样本量较大、时间较为连续、偏差较小、可信度和认可度较高。不过我们可以看到统计局口径下的中国基尼系数要明显高于世行口径下的

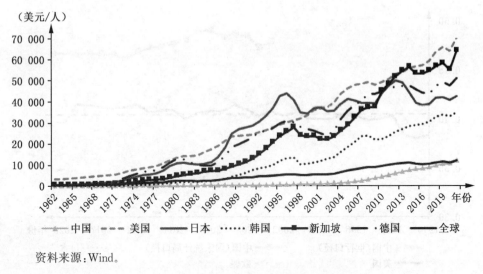

资料来源：Wind。

图9.3 中国人均 GNI 海外比较

基尼系数，这是为什么呢？

这里我们需要做一个说明，在计算基尼系数时，国家统计局是基于居民收入分布进行的测算，而世行披露的中国基尼系数则是用居民的消费支出来估算。由于边际消费存在递减规律，因而用居民消费计算的基尼系数会低于基于收入计算的数据。

世行对于美、日、欧等发达经济体高收入国家公布的也是收入基尼系数，为了保证口径一致，我们使用国家统计局公布的基尼系数与世行口径下的美日欧数据进行比较（见图9.4）。而世行口径下中国的基尼系数由于时间跨度较长，可以用来观察中国贫富差距的趋势性变化。

20世纪90年代开始，世行口径下中国的基尼系数加速上升，从1990年的0.32上升至2010年的最高点0.44，中国的贫富差距在不断扩大，2010年后随着区域协调发展战略、脱贫攻坚和农业农村改革发展等各类措施效果开始显现，中国的基尼系数有所回降。

而国家统计局口径下的基尼系数自2003年有数据以来就一直高于"警戒线"，虽然在2008年之后有所下降，但2021年基尼系数仍然维持在0.466的较高水平，说明我国的收入分配还存在较大的差距。横向比较来看，中国的贫富差距大于国

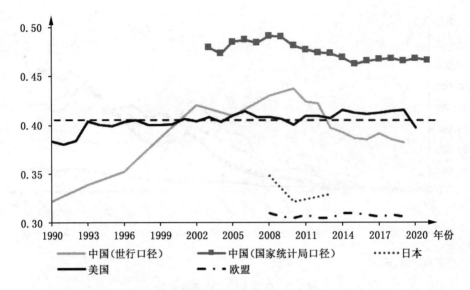

注:世行口径下中国数据为居民消费基尼系数,美、日、欧以及国家统计局口径计算的则是居民收入基尼系数。

资料来源:Wind。

图 9.4　中国与部分国家基尼系数比较

际上一些发达经济体,尤其是相较于日本和欧盟而言有比较大的差距。

　　除了基尼系数,我们还可以看到从 20 世纪 90 年代中后期开始,中国前 10％人群的财富份额在不断扩张(见图 9.5),而中间 40％及后 50％人群的财富份额却在不断萎缩。2022 年最富有的前 10％人群占据了超过 2/3 的总财富,而后 50％人群的财富份额只有 6.4％。从收入分布变化的数据我们也能得出类似的结论,中间人群的收入份额虽然保持稳定,但高收入人群的收入份额明显增加,而低收入人群的份额却被压缩了近 11％(见图 9.6)。

　　很明显,近几十年来富人不论是财富还是收入的增长速度都远高于低收入群体。随着经济的快速发展,贫富差距却显著拉大,这是为何呢?

　　其一,改革开放后社会主义市场经济的发展打破了计划经济时代的平均主义,物质资源不再是平均分配,而是在市场力量的推动下遵循优胜劣汰的规则。根据世界银行的数据,20 世纪 80 年代早期中国城乡居民的基尼系数不超过 0.3;城市

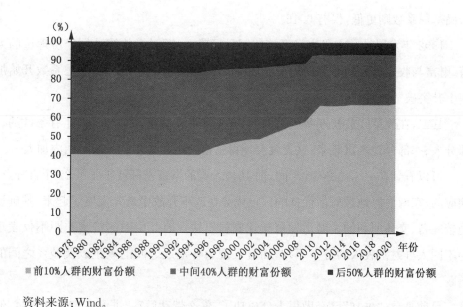

资料来源：Wind。

图 9.5　20 世纪 90 年代起前 10% 人群的财富份额快速增长

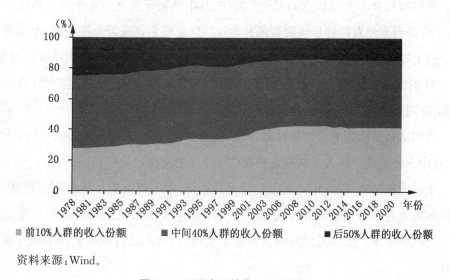

资料来源：Wind。

图 9.6　不同人群的收入份额变化

居民基尼系数则更低,仅有 0.16。[①]

1992 年发展社会主义市场经济体制目标确立,摆脱了传统计划经济理论的束缚,财富与收入分配的差距伴随市场经济改革的加速而加速扩大,基尼系数开始加速上升突破"警戒线"。

其二,在改革开放初期我国采取的是"先富带动后富"的方式,先让有条件的一部分人、一部分地区富起来,这无疑会使得贫富差距在最初的一段时间内加大。

可以看到在 1995—2010 年间,前 10% 人群的财富份额就扩张了 22 个百分点。相应的,东南沿海地区凭借优良的区位优势在改革开放中最先发展了起来,基础设施较完备、交通便利的大城市发展得比农村更快。因此中国的贫富差距不仅表现为不同人群财富收入的分布不均,而且表现为各地区之间的差距以及城乡之间的差距。

目前来看,"先富"已经做得十分成功了,怎么带动后富,进而实现共同富裕,便成为现阶段我们需要着重思考并为之努力的事情。

共同富裕并不是新概念,1953 年的《中共中央关于发展农业生产合作社的决议》中便提到要使农民逐步摆脱贫困并取得共同富裕和普遍繁荣的生活;十一届三中全会上提出要通过"先富带动后富"的方法使得全国人民都比较快地富裕起来。1992 年的南方谈话提出:"社会主义的本质,是解放生产力,发展生产力,消灭剥削,消除两极分化,最终达到共同富裕。"

共同富裕是社会主义优越性的体现,也是社会主义的目标与追求。十八大以来,党中央将实现全体人民共同富裕摆在了一个更加突出的位置。

十九大提出到 2035 年,"人民生活更为宽裕,中等收入群体比例明显提高,城乡区域发展差距和居民生活水平差距显著缩小,全体人民共同富裕迈出坚实步伐"。到 2050 年,"全体人民共同富裕基本实现,我国人民将享有更加幸福安康的生活"。

具体来看,实现共同富裕主要包括两方面的内涵:一是要做大蛋糕,二是要分好蛋糕。

---

① Wang F. Boundaries and Categories:Rising Inequality in Post-Socialist Urban China[M]. Stanford: Stanford University Press,2008:5—7.

在改革开放最开始的时候,中国追求的是解放落后的生产力来满足人民对物质的需求。固然这一阶段我国的经济发展更重视经济发展速度,更看重做大蛋糕,但是只要收入是在绝对增长的,生活水平和质量是在不断提高的,社会对于一定程度的贫富差距还是可以容忍的。

但当经济发展进入新常态之后,一方面,我国的主要矛盾发生了改变,人民对于社会的公平公正有了更高的要求和更多的渴望,缩小贫富差距就显得十分重要了;另一方面,经济增速下滑对低收入人群的冲击要远大于对高收入人群的冲击,如何保障前者利益是一个需要密切关注的问题。面对新常态,既要做大蛋糕又要分好蛋糕,兼顾效率与公平。

9.2 共同富裕需要依赖高质量发展

共同富裕的前提是要富裕,要不断做大蛋糕。而不断做大蛋糕则需要依赖经济的发展,而且是需要高质量发展。因为高质量发展是要求产业链升级,向高端转型,只有中国产业的附加值高了,中国企业的利润率才能提高,企业利润高才有可能支撑得起员工的收入增长,进而提升劳动获得感。

过去,中国成功搭上了全球化的大船,成为新世纪的“世界工厂”,经济也因此机遇而腾飞。1992年中国制造业增加值占全球比重仅有2.9%,在加入WTO之前的2000年该比重也只有6.6%,略高于德国(6.5%),但远低于美国(25.2%)和日本(18.1%)(见图9.7)。

2000年后,中国制造业增加值的增长明显提速,到2021年中国制造业增加值在全球的占比已高达30%,多年来稳居世界首位,2021年中国制造业增加值占GDP的比重达到27%,中国早已成为名副其实的制造大国。

我们还可以看到在2022年《财富》杂志披露的世界500强企业中,中国(含香港)共上榜136家,相较2021年增加1家,其中制造业上榜家数58家,相较2021年增加5家,无论是总上榜家数还是制造业上榜家数均位居全球第一(见图9.8)。

可制造大国并不等同于制造强国,中国最初凭借丰富且低成本的自然资源和劳动力的比较优势参与全球化分工并实现出口的快速扩张,但一直都充当组装加

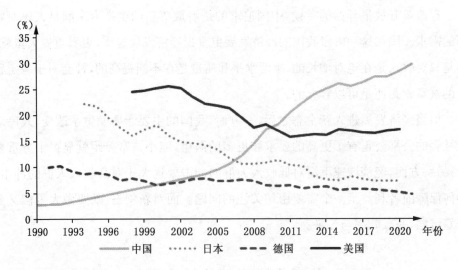

资料来源：Wind。

图 9.7   各国制造业增加值占全球比重

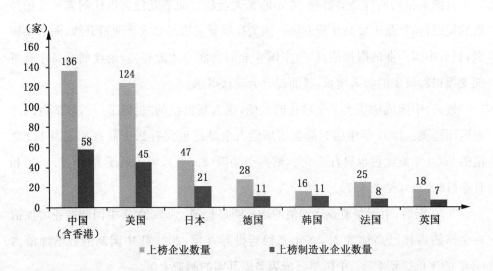

资料来源：《财富》官网。

图 9.8   2022 年《财富》世界 500 强各国企业及制造业上榜家数

工厂的角色。尽管近年来高技术产品的出口规模和份额都在不断增加，但这些产品也还是以组装加工为主，产业和企业的利润率并不高。

根据国家信息中心披露的数据，2018 年中国制造业的劳动生产率为 2.9 万美元/人,只有美国的19%、日本的30%和德国的28%。[①]

在2022年世界500强企业中,我们也可以看到,中国(含香港)上榜制造业企业2021年的平均利润率(整体法)仅仅只有2.9%,不仅远低于美国(12.6%)、德国(7.5%)、日本(6.3%)这些老牌工业国家,而且低于500强全部制造业企业的平均水平7.7%(见图9.9)。

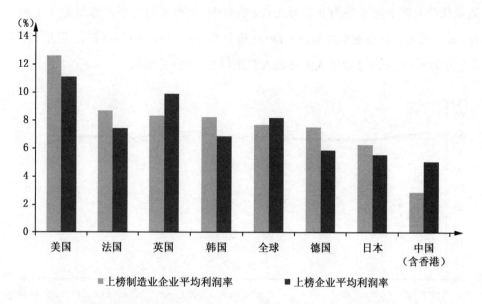

注:2022年公布的500强名单是基于2021年业绩排名。
资料来源:《财富》官网。

图9.9 世界500强上榜的中国制造业企业利润率较低

虽然单品附加值不高、利润率低,但是企业可以通过冲量,也就是通过投入大量的自然资源以及劳动力换取巨额的绝对利润,并实现企业规模的扩张,这也是过去几十年我国制造业规模不断扩大的核心原因。

但是金融危机后,外需的疲软已经无法消化靠资源和人力堆积起来的低端过剩产能,这种粗放的经济增长模式更无法支撑后续居民收入的持续增长。

后续中国的经济发展肯定要走技术含量更高的路子,产业结构要向高端转型,

① 耿德伟,傅娟. 我国制造业高质量发展面临的挑战与对策[J]. 中国经贸导刊,2021(3):50—54.

只有依靠科技创新实现从 0 到 1 的突破,提高产品的竞争力,提高品牌的溢价能力,蛋糕才会越来越大,企业的利润率才会越来越高,企业才能够支付得起工人更高的工资,这才是实现共同富裕的有效途径。

对比像美国、日本这些制造业强国,正是因为其在产业链中位于利润率较高的环节,企业才有资本给工人提供更高的劳动报酬。2021 年中国城镇非私营单位制造业从业人员平均年薪为 9.2 万元,按照 2021 年的平均汇率换算则是 1.4 万美元,而美国虽然制造业增加值占 GDP 比重只有 10% 出头,但其制造业工人工资有 6.2 万美元,中美制造业工人工资收入差距可见一斑(见图 9.10)。

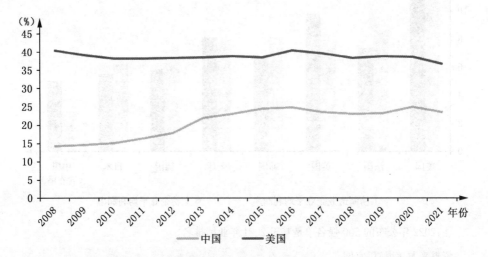

注:(1)中国制造业劳动报酬＝城镇非私营单位制造业就业人员工资总额＋私营企业和个体制造业就业人数×私营单位就业人员平均工资;美国制造业劳动报酬＝美国制造业就业人数×制造业平均周收入×52 周。(2)2020、2021 年中国私营企业和个体制造业就业人数为预测值。

资料来源:Wind、CEIC。

图 9.10　中美制造业劳动报酬占制造业增加值比重

如果不依靠科技创新,还是走密集的资源和人力投入的老路,蛋糕也就做不大,分配就只能够局限在现有的小蛋糕里。个人为了能够在有限的蛋糕中多分一些,就会导致越来越"内卷",比如追求更高的学历,延长劳动时间等。

那什么环节才是技术含量高、利润率高的呢?

根据微笑曲线理论,产业链中利润最丰厚、附加值最高的更多是集中在前端的研发设计以及后端的销售环节上,而中国企业长期以来都位于中间生产的环节,所以利润率非常低,中国制造业的劳动生产率相较于发达国家也有较大差距。

这就导致位于中间生产环节的中国企业利润率很低,中国制造业的劳动生产率相较于发达国家也有较大差距,而且一度陷入"两头在外,受制于人"的局面。

现在我们的产业要向高端转型,就意味着要跟那些先发展的制造业强国竞争。在竞争的过程中,大国之间的博弈会产生一些贸易摩擦,尤其是中美贸易摩擦暴露了中国高端产业链很多被"卡脖子"的问题,大量的核心原材料和设备都要靠进口。

这一方面触及了产业链安全的问题(关键时刻买不到),另一方面这些高端产业、核心技术设备的研发环节,恰好都是产业链中真正的高利润率环节。

如果迟迟无法突破技术瓶颈解决高端制造"卡脖子"的问题,那么在面临外界技术封锁的时候,中下游产品要么完全生产不了,要么只能用上一代的旧材料,比如说5G手机处理器配4G射频芯片。

突破不了技术瓶颈,中国的企业自身无法享受前端高额利润回报,而且在国际上既没有定价权也没有议价权,就只能被动地接受海外定价,而一般有技术垄断的产品国外定价都非常高。

所以我们可以看到,国内许多企业每年都要花费巨额的成本在进口原材料,以及使用国外的技术设备和软件平台上。进口设备不仅定价远高于国产设备,而且每年需要付出大量费用在维修保养以及零部件的替换上,这对于企业又是一笔不菲的支出。

因此企业要提升利润率,不仅要推动科技创新实现从0到1的突破,而且要推动批量化国产替代。比如有学者通过研究发现,国产医疗设备的投资回报率要高于进口设备[1],通过推动国产替代能够有效缓解"看病贵"的问题;在煤炭行业,有的企业成功实现进口采煤机及相关配件的国产化替代,使得配件及维修价格较进口下降30%以上。[2]

总的来说,如果国内的企业能够通过研发创新来打破国外企业的垄断,进一步

① 刘彦宁,乔乐来,李东桥,李爽,礼彦侠,贾秀萍. 辽宁省二、三级公立医院国产、进口常用设备效益对比研究[J]. 中国医院,2022,26(4):43—46.

② 吕益,王修宏. 进口采煤机国产化替代技术研究与创新[J]. 煤炭科学技术,2018,46(S2):170—173.

形成批量化的进口替代,一方面能够保障我国的产业链安全,另一方面自产率的提升和规模化生产也可以有效降低企业的生产成本,提升产品竞争力,扩大市场份额,帮助企业获得产品定价权与品牌的溢价权,进而实现利润率的提升。

9.3 解决措施:分配环节倾向劳动者,提升劳动获得感

高质量发展做大蛋糕,人民的绝对收入水平上去了的同时也要兼顾分配的公平。要使分配环节更加倾向劳动者,提升劳动获得感。

具体措施方面,一是要降租,比如说"土地租"和"技术租",也就是我们现在在做的"房住不炒"和反垄断;二是要让税收制度更加向生产者与劳动者倾斜,开征更多与资本、财产相关的税种,或提高对于资本征税的税率。

9.3.1 降租、降成本

从收入分配的角度看,假设总收入维持稳定的情况下,租金环节的存在会使得在按生产要素分配中非劳动力要素(如土地、信息、资本等)在分配份额上挤占劳动的份额,租金越高,劳动者的报酬占比就会越小。

从成本的角度看,租金对于居民来说就是消费支出,是生活成本,成本的上升会减少居民实际可自由支配的收入,相当于在总劳动时间不变的情况下变相地降低居民的收入水平,而降低的这部分收入则是被转移至"收租"的这部分群体,导致不同群体之间的贫富差距扩大。

当劳动人民的收入份额被各种"租"挤占,换言之,辛勤劳动拿到的收入还不如收租赚钱多,就会降低劳动的认同感与获得感,从而使得劳动者的生产劳动积极性下降,并进一步抑制劳动生产率的提升。叠加居民的消费能力会因实际收入水平的下滑而减弱,使得消费也无法支撑经济的高质量发展。没有了经济增长做大蛋糕的前提,共同富裕也就很难实现。

9.3.1.1 控制土地租

近几十年来人民感受最为深刻的要数"土地租"了,房价持续快速地上涨,为住房而花费的支出在居民消费结构中成为很重要的一部分。

自 1998 年住房商品化改革以来,我国的房地产市场开始步入"快车道",在土地财政的催化之下,地价和房价节节攀升。可以看到,2021 年全国住宅的平均销售价格为 10 396 元/平方米,相较于 2008 年翻了约 2.9 倍,13 年间年均复合增速高达 9%。这样的涨势在一线城市更为突出,在同样的时期内北京和上海的住宅销售价格分别上涨了 303% 和 405%(见图 9.11)。

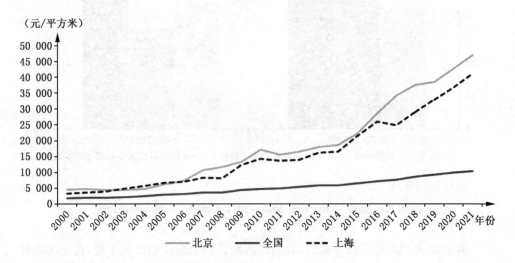

资料来源:Wind。

图 9.11 全国与北京、上海住宅平均销售价格

房价持续上涨会使得有房者,尤其是有多套住房的人以固定资产形式存在的财富和以货币形式存在的房租收入不断增加,导致与无房者之间的贫富差距持续扩大。

尤其是在 2008 年之后,当房价的增速超过了收入的增速,居民住房成本的抬高相当于变相地降低了其自由可支配收入,劳动的回报率比不上房地产投资的收益率,必然导致劳动获得感降低。而那些为了买房而选择延长劳动时间、节衣缩食的人,生活的质量和幸福感也随之打了折扣。

我们通过数据可以看到,2000—2008 年间全国住宅平均销售价格上涨了约 1.8 倍,同期城镇居民年均可支配收入增长了 2.5 倍,收入增速要高于房价增速(见图 9.12)。这主要是因为上述期间依赖于强劲的出口,我国经济实现了高速增长,居民的工资性收入也水涨船高,此时住房成本的提升可以被收入的增长消化。

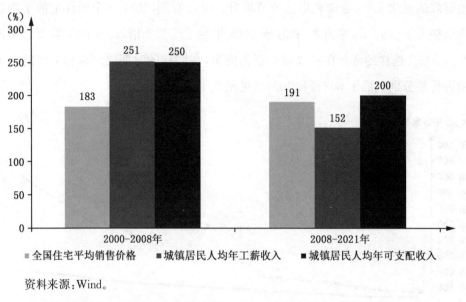

资料来源:Wind。

图 9.12　2000—2008 年与 2008—2021 年间房价与收入涨幅对比

但 2008 年之后外需逐步疲软,我国经济增长的动能开始转向土地,在土地抵押融资的推动下房价飞速上涨,2008—2021 年间全国住宅平均销售价格上涨了约 1.9 倍,而城镇居民人均工薪收入仅增加了约 1.5 倍,房价的涨幅超过工资的涨幅。

虽然房价涨幅与人均年可支配收入的增幅持平,但这可能是由于居民的一些财产性收入也在增加而导致的,其中就包括房屋增值带来的收益,还有一些金融资产的投资收益等。

再从房价收入比来看,全国的房价收入比从 2000 年的 6.3 攀升至 2021 年的 9.0,一线城市 2020 年房价收入比甚至高达 24.4(见图 9.13)。从国际上看,根据 Numbeo 的数据统计,中国不论是房价收入比还是房贷收入比都要远超其他主要发达经济体(见图 9.14)。而且从房贷收入比的数据可以看出,在零首付、贷款 20 年购买一套 90 平方米房子的假设下,月供将会是其收入的近 3 倍,由此可见中国居民的购房压力。

更直观的数据则表明,2021 年城镇居民人均年住房支出达到 7 400 元,较 2008 年增长了 5 倍多,住房支出占人均可支配收入比重达到 16%,较 2008 年上升

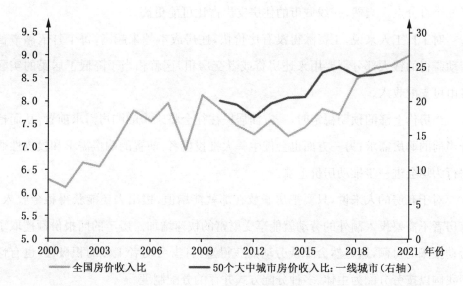

资料来源：Wind、CEIC。

图 9.13 我国房价收入比日益攀升

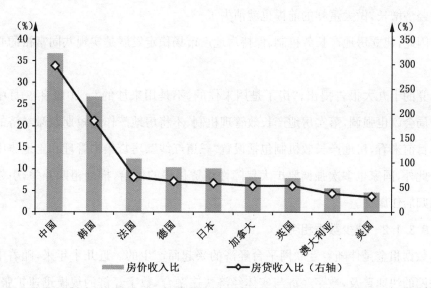

注：(1)数据截至 2022 年 5 月，中国的样本为 10 个主要城市。(2)房贷收入比＝每月房贷成本/月收入。

资料来源：Numbeo。

图 9.14 中国房价收入比远高于其他主要经济体

了 8 个百分点。当然,一线城市的住房支出占比可能更高。

对于打工人来说,工资涨得没有房价快,住房成本越来越高,每个月依靠辛苦劳动赚得的钱大部分都要用来还房贷或者交房租,这就相当于降低了居民的实际自由可支配收入。

当房价上涨的预期稳定时,一方面居民往往会将未来的购房需求前置,从而抬升当前的购房需求;另一方面也会催生一大批投机者,前置的购房需求和投机性购房行为均会进一步推动房价上涨。

对于有房的人来说,只要把房子放在那就能增值,租出去还能获得租金收入,有房者不需要投入额外的劳动就能享受财富的快速增加。房产的回报份额攫取了劳动报酬的份额,这显然会降低劳动的获得感,打击劳动者工作的积极性,也有悖于我国以按劳分配为主体、多种分配方式并存的分配制度。

进一步来看,房价上涨还会对居民的消费造成挤出,收入大部分用来还房贷和付房租,会导致居民消费动力不足,内需起不来就无法支撑内循环,更无法支撑未来的经济增长,做大蛋糕的前提也就消失了。

因此,建立房地产长效机制、保持房地产市场稳定发展是实现共同富裕的必经之路。

党的十九大报告提出,"房子是用来住的,不是用来炒的"。2019 年 7 月中央政治局会议也强调,落实房地产长效管理机制,不将房地产作为短期刺激经济的手段。目前来看,房地产长效机制包括设置"三道红线"、房贷集中管理和土地集中供应。此外,国家也多次强调要扩大保障性租赁住房的供给,推动租购并举,引领房子回归居住属性。

9.3.1.2 减少数据租金

数据租金是伴随着互联网平台经济的兴起而产生的。近几十年来,随着中国互联网的快速普及,数字经济与实体经济快速融合,数字经济的规模迅速扩张,到 2021 年已达到 45.5 万亿元,总量跃居世界第二,占 GDP 比重近 40%(见图 9.15)。数字技术的迅猛发展及平台经济的快速崛起,不仅为生产、流通、消费等各个环节提供了便利,而且显著地改善了金融市场中金融资源错配的情况①,极大地提升了整个社会中的资源配置效率。

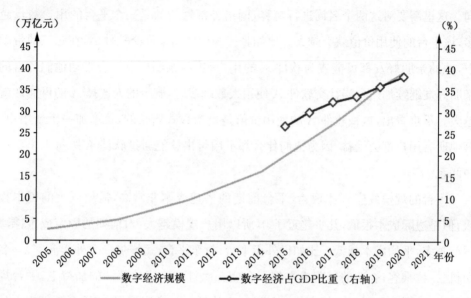

资料来源:Wind。

图9.15 中国数字经济快速崛起

但与此同时,互联网平台企业在走向成熟的过程中也很容易形成垄断,而数据租金就是平台垄断下的产物。比如,我们可以直观地感受到,同一家店外卖平台的价格总是比到店买要贵一些,直播打赏时平台要进行一定比例的抽成,这里的中间差价和抽成就是数据租金的来源。

之所以说是数据租金的来源,而不是等同于数据租金,是因为差价和抽成中包含了平台的服务费,但是如果这些差价过大,抽成比例过高,比如说有的直播平台抽成比例超过50%,过高的这部分就可以看作数据租金。

因此,也有学者将数据租金定义为用户在通过平台企业交易时,平台企业收取的费用与其所提供数据商品或服务实际价值之间的差额。②

既然数据租金是平台垄断的产物,那么先来探究平台企业是如何走向垄断的,

---

① 余文涛,吴士炜. 互联网平台经济与正在缓解的市场扭曲[J]. 财贸经济,2020(5):146—160.

② 石先梅. 互联网平台企业垄断形成机理:从数据竞争到数据租金[J]. 管理学刊,2021,34(6):1—12.

将有助于我们了解数据租金的本质。

实际上，出于具有网络外部性和规模效应的特点，平台经济有着天然的垄断倾向。这里需要对这两个名词进行解释，网络外部性指的是一个平台的用户数量越多，该平台的使用价值就会越大。比如张三开始使用某社交软件 A，在张三的带动下，他的亲朋好友都可能成为软件 A 的用户，这些亲朋好友又会带动他们各自的亲朋好友继续加入。当社交软件 A 使用人数越多时，剩余的人选择 A 的可能性就越大。不难看出，这种软件 A 的使用价值是呈指数式增长的，每增加一个新用户，其他所有用户都会受益，因为他们什么都不用付出就能通过软件 A 跟每一个新用户联系。

平台的规模效应则体现为，平台前期的搭建成本非常高，需要巨大的资本投入，但是边际成本很低，几乎趋近于 0，所以用户规模越大，对前期的固定成本摊薄得就越多，平均成本越低。比如说外卖平台、打车平台，每增加一个外卖商家、一名司机、一位乘客，企业的运营成本都不会变。而且在网络外部性的加持下，平台规模越大，边际收益反而会越高。比如说外卖软件 B 的商家越多，使用 B 软件来点外卖的用户越多，平台的抽成就会越来越多。

因此，每个平台企业都会追求把规模做大，抢占市场份额，当市占率达到一定程度的时候，垄断自然就形成了。2017—2019 年连续三年，欧盟就因曾反垄断给谷歌开出了合计超过 82 亿欧元的天价罚单。

有了垄断地位以后，平台企业就容易抬价或者通过价格歧视等方式赚取超额利润，这里的超额利润也就是我们所说的数据租金，最终往往由在平台经营的相关企业或个人，以及平台的消费者埋单。

为什么我们指出平台收取数据租金是挤占企业和个人利益的呢？

原因在于平台企业之间的竞争核心是数据，而数据是一种有着特殊使用价值的新型生产要素。从马克思主义经济学的角度来看，利润来源于劳动创造的剩余价值。如果单从表面上看，我们可能误认为平台企业收取的数据租金是由数据本身创造的，或者是由平台企业的员工在加工处理数据或者研发新的数字技术中投入的劳动所产生的。

诚然，平台企业在相互竞争的过程中需要不断地进行数字技术的研发创新，这也确实需要企业员工投入大量的劳动,但并不意味着基于更先进的数字技术企业就能够创造出与其所收取的数据租金相匹配的价值量。

一方面,数据本身具有一定的公共性,它不完全属于平台企业。另一方面,出于网络外部性和规模效应,平台企业围绕数据竞争而开展的各种信息技术进步归根到底都是为了获得及巩固垄断地位,因而数据租金也是企业凭借垄断地位通过制定垄断价格的方式所获得的垄断利润。

随着数字技术的进步,数据服务与产品中包含的劳动时间会越来越少,比如通过改进算法自动进行数据的收集与分析,并不需要额外投入太多劳动,这也就意味着企业提供新的数据服务的边际成本在不断减少。而另一方面,随着我国全面步入数字经济时代,数据的重要性与日俱增,其使用价值也越来越高,在这种情况下平台也会选择维持高昂的垄断价格。

显然,使用价值提升与边际成本下降为互联网企业带来了巨大的利润空间。所以我们可以看到一些互联网平台企业的利润率是非常高的,2016—2020年间,BAT三家企业的平均销售净利率在25％左右,净资产收益率(ROE)均超过了15％,尽管2021年由于行业反垄断等原因导致业绩有所下滑,但利润率和ROE仍远远超过制造业及A股平均水平(见图9.16)。

从其垄断利润的本质上看,垄断利润本身就是来自劳动者创造的剩余价值,因此平台企业收取数据租金实际上就是对企业或消费者利益的挤占,租金越高,对企业和消费者的利益挤占就越多。并且,数字技术还能够支持企业最大化地转移这些剩余价值。

我们以"大数据杀熟"为例,这其实是一种三级价格歧视,先进的数字技术让平台企业有能力通过智能算法分析用户的数据,对相同的商品和服务针对不同群体进行差别定价,这样所有的消费者剩余都可以被转化成企业垄断利润。当这类平台企业作为中介为厂家和消费者提供交易平台时,企业还可以向两方均实行差异化定价,尽可能地攫取生产者剩余和消费者剩余。

不难看出,平台企业的数据租金来自与平台相关联的企业利润、用户收入、零

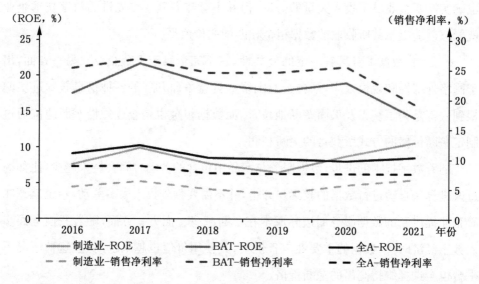

注:BAT 包含百度、阿里巴巴及腾讯三家企业。
资料来源:Wind。

图 9.16　互联网平台企业利润率非常高

工劳动力创造的剩余价值以及消费者为数据产品或服务所支付的溢价。①

总而言之,生产者剩余和消费者剩余以数据租金的形式转移到了平台企业,从整体的角度来看,这两者的总和又被看作社会福利。由于平台企业已渗透至我们生产生活的各个领域,这会导致更多的社会福利转移至小部分企业或小部分人群,最终加剧贫富分化。

从企业生产和劳动者的角度看,本该属于企业的经营收入和用户的劳动所得被垄断的平台企业所攫取,数据租金过高必然导致生产劳动的积极性下降。

不过,这里需要补充的是,数据租金的存在具有一定的合理性,毕竟企业在这个过程中投入了大量的资本和劳动进行技术创新来提供更好的服务,因此数据作为一种被广泛认可的生产要素理应得到一定的报酬,但这一回报比率不应过高。此外,海量数据信息是由广大用户产生,具有一定公共属性,因此广大用户也应该有权利共享平台基于数据产生的资本收益。

---

① 孙蚌珠,石先梅. 数字经济劳资结合形式与劳资关系[J]. 上海经济研究,2021(5):25—35.

高额的数据租金是不利于缩小贫富差距的,因而想要改变这一现状,就要从根本上通过反垄断来规避不正当竞争,破除利益分配格局。

2019年下半年以来我国反垄断相关的政策法规在加速完善,2020年12月,中央经济工作会议将"强化反垄断和防止资本无序扩张"列为2021年八项重点任务之一。同期,国家市场监管总局发布了《〈反垄断法〉修订草案(公开征求意见稿)》,新增了互联网经营者作为市场支配地位认定方面的因素,并大幅提高对违法实施经营者集中行为的处罚力度。2021年11月国家反垄断局正式成立,我国反垄断机制体制进一步完善。2021年也是我国反垄断"大年",全年查处各类垄断案件175件,合计罚没金额达236亿元(见图9.17)。

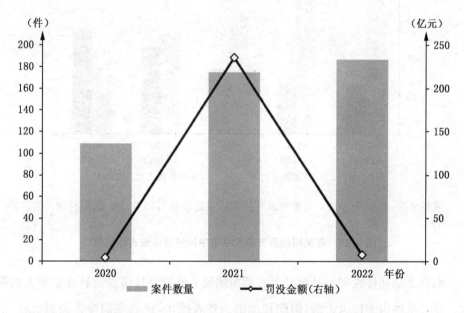

资料来源:市场监督管理总局:中国反垄断执法年度报告2020[R].2021。

图9.17　2020年以来我国反垄断成果显著

2022年开始虽然平台整治的高压已过,但我国反垄断相关法规制度在不断推进完善。我国反垄断法完成自2008年实施以来的首次修改,本次修改引入"停钟"制度,明确纵向垄断协议的"安全港"原则等,提升了部分垄断行为的处罚力度。同时,引入了专门条款规制平台企业利用数据、算法、技术以及平台规则实施垄断行为。2023年的反垄断工作会议强调要强化民生领域反垄断监管执法、加强平台经济常态化监管、探索强化知识产权领域反垄断监管。

9.3.2　税制改革

我国的税制存在以下问题：

一是间接税占比偏高。以人均 GDP 为衡量标准，将中国 2019 年的税收结构与其他国家的税收结构对比，可以看到我国在 2019 年的直接税占比不到 50%，远远低于相同发展阶段的美国、日本等国家（见图 9.18）。

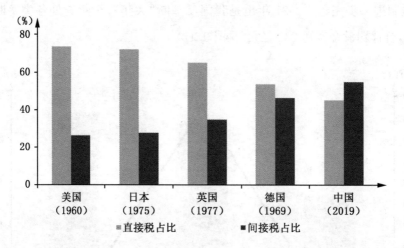

资料来源：梁季，陈少波．完善我国直接税体系的分析与思考[J]．国际税收，2021(9)：33—42。

图 9.18　在相同经济发展水平下中国的直接税占比偏低

那什么是间接税呢？从定义上看是指纳税人能够直接将税负转嫁给他人的税收。税收虽然由纳税人上缴，但间接地由消费者承担，比如我们常见的增值税、消费税等都属于间接税。

和间接税相对应的是直接税，它是对主体的财产、收入所得本身等征税，不容易被转嫁，因此纳税人和实际负税人通常一致。

假设小张兼职得到了 1 000 元的报酬，根据 20% 的劳务报酬所得税率以及 800 元的费用减除额，他需要向税务局上缴 40 元[(1000－800)×20%]的税收，这 40 元的劳务报酬所得税就是直接税。

接下来,小张以 226 元的价格买了一件衣服,但是一看开的发票,上面却显示金额是 200 元,税额是 26 元(增值税率 13%)。增值税是对企业销售收入开征的,也就是说税务部门会问这家服装企业要 26 元的税款,而不是问小张要。不难看出,企业通过调高定价将增值税纳入其中,让小张间接地成为实际纳税人。

因此,小张直接向税务局缴纳的就叫直接税,通过企业间接向税务局交的就是间接税(见图 9.19)。

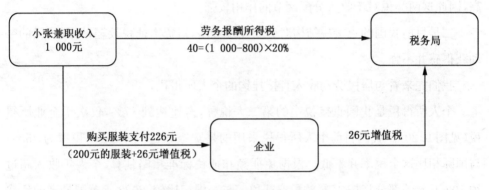

图 9.19   直接税和间接税的区别

而且实际生活中绝大部分消费者都不会注意到这些,他们根本不清楚自己承担了多少税负,简单地以为 226 元就是产品的价格。所以很显然,间接税不仅容易被转嫁,而且非常隐蔽。

正是因为间接税极其容易被转嫁的特点,它对于收入分配具有非常显著的累退性,具体是指随着收入的增加,纳税人的税负会越来越轻,即纳税额占收入的比重降低。

累退性是由边际消费倾向递减导致的。对于边际消费倾向递减规律,凯恩斯的解释是,随着居民收入的增加,消费也会增加,但新增收入中用于消费的比重会越来越低。因为中低收入人群的消费中大部分是基本生活资料,而富人则早已超越了对基本需求的层次,进而富人的边际消费倾向往往要比中低收入人群低,谁消费的越多(消费占比越大),谁承担的税负越重。

而且消费者对基本生活资料的需求弹性往往比较小,企业提价也不会降低太多销量和销售收入,间接税课税税率越高,企业转嫁给消费者的税额就越多。

一个国家的税制结构中间接税占比越高,中低收入人群被转嫁承担的税负也就越重,这样我们就很好理解为什么间接税比重高不利于共同富裕了。

相应的,提高直接税的比重就是迈向共同富裕的一个重要发力点,因为直接税主要是对个人收入、财产以及企业利润等征税的税种,而不是对消费交易行为征税,影响的不是居民的消费意愿,更多的是消费能力。

对个人收入和财产征税往往也是累进的,也就是收入越多,财产越多,税率越高,因此这两类税对于收入分配调节的作用较强。

二是目前我国的直接税结构对劳动征税过多,对资本征税较轻,导致居民的劳动获得感并不强。

我们先来看与居民劳动收入直接挂钩的个人所得税。

个人所得税是我国直接税中的第二大税种,占比达到 17%,仅次于企业所得税(见图 9.20)。我国目前个人所得税采用的是 7 级累进税率,最高税率为 45%,与国际相比这个税率并不低。根据免征额和征税标准粗略估算,个人年收入超过约 102 万元的部分将按 45% 的税率征税。与美国相比较,2022 年美国最高的税率为 37%,对个人申报超过 539 901 美元(约 361 万元人民币)和已婚联合申报超过 647 851 美元(约 434 万元人民币)的部分征收。

按道理来说,收入越高,纳税越高,累进的个税对于调节贫富差距的效果应当非常显著。但是实际上我国个人所得税只占政府税收总收入的 8%,远低于企业所得税,相比之下美国一级联邦政府税收收入中,个人所得税占比高达 52%。而且从结构来看,2010—2021 年的数据显示,工资、薪金所得税收占个人所得税的比重多数时间超过六成(见图 9.21),也就是说靠劳动获取工资收入的工薪阶层是现行制度下缴纳个人所得税的主力军。

为什么会这样呢?

一方面,富人的收入方式有很多种,更多的是以资本利得、股息分红、股票分红等方式获取的投资回报,劳动收入只占极少的一部分。从另一个角度来理解,因为富人的边际消费倾向低,那么边际储蓄倾向就高,可用于投资的财富也就越多,根据财富的马太效应,富人的财产性和资本性收入会有累计优势,国民的贫富差距更多将来自非劳动所得部分。

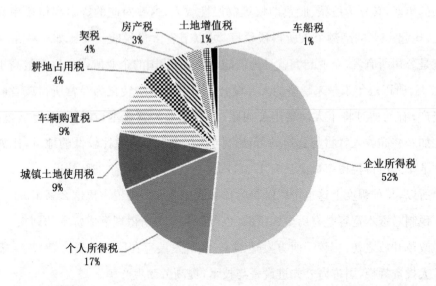

资料来源：财政部。

图 9.20　2021 年我国直接税内部结构

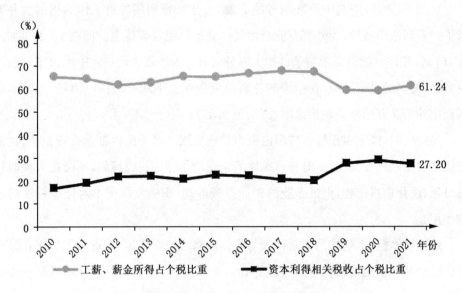

资料来源：根据 2011—2022 年中国税务年鉴整理和计算得出。

图 9.21　2013—2020 年我国工资薪金和资本利得相关税收占个人所得税比例

另一方面，富人的避税方式也有很多种。比如我们可以看到一些人可以放弃

高额的年薪,转化为股票、股票期权等资产性收入,这些对应的资本利得税率只有
20％,比起45％的高额个人所得税税率,可以节省大量税收。又比如一些富人本
身就是公司所有者,企业利润就是他们的财富,而我国的企业所得税税率最高也只
有25％,所以近年来越来越多的人开设公司将劳动报酬转化为经营所得或者股票
等资产,有的通过将个人消费走公司账,当作企业经营成本,在计税时还能抵扣。
再比如一些高收入者将与公司的劳动合同签在个人所得税比较低的地方,比如中
国香港个人所得税税率最高只有17％,同样的收入可以节省28％的税。

所以,某种程度上这也可以解释为什么我国企业所得税占比这么高了。

税制对资本宽容是有历史缘由的(也可以将企业所得理解成资本的回报)。我
国在改革开放之初,相较于西方发达国家,经济发展存在巨大的资金缺口,急需资
本扩大投资规模,引进海外先进设备与技术,提高劳动生产率。

可以说,在经济落后的条件下,利用资本发展经济是推动我国经济快速发展、
解决人民温饱问题的最佳途径。

1983年9月,中共中央和国务院下发《关于加强利用外资工作的指示》,并颁
布了一系列法律法规,为外资企业与相关产业提供税收等优惠。而在2001年加入
WTO后,我国继续放宽限制条件扩大对外开放,为外资企业进入中国市场营造了
更宽松、便利的投资环境,在中国的外商投资企业也不断开拓国际市场。从此,中
国利用外资又开始新一轮快速增长(见图9.22)。

与此同时,国家也积极支持国内资本投资发展。对于国内创业投资企业,国家
陆续出台一系列支持文件,对符合条件的企业给予相应税收倾斜,不断扩大税收优
惠对象,简化审批流程,促进企业的创业投资活动,积极发挥资本对经济发展的推
进作用。

然而,随着资本规模的不断扩大与实体经济增速面临压力,资本的扩张在某些
方面已经与经济建设目标有所背离。我们可以看到,资本的快速扩张以及税收制
度向资本利得的倾斜为互联网行业和金融行业带来了高额的利润率,一个远超全
部企业平均水平和制造业平均水平的利润率。2020年及以前金融行业A股上市
公司的ROE一直高于制造业,在2015年的时候金融业ROE甚至是制造业的2倍
(见图9.23)。当然金融业利润率高也跟其牌照经营有关,牌照经营本身就为金融

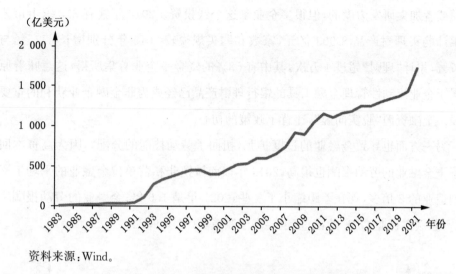

资料来源：Wind。

图 9.22　1983 年以来我国实际利用外资规模不断扩大

业构建了护城河。

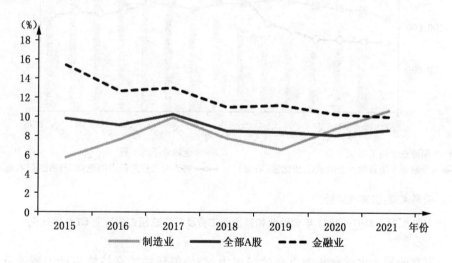

资料来源：Wind。

图 9.23　2020 年及以前 A 股金融业 ROE 高于制造业

　　资本市场的投资回报率高于实体经济，一方面对资金形成了一定虹吸效应。2015 年 A 股非金融企业的资产回报率为 4.95％，而 1 年期理财的预期收益率为 5.13％。很多上市公司 IPO 后拿到了不菲的融资，这些钱原本是让企业扩大生产规模或者加大研发力度的,但很多企业拿这个钱投资。2016 年共有 828 家上市公司累计购买理财产品 8 903 亿元,家数和购买规模较 2015 年分别增长 41.5％与 67.7％,累计"理财"超过 1 万次,其中有 58％的资金是企业募集所得,这意味着原本属于企业流动性管理金融工具的银行理财产品已经成为非金融企业获利的重要手段。金融资源"脱实向虚",违背了政策的初心。

　　另一方面也导致金融业的过度扩张,扭曲了劳动技能的分配。因为高资本回报率下金融业的劳动报酬也很高,2016 年以前城镇非私营单位金融业的平均工资是制造业的 2 倍多,现在差距缩小了一些,2021 年是 1.6 倍;金融业的劳动报酬率(工资总额占行业 GDP 的比重)也要高于制造业(见图 9.24)。

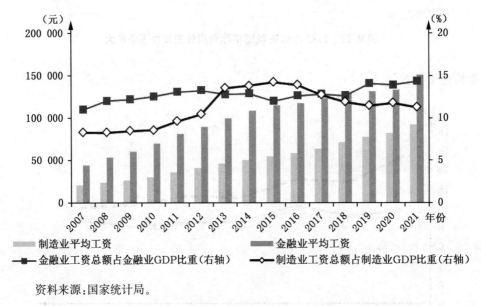

资料来源:国家统计局。

图 9.24　2007—2021 年金融业和制造业工资及工资总额占各行业 GDP 的比例

　　更高的收入也就意味着更高的吸引力,会使得稀缺的高技能劳动力资源从其他行业流失,尤其是像制造业这类需要大量高素质高技术劳动力储备来做技术进步的行业,人才流出、劳动力供给不足就无法进行产业升级,只能继续低端重复。

　　因此,不论是出于缩小贫富差距推动社会公平的目标,还是出于防范金融脱实向虚、防止资本无序扩张,进而维护经济稳定运行的目的,调整税制结构都是必须迈进的一步。

不过,这也不意味着要提升企业所得税的税率,因为我国企业税负相比海外国家并不低。OECD 数据库显示,2021 年我国企业所得税收入占 GDP 的比重为3.68%,显著高于美国、法国、英国等发达国家(见图 9.25)。

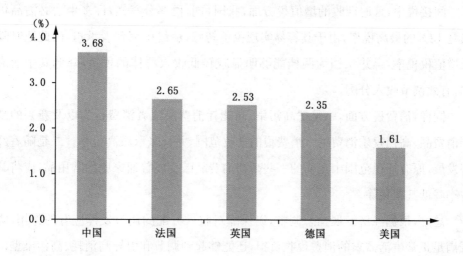

资料来源:OECD。

图 9.25 2021 年部分国家企业所得税占 GDP 比重

那么税制改革的重点就应该放在个人所得税和其他财产税上。

从个人所得税来看,一是可以适当调低个人综合所得税率。前文也提过,个人所得税的主要贡献者是工薪阶层,而且 45% 的上限确实不低。在北京、上海等一线城市,即便税前收入过百万,要实现购房也并非易事,以 2022 年上海"五险一金"与个人所得税缴纳制度为例,100 万元年薪的劳动者需缴纳个人所得税金额在 20万元以上。过高的边际税率既不利于吸引高端人才在中国纳税,也会阻碍劳动获得感的提升。

二是适当提高资本相关税率,或者将个人的股权、分红等纳入综合经营所得统一征税。这样,可以避免一些高收入人群通过各种方式将劳动报酬转化为经营所得,或者转化为股权分红等资本性收入。

三是可以加大现有的财产税征收力度。比如当前的契税、房产税占比仅有直接税的 4%、3%,其实还有一类财产税就是在美国、英国、韩国、新加坡等国家征收的遗产税,我国可以适时开征遗产税,有效调节拥有超高净值富人群体的遗产,加大社会资源流通性,缓和社会矛盾,有效促进社会公平。

此外,虽然间接税对调节贫富差距的效果不如直接税,但因存量庞大,其作用也不容忽视。

间接税中,普遍征收的增值税方面,我国目前税率分三档,许多生活必需品仍然是13％的最高税率,由于其容易实现税负转嫁,最终由消费者承担,因此适时降低增值税税率,合并三档为两档能够明显减轻低收入群体的税负,降低其生活成本,有效调节收入分配。

同样,消费税方面,一是把高污染、高能耗消费品或者消费行为以及新兴的高档消费品、高档娱乐消费纳入消费税的征收范围,并且采取较高税率。二是随着经济发展,原有征税范围中定义的一些高档消费品已变成普通家庭的常用品,应将其税率降低甚至免除。

总之,根据经济发展动态调整,以保障对收入分配的调节发挥应有的作用,降低满足正常生活需求的消费税收负担,还能够起到调节和引导高消耗、高污染型消费以及生产行为的作用。

我国在税制结构倾向于劳动者的同时,也可以利用税收转移支付、激励慈善行为等措施来调节贫富差距。

从共同富裕的关键抓手——"初次分配、再分配、三次分配"出发,初次分配的核心在于劳动力、资本、土地等要素的市场化改革,重点在于效率,破除资本垄断是改革的关键手段之一。

再分配的核心在于税收、社会保障与转移支付,重点在于公平,除了要在征收环节适当向劳动部分倾斜外,通过社会保障、转移支付等扶持手段对贫困地区、贫困群体进行帮助同样是重中之重,可以通过转移支付加强基础设施建设,通过社会保障手段降低教育、医疗、养老、住房等民生成本。例如2021年提出的"双减",有效减轻义务教育阶段学生过重作业负担和校外培训负担,增加社会福利,增强人民群众的幸福感以及获得感。

第三次分配方式则是通过捐赠和其他方式在单位和个人之间分配收入和财富。可以通过增加对慈善行为的税收优惠,优化激励机制,发挥第三次分配的调节作用,调动全社会慈善力量的积极性,推动共同富裕。

附　录

文内简称	文件全称	发文单位	发文时间
43 号文	《国务院关于加强地方政府性债务管理的意见》	国务院	2014 年 9 月
42 号文	《国务院办公厅转发财政部发展改革委人民银行关于在公共服务领域推广政府和社会资本合作模式指导意见的通知》	国务院办公厅	2015 年 5 月
50 号文	《关于进一步规范地方政府举债融资行为的通知》	财政部、发展改革委、司法部、人民银行、银监会、证监会	2017 年 4 月
87 号文	《关于坚决制止地方以政府购买服务名义违法违规融资的通知》	财政部	2017 年 5 月
194 号文	《关于进一步增强企业债券服务实体经济能力严格防范地方债务风险的通知》	国家发展改革委办公厅、财政部办公厅	2018 年 2 月
89 号文	《关于试点发展项目收益与融资自求平衡的地方政府专项债券品种的通知》	财政部	2017 年 6 月
55 号文	《中国银监会关于规范银信类业务的通知》	银监会	2017 年 11 月
15 号文	《银行保险机构进一步做好地方政府隐性债务风险防范化解工作的指导意见》	银保监会	2021 年 7 月
8 号文	《中国银监会关于规范商业银行理财业务投资运作有关问题的通知》	银监会	2013 年 3 月